الثقافات والحضارات

اختلاف النشأة والمفهوم

الجوهري ، محمد الجوهري حمد .

الثقافات والحضارات - اختلاف النشأة والمفهوم / محمد الجوهري

حمد الجوهري . ـ ط١. ـ القاهرة : الدار المصرية اللبنانية ، ٢٠٠٨

٢٨٨ ص ٢٤ سم .

تدمك : ٦ ـ ٤١٢ ـ ٤٢٧ ـ ٩٧٧

١ ـ الثقافة   ٢ ـ الحضارة

أ ـ العنوان   ٣٠١.٢

ⓒ

الدار المصرية اللبنانية

١٦ عبد الخالق ثروت القاهرة .

تليفون: ٢٣٩١٠٢٥٠   ٢٠٢ +

فاكس: ٣٩٠٩٦١٨٢ ٢٠٢ + ـ ص.ب ٢٠٢٢

E-mail:info@almasriah.com

www.almasriah.com

رقم الإيداع : ٢٠٠٨ / ١٩٢٧١

الطبعة الأولى : محرم ١٤٣٠هـ ـ يناير ٢٠٠٩م

الثقافات والحضارات
اختلاف النشأة والمفهوم

دكتور
محمد الجوهري حمد الجوهري

الدار المصرية اللبنانية

بسم الله الرحمن الرحيم

﴿ لَا يُكَلِّفُ ٱللَّهُ نَفْسًا إِلَّا وُسْعَهَا ۚ لَهَا مَا كَسَبَتْ وَعَلَيْهَا مَا ٱكْتَسَبَتْ ۗ رَبَّنَا لَا تُؤَاخِذْنَآ إِن نَّسِينَآ أَوْ أَخْطَأْنَا ۚ رَبَّنَا وَلَا تَحْمِلْ عَلَيْنَآ إِصْرًا كَمَا حَمَلْتَهُۥ عَلَى ٱلَّذِينَ مِن قَبْلِنَا ۚ رَبَّنَا وَلَا تُحَمِّلْنَا مَا لَا طَاقَةَ لَنَا بِهِۦ ۖ وَٱعْفُ عَنَّا وَٱغْفِرْ لَنَا وَٱرْحَمْنَآ ۚ أَنتَ مَوْلَىٰنَا فَٱنصُرْنَا عَلَى ٱلْقَوْمِ ٱلْكَـٰفِرِينَ ﴾

(البقرة : ٢٨٦)

مقدمة

الحمـد لله رب العالمـين والصـلاة والسـلام عـلى سـيدنا محمد النبى الأمى وعلى آله وصحبه أجمعين .

هذا البحـث يتناول موضوعات مهمـة تتعلـق بالثقافـة والحضارة ، وهى موضوعات كثُر الخلاف حولها عندنا وعند الآخرين ، وأصبح هناك خلـط فى مفاهيمهـا ومعانيهـا ليـس بين الثقافات والحضارات المختلفـة ، بـل بـين أبناء الثقافة والحضارة الواحدة .

وقد حاولت أن أصل لجذور هذه الموضوعات وخاصـة موضوع الثقافة ، فتناولت كيفية نشأة اسم ومفهوم الثقافة ، وأسـباب اللـبس والغمـوض فى ذلـك ، وكـذلك موضـوع الحضارة ، فتناولت حضارتنا الإسلامية والحضارات الأخرى .

* * *

المحتويات

الفصل الثانى

كيف نشأت فكرة الحضارة ؟ وما مفهومها ؟

الفصل الثانى

هل الحضارات الجديدة تقوم بقيام اعتقاد دينى جديد ؟..

وهل تنهار الحضارات بانهيار الاعتقاد الدينى الذى قامت عليه ؟

* * *

الباب الأول
الثقـافة والحضـارة ؟

الفصل الأول
كيف نشأت فكرة الثقافة ؟ .. وما مفهومها ؟

الفصل الثاني
كيف نشأت فكرة الحضارة ؟ .. وما مفهومها ؟

الفصل الأول

كيف نشأت فكرة الثقافة ؟ وما مفهومها؟

(أ) كيف تم التوصل لـ « اسم » و « مفهوم »الثقافة

فى الفترة الممتدة من 1780 إلى 1850م ؟

أولا - الظروف الأوربية التى أدت إلى البحث عن مفهوم جديد أطلق عليه اسم «الثقافة» :

بعد أن أطبقت المفاهيم العلمانية وسيطرت وسادت على المجتمعات الأوربية بعد صراع استمر خمسة قرون مع الكنيسة والكهنوت ، وبعد أن انتشرت أخلاقيات الملاحدة الجدد التى سموها الأخلاق الطبيعية ، والتى طبعت فى كتيبات ويدرسها الأطفال فى أوربا فى مقرراتهم الدراسية ، والتى تحض على الإلحاد وتدعو إلى حب الذات ، وأن كل اللذات متاحة ومجازة ومسموح بها ، والتى تدعو إلى استعمال العقل ونبذ المعتقدات اللاهوتية الكنسية ، كما حلت قضية الإخلاص للجنس البشرى محل عبادة الله ومريم والقديسين[1] .

(١) ول وإيريل ديورانت ، قصة الحضارة ، رقم 38 ، ترجمة محمد على أبو درة ، مراجعة على أدهم ، ص 254 ، اختارته وأنفقت على ترجمته المنظمة العربية للتربية والثقافة والعلوم بجامعة الدول العربية ، القاهرة ، 1983م .

فى ظل هذه الظروف بعد أن تبلورت مفاهيم البيئة الجديدة ، والتى أطلق عليها العلمانية ، كانت هناك مشكلة مربكة مرهقة واجهت الفكر الأوربى كما جاءت فى كتابات المفكرين والفلاسفة والكتاب - فى ذلك الوقت - أمثال : فولتير ، وديدرو ، وجان جاك روسو ، وآدم سمث ، وديفيد هيوم ، ومايلى ، وماريللى ... وغيرهم - وهى : كيف يكتب البقاء لدولة دون ديانة تدعم النظام الاجتماعى وتحفظه من التحلل والفساد ؟ .. وظلت هذه المشكلة معلقة^(١) .

فى ظل هذه الظروف العلمانية التى سادت وسيطرت على المجتمعات الأوربية جاء البحث عن مفهوم جديد أطلق عليه فيما بعد اسم « ثقافة «Culture» ، وهذا ما سنحاول أن نبرزه فى هذا المجال ، فالمجتمعات الأوربية التى كانت العلمانية الشاملة قد أطبقت عليها أصابها جفاف روحى خطير .

١ - البحث عن وسائل تعويضية للجفاف الروحى الذى أصاب المجتمعات الأوربية بعد سيطرة العلمانية :

فالفكر العلمانى المادى الذى شمل حياة الأفراد والمجتمعات الأوربية كان قد ابتعد كثيرا عن الأفكار المسيحية فى ذلك الوقت ، وبالتالى أصبحت الحياة الروحية للأفراد جافة قاحلة كالأرض الجدباء التى غطتها الرمال من طول جفافها ، حيث كانت المقاييس الاجتماعية والنظم والقواعد الاجتماعية الأوربية مادية بحتة ، ولم يسلم من ذلك إلا القلة التى احتفظت بمفاهيمها المسيحية . وفى ظل هذا الجفاف الروحى والبوار والسيطرة المادية اتجهت أفكار بعض المفكرين والكتاب إلى البحث عن وسائل تعويضية لهذا الجفاف الروحى .

ومن هنا قاد البحث الذى استمر من سنة 1780 إلى سنة 1850م إلى التوصل إلى هذا المفهوم الجديد الذى أطلق عليه اسم «Culture» ثقافة .

---

(١) المصدر السابق تحت عنوان : الأخلاقيات الجديدة ، ص 251 .

18

2- العلمانية أحدثت نمطا عاما محددا للتفكير فى أوربا وأمريكا أثر على الفكر وجميع شئون الحياة :

فى الحقيقة إن سيطرة العلمانية على المجتمعات الأوربية أحدثت نمطا عاما محددا للتفكير فى هذه المجتمعات ، وهذا النمط العام شمل جميع مناحى الحياة الأوربية والأمريكية التى اصطبغت بالمفاهيم العلمانية .

ومحاولة العلماء والمفكرين فى أوربا للوصول إلى المفهوم الجديد ، والذى أطلق عليه اسم «ثقافة» - وذلك فى الفترة من 1780 إلى 1850م - تبين هذا النمط المادى العلمانى لدى هؤلاء العلماء والمفكرين ، فكتابات أدموند بيرك ، ووليام كوانت وماثيو أرنولد ، و ج . هـ . نيومان ، وجون استيوارت ميلى ، وجريمى بنتام ، وصمويل تيلور كولردج ، وتوماس كارليل ... وغيرهم ، وهم من أوائل الذين كانوا يبحثون عن المفهوم الجديد والذى أطلق عليه اسم «ثقافة» . كانت تتجلى فى كتاباتهم هذا النمط من التفكير المادى العلمانى ، حيث كان القلق والحيرة والاضطراب العقلى والمعنوى من أهم سمات هذا التفكير الذى يفتقد النواحى الروحية .

وهذا النمط المحدد للتفكير ما زال هو المسيطر حتى الآن فى معظم البلاد الأوربية والأمريكية ، حتى بعد تصاعد الأصوليين والإيفانجليكيين فى الولايات المتحدة الأمريكية ، وسيطرة المحافظين الجدد وفوزهم فى الانتخابات الأمريكية الأخيرة بعد تحالفهم مع اليمين الأمريكى المتطرف .

ثانيا - المراحل الأولى لظهور فكرة الثقافة :

كانت المراحل الأولى لاكتشاف فكرة الثقافة هى محاولة تبين مجموعة من النشاطات العقلية والمعنوية منفصلة عن المجرى العام لحياة المجتمعات الأوربية ، واتخاذ هذه المجموعة من النشاطات المعنوية والعقلية كمرجع يحتكم إليه أو اتخاذه كمحكمة إنسانية عامة ، وكانت الفنون فى تلك الفترة قد اكتسبت مفهوما جديدا .

كانت كلمة «فن» قبل تلك الفترة تعني مهارة إنسانية ، فيقال : فن الخطابة ، فن فلاحة الأرض ... إلى غير ذلك ، فتغير معنى الكلمة وأصبحت كلمة فن تعنى مجموعة من النشاطات ذات طبيعة تخيلية خاصة[١] ، وأصبحت كلمة فن تعنى شخصا يتصف بالخيال . وهذه الفكرة الجديدة عن الفن نمت وتطورت كما جاءت فى كتابات المفكرين فى تلك الفترة .

وأصبحت المشاعر الوجدانية التى يستشعرها الإنسان عند قراءته لعمل أدبي أو تأمله لعمل فنى ، والتى تبعث فى النفس الإحساس بالجمال وكأنها تعويض عن النواحى الروحية المفتقدة .

وأصبحت الفكرة الجديدة عن الفن يطلق عليها الحقيقة الأسمى ، وقد عبر الشاعر «بليك» عن ذلك فى قصيدة له[٢] :

فقد الفن سحره العقلى الآن ..

وسوف تخضع فرنسا العالم بقوة السلاح ..

هكذا تحدث ملك فى يوم ميلادى ..

ثم قال اهبط إلى الأرض ..

وجدد الفنون على شاطئ بريطانيا ..

وعندئذ تخر فرنسا صريعة وتهيم بكم ..

وبأعمال الفن تلتقى جيوشهم ..

(١) ريموند وليامز ، الثقافة والمجتمع 1780 - 1950م ، ترجمة وجيه سمعان - مراجعة محمد فتحى ، الهيئة المصرية العامة للكتاب ، 1986م .

(٢) المصدر السابق .

وتغوص الحرب تحت أقدامكم ..

ولكن لو رفض موطنك الفنون ..

ولو احتقر ربة الشعر الخالدة ..

عندئذ تستعيد فرنسا فنون السلام ..

وتخلصكم من الشاطئ الجاحد ..

أيتها الروح التى تحب الجزيرة البريطانية ..

ومن حولها تبتسم شياطين التجارة ..

ومرت الفنون بتطورات عديدة وحركات ونظريات عديدة ، مثل : حركة تسليع الفن التى ظهرت فى كتابات آدم سمث والحركة الرومانتيكية والحركة الكلاسيكية .

وكان للفنون دور فى ظهور ألفاظ مثل : ذوق ، مهارة ... وهى ألفاظ تنتمى فى معظمها إلى ملكات أو عادات ذات ارتباط بالممارسة والفن ، ولا ترتبط بأى حالة من حالات الذهن فى حد ذاته .

وعندما ظهرت لفظة تهذيب Culivation ، وظهر تعبير القلة المهذبة Culivated فى مواجهة الغوغاء كان هناك من المفكرين والفلاسفة من يربط كلمة تهذيب Culivation بالناحية الفنية الجمالية فى القصائد الشعرية .

يقول مل : «لاح أن هذه القصائد إنما هى التهذيب الحق للمشاعر الذى كنت أبحث عنه ، وبدا أننى أنهل من مصدرها منبعا لبهجة داخلية ولذة تخيلية وتعاطفية يمكن أن تشترك فيها جميع المخلوقات»(١) .

(١) ريموند وليامز ، الثقافة والمجتمع 1780 - 1950م ، ترجمة وجيه سمعان - مراجعة محمد فتحى ، الهيئة المصرية العامة للكتاب ، 1986م .

ثالثا : بداية ظهور المفهوم الجديد واختيار اسم ثقافة له .. القلة المهذبة Culivated في مواجهة الغوغاء :

كانت حالات الفوضى تهب فى موجات على المجتمعات الأوربية من آن لآخر ، وكانت الكتابات عن حالات الفوضى متداولة كثيرا بين المفكرين والأفراد العاديين .

وفى تلك الفترة ظهر تعبير القلة المهذبة Culivated فى مواجهة الغوغاء الذين يثيرون الفوضى ، وانتشرت هذه الكلمة بين الكتاب والمفكرين ، وظهرت تعبيرات تهذيب العقل وأهمية ذلك فى مواجهة الحضارة الصناعية المادية .

وقد نادى بعض المفكرين بأهمية تهذيب العقل ، وبأهمية تلك النشاطات المعنوية والعقلية واتخاذها كمحكمة إنسانية تخضع لها جميع التدابير الاجتماعية فى أوربا ، وكان من دعاة ذلك الاتجاه صمويل تيلور كولردج المفكر والأديب البريطانى .

وعلى عكس ذلك كان هناك بعض المفكرين أمثال بنتام ، الذى كان يرى أن هذه المفاهيم العلمانية التى فرضت نفسها على النظم والقواعد الاجتماعية الأوربية يجب تركها لتأخذ مجراها .

يقول كولردج[(١)] : «يعتمد دوام الأمة .. وتقدمها وحريتها الشخصية .. على حضارة متواصلة ومستمرة فى تقدمها ، لكن الحضارة فى حد ذاتها إنما هى خير ممتزج بالشر- إن لم تكن ذات تأثير مفسد بدرجة كبيرة ، فهى تورد المرض ، وليست عنوان الصحة . وأن أمة تمايزت على هذا النحو يصبح ملائما بوصف شعبها بأنه ذو مظهر براق خادع أكثر من كونه مهذبا Culivated مزدهرا ، لأن هذه الحضارة لم تستند للتهذيب والتطور المتناسق لتلك السجايا والملكات التي تميز طبيعتها الإنسانية» .

(١) ريموند وليامز ، الثقافة والمجتمع 1780 - 1950م ، ترجمة وجيه سمعان - مراجعة محمد فتحى ، الهيئة المصرية العامة للكتاب ، 1986م .

ففكرة تهذيب Culivation التى استخدمها المفكرون والكتاب أصبحت تعنى تهذيب النفس والعقل ، وأصبحت تعنى التدريب الإنسانى للعقل ، وكان معناها قبل ذلك اتجاه النمو الطبيعى ، وهو معنى يتعلق بالنبات ونموه ، وبالزراعة .

وكان كولردج هو أول من استخدم لفظة تهذيب Culivation أو ثقافة Culture لتشير إلى وضع عام أو حالة عقلية أو عادة عقلية عامة .

وبذلك تم اختيار لفظة ثقافة ، وقد تغير معناها القديم الذى كان يعنى اتجاه النمو الطبيعى لتحمل معنى جديدا هو تهذيب العقل ، ثم تغير معناها ليصبح حالة أو عادة عقلية عامة .

والمفكرون والكتاب الأوربيون يعتبرون كولردج وراسكن هما أصل اختيار لفظة ثقافة وأصل الوصول لهذا المفهوم الجديد ، أى أن الثقافة اسما ومفهوما قامت نتيجة لمجهودات كولردج وراسكن ، وهذا لا ينفى مجهودات الآخرين فى تطوير هذا المفهوم.

ومنذ اكتسبت لفظة تهذيب Culivation أو ثقافة Culture وضعا عاما ، بـدأت فكـرة الثقافـة Culture تدخل بشكل حاسم فى التفكير الاجتماعى الإنجليزى .

وقد نادى كولردج بأهمية وجود فئة أو طبقة تكون مهمتها «التهذيب العام» ، ويسمى هذه الفئة أو الطبقة باسم الكنيسة القومية ، وتضم الحكماء والأساتذة مـن كـل الطوائف فى المجـالات المختلفة كالعلوم والفنون ... «وهذه الكنيسة القومية يجب ألا تفهم على أنها (كنيسة المسيح) فقط ، فهذا الأمر يمكن أن يختزل الكنيسة إلى معتقد دينى»[1] ، وذلك تمشيا مع خلفيته العلمانية .

---

(١) ريموند وليامز ، الثقافة والمجتمع 1780 - 1950م ، ترجمة وجيه سمعان - مراجعة محمد فتحى ، الهيئة المصرية العامة للكتاب ، 1986م .

وفي ذلك الوقت الذى كان فيه كولردج يتوصل إلى فكرة الثقافة بعد أن اكتسبت وضعا عاما ، أو صارت حالة عقلية عامة ، كان هناك بعض الفلاسفة والمفكرين لا زال يعيش فى تخبط فكرى بحثا عن مفهوم يسبر غور المجتمعات الأوربية وحاجتها إلى بديل عن النواحى الروحية المفتقدة .

في عام 1852م كتب ج . هـ . نيومان يقول : «سيكون رائعا لو أن اللغة الإنجليزية حظيت مثل اللغة اليونانية ، بلفظة ما محددة لتعبر ببساطة وعمومية عـن المقـدرة أو الكـمال العقـلى . كـما تستخدم لفظة «صحة» في الإشارة إلى جسم الحيوان ، ولفظة «فضيلة» في الدلالة على طبيعتنا الخلقية ، ولم أستطع أن أجد هذا المصطلح ... وخلاصة القول أن هذا ضرورى لعـدة أسباب : أولا : لكى توضح فكرة ليست صعبة فى حد ذاتها وهى فكرة تهذيب الذهن كغاية فى حد ذاتها . وثانيا : لكى تمتدح ما يعد هدفا معقولا بكل تأكيد . وأخيرا : لكى تحقق للعقل الكمال المعـين الـذى يتكـون منه ذلك الهدف»(١) .

ويقول ريموند وليامز عن هذه الفقرة التى كتبها نيومان : «والحقيقة التى تثير الدهشـة فى هذه الفقرة أكثر من غيرها هى أن نيومان لم يقابل الحاجة إلى لفظة محددة ما ، بلفظة ثقافة»(٢) .

وكانت مساهمات ماثيو أرنولد فى بلورة فكرة الثقافة مهمـة فى ذلك الوقت للمجتمعـات الأوربية ، فوضع كتابه «الثقافة والفوضى» ، وكـان يـرى أن الثقافة تعنـى تطور الحيـاة الإنسانية للمجتمعات الأوربية العلمانية .

يقول ماثيو أرنولد : «الثقافة ، وهى دراسة الكمال ، تقودنا ... لأن نفهم الكمال

---

(١) ريموند وليامز ، الثقافة والمجتمع 1780 – 1950م ، ترجمة وجيه سمعان – مراجعة محمـد فتحى ، الهيئـة المصرية العامة للكتاب ، 1986م .

(٢) المصدر السابق .

الإنسانى الحقيقى باعتباره كمالا متناسقا يطور إنسانيتنا من جميع جوانبها ، وهو كمال شامل يطور مجتمعنا بأسره»[١] .

فماثيو أرنولد كان يرى أن الثقافة هى عملية دراسة الكمال الإنسانى وتطور الحياة الاجتماعية للمجتمعات الأوربية .

وتطورت فكرة الثقافة كما جاء فى كتابات مفكرين آخرين أمثال : مل وكارليل وغيرهم ، وظهرت فكرة الثقافة كوعاء للفنون ، ثم اتحدت فكرة الثقافة كوعاء للفنون، وفكرة الثقافة كوعاء لقيم أسمى .

ويعنى ذلك بداية التحلل التدريجى من المفاهيم المادية العلمانية ، ومن مفاهيم مذهب المنفعة الذى كان بنتام قد وضع أسسه ، وزعم أن مصدر السلوك هو المنفعة الشخصية ، والصفة الأساسية فى البشر هى الأنانية ، وأن مقياس الخير الوحيد هو تحصيل أكبر قدر من اللذة ، وبذلك لا تعدو الأخلاق إلا أن تكون تنظيما للأنانية ، واعتبر الخير هو اللذة الوحيدة والشر هو الألم .

وكان كارليل يرى ضرورة صياغة أشكال جديدة لمعتقدات الأوربيين التى أعلن وفاتها[٢] .

وفى ذلك الوقت الذى كان يبحث فيه المفكرون الأوربيون عن المفهوم الجديد الذى أطلقوا عليه اسم ثقافة ، فإن كثيرا منهم كان يعرف جيدا اسم ومفهوم حضارة تلك التى كان عبد الرحمن بن خلدون أول من وضع اسما وتعريفا لها فى القرن الرابع عشر الميلادى .

(١) ريموند وليامز ، الثقافة والمجتمع 1780 - 1950م ، ترجمة وجيه سمعان - مراجعة محمد فتحى ، الهيئة المصرية العامة للكتاب ، 1986م .

(٢) المصدر السابق .

وكارليل (1795 - 1881م) كان يعرف معنى الحضارة ويذكرها فى كتاباته ، فى الوقت الذى لم تكن فكرة الثقافة ومفهومها قد تبلورت بعد .

يقول كارليل : «إن الحضارة العصرية تجد نفسها فى موقف صعب لأنها لا تلائمنا ، لقد أنشئت دون أية معرفة بطبيعتنا الحقيقية ، إذ إنها تولدت من خيالات الاكتشافات العلمية وشهوات الناس وأوهامهم ونظرياتهم ورغباتهم ، وعلى الرغم من أنها أنشئت بمجهوداتنا إلا أنها غير صالحة بالنسبة لحجمنا وشكلنا»(١) .

وبعد أن تبلورت فكرة الثقافة وأصبحت وضعا عاما ، وبدأت تدخل فى التفكير الاجتماعى للمجتمعات الأوربية ، بدأت تتطور وأصبحت فكرةعامة مستقلة عن مناشط الحياة المختلفة ، وأصبح لها كيانها المستقل عن الحضارة ، وإن كان فى ذلك الوقت مدى ارتباط الثقافة بالحضارة لم يكن بذلك الوضوح الذى هو عليه الآن ، إذ كانت الحضارة ينظر إليها الأوربيون فى ذلك الوقت على أنها الحضارة الصناعية ، أو بمعنى أصح هو التصنيع والتقدم الصناعى ، وأن الثقافة جاءت لتهذب حياة الفرد وحياة الجماعة تجاه هذا الكيان الصناعى المادى الذى لا يعترف إلا بالعقل وبالمادة ولا يعترف بالغيبيات .

(١) ريموند وليامز ، الثقافة والمجتمع 1780 - 1950م ، ترجمة وجيه سمعان - مراجعة محمد فتحى ، الهيئة المصرية العامة للكتاب ، 1986م ، ص 38 .

(ب) تطور مفهوم الثقافة بعد 1850م

1- بعد أن تحدد مفهوم الثقافة وأصبح يمثل وضعا عاما أو حالة أو عادة عقلية عامة ، بدأ هذا المفهوم الجديد يتطور بعد النصف الأول من القرن التاسع عشر الميلادى .

فى سنة 1871م قام المفكر البريطانى إدوارد ب . تيلور بوضع تعريف للثقافة لاقى قبولا كبيرا لدى الأوربيين منذ ذلك التاريخ وحتى الآن .

وترجع أهمية هذا التعريف عند الأوربيين لإدخال الدين المسيحى كمكون أساسى من مكونات الثقافة العلمانية .

وقد عرف إدوارد ب . تيلور الثقافة بأنها : «ذلك المركب الكلى المعقد الذى يشمل : المعرفة ، والاعتقاد الدينى ، والفن ، والقانون ، والتعاليم الأخلاقية ، والعادات ، وأى عادات أو مقدرات مكتسبة بواسطة الفرد بوصفه عضوا فى المجتمع»[1] .

ومن ذلك يتضح أن إدوارد تيلور اعتبر الثقافة العلمانية مكونة من عدة عناصر ، وأن الدين أحد هذه العناصر ، أى أن الدين المسيحى جزء من الثقافة العلمانية للمجتمعات الأوربية .

أما فى المجتمعات الإسلامية يشمل جميع شئون الحياة بما فيها الثقافة والحضارة . أى أن إدوارد تيلور اعتبر العلمانية هى المهيمنة والمسيطرة على جميع شئون الحياة فى المجتمعات الأوربية ، وأن الدين المسيحى يمثل جزءا من الثقافة العلمانية .

وقد تناول كثير من الكتاب والمفكرين الأوربيين والأمريكيين مفهوم الثقافة ، وظهرت لهم آراء متعددة طوال القرن العشرين فى ذلك ، ومنهم ف . ر . ليفس الذى

---

(1) Grolier Academic Encyclopedia. Culture also published under the title American Encyclopedia.

نشر مقالة سنة 1930م أشار فيها إلى أهمية الأقلية المثقفة التي تهتم وتصون التقاليد الأدبية ، وتهتم بالقدرات الكامنة في اللغة ، وتنقب وتهتم بالمصادر الأدبية والتاريخية والمعمارية والرسم والموسيقي والفلسفة واللاهوت والنظريات السياسية والاجتماعية والعلوم الطبيعية والأنثروبولوجيا ، كما ذكر أهمية التجارب غير المدونة التي تتمثل في العلاقات والعادات والتقاليد ، وخص الأدب بأهمية خاصة لأنه التدوين الرسمي للتجارب غير المدونة .

وكان ذلك اعترافا بالثقافة كتجمع لهذه المناشط ، وفي الحقيقة فإن ليفس تأثر بأفكار من سبقوه في المجال أمثال : كولردج ، وأرنولد ، وإدوارد تيلور .

2- برز مفهوم جديد للثقافة في علم الاجتماع وعلم الأنثروبولوجيا في القرن العشرين ، وهذا المفهوم الجديد هو : «الثقافة طريقة شاملة للحياة الروحية والعقلية والمادية» .

وقد جاء هذا المفهوم الجديد في كتابات بعض علماء الاجتماع والأنثروبولوجيا ، وقد تأثر بهذا المفهوم المفكر ت . س . إليوت ، وتناوله في كتاباته ، وإبراز ت . س . إليوت للثقافة على أنها طريقة شاملة للحياة أعطى هذا المفهوم تأكيدا خاصا ، بعد أن كان مجرد رأى مثل بقية الآراء الأخرى حول الثقافة .

ولا شك أن مجهودات ت . س . إليوت في تطوير مفهوم الثقافة في المجتمعات الأوربية كان له مردود كبير ومستمر في التأثير على المفاهيم العلمانية الأوربية والأمريكية .

وت . س . إليوت تبنى العودة لمجتمع أوربي مسيحي حقيقي في كتابه «فكرة مجتمع مسيحي» الذي صدر سنة 1939م [1] ، ويقول في كتابه : «إن المجتمع المسيحي هو

---

(١) ت . س . إليوت ، ملاحظات نحو تعريف الثقافة ، ترجمة وتقديم د. شكرى محمد عياد – مراجعة عثمان نوبة – تحرير د. محمد عناني ، مكتبة الأسرة ، 2003م .

الذى يسوده قانون دينى اجتماعى موحد للسلوك » ، ويرى «أنه لن يتحقق مجتمع مسيحى بمجرد تغيير هذا النظام الآلى الذى يتصف بتضخيم دافع الربح إلى حد أن يصبح مثلا اجتماعيا أعلى ، والتمايز بين استخدام الموارد الطبيعية واستغلالها .. بالإضافة إلى المزايا التى تتجمع للتاجر بغير عدل فى تضاد مع ما يتجمع للمنتج الأساسى ، وسوء توجيه النظام المالى ، وظلم الربا الفاحش ، وغيرها من قسمات مجتمع يقوم على أساس تجارى ، والذى يجب فحصه بدقة على أساس المبادئ المسيحية» .

وقد استخلص إليوت عدة نتائج مهمة تتعلق بالثقافة وتطورها ، وخاصة فى اتجاه العودة إلى المسيحية ، ولكن على ما يبدو دون التخلى عن المفاهيم العلمانية ، وهو فى ذلك كان يسير على منوال من سبقوه ومتأثرا فى الوقت نفسه بالظروف التى كانت سائدة فى ذلك الوقت ، وخاصة الحرب العالمية الأولى والثانية .

ومن النتائج التى استخلصها إليوت ، والتى تتعلق بالثقافة ، والتى جاءت فى كتاب له عن الثقافة سنة 1945م[(١)] :

(أ) فى الوقت الذى اعتبر أرنولد أن الثقافة خاصة بالكمال الإنسانى بالنسبة للفرد ، أى أن الثقافة فى رأى أرنولد هى ثقافة الفرد ، فإن إليوت كان يرى أن الثقافة تشمل الفرد والجماعة أو الفئة ، وتشمل المجتمع كله . فالثقافة هى ثقافة الفرد ، والجماعة والمجتمع[(٢)] .

(ب) النقطة المهمة التى يذكرها هى علاقة الثقافة بالدين ، وهى فى الحقيقة عدة نقاط وليست نقطة واحدة .

يقول إليوت : «أول دعوى مهمة أقيمها هى أنه لم تظهر ثقافة ولا نمت إلا بجانب

(١) ت . س . إليوت ، ملاحظات نحو تعريف الثقافة ، ترجمة وتقديم د. شكرى محمد عياد - مراجعة عثمان نوبة - تحرير د. محمد عنانى ، مكتبة الأسرة ، 2003م .

(٢) المصدر السابق .

دين ، ومن هنا تبدو الثقافة نتيجة من نتائج الدين ، أو الدين نتيجة من نتائج الثقافة طبقا لوجهة نظر الناظر»[١] .

وكأنه يقصد بقوله : إن الثقافة نتيجة من نتائج الدين بالنسبة للذين يؤمنون بالدين السماوى ، فهذه وجهة نظرهم .

ويقصد بقوله : أو الدين نتيجة من نتائج الثقافة بالنسبة للعلمانيين ، فهذه وجهة نظرهم .

أو ربما يقصد من قوله هذا إنه لم يستقر على رأى فى علاقة الثقافة العلمانية بالنسبة للدين المسيحى ، لأنه يقول فى موضع آخر من كتابه : «الثقافة هى الدين والدين هو الثقافة»[٢] . أى أنه لم يكن قد وصل إلى المفهوم الحقيقى القاطع لمعنى الثقافة ، وعلاقتها بالاعتقاد الدينى الذى يدين به المجتمع .

فالمجتمعات التى تدين بالمعتقدات البوذية ثقافتها تحمل المفاهيم البوذية ، والمجتمعات التى تدين بالمعتقدات المادية العلمانية ثقافتها تحمل المفاهيم العلمانية ، والمجتمعات التى تدين بالدين الإسلامى ثقافتها الإسلامية تحمل المفاهيم الإسلامية[٣] .

وإليوت يعترف بأنه لا يدرك العلاقة بين الدين والثقافة إلا لمحا . والحقيقة أن إليوت وهو يعيش فى بيئة مادية علمانية كان يغلب على تفكيره بصفة عامة التردد وعدم اليقين ، فهو يأتى بالفكرة ونقيضها وكل شىء نسبى ، وهو يقول : «إن ما حاولت التلويح به من نظرة إلى الثقافة والدين لجد عسير بحيث لا أحسبنى أدركه أنا نفسى إلا لمحا ، ولا أحسبنى واقفا على جميع دلالاته ، وهى نظرة تنطوى على خطر الوقوع فى

(١) ت . س . إليوت ، ملاحظات نحو تعريف الثقافة ، ترجمة وتقديم د. شكرى محمد عياد - مراجعة عثمان نوبة - تحرير د. محمد عنانى ، مكتبة الأسرة ، 2003م .
(٢) المصدر السابق .
(٣) د. محمد الجوهرى حمد الجوهرى ، الثقافة العربية والحضارة الإسلامية ، دار الأمين ، 1998م .

الخطأ فى كل لحظة ، لعدم التنبه إلى تغير فى المعنى الذى يكون لكلتا الكلمتين حين تقترنان على هذا النحو بصيرورتهما إلى معنى قد يكون لإحداهما بمفردها»[١] .

(جـ) إليوت يرى أن فى الثقافة جانبا كبيرا غير واع وهو يتعلق باللاشعور[٢] . أما القسم الواعى للثقافة فهو يتعلق بالدين والأخلاق والفنون ، وهو القسم الذى ذكره إدوارد تيلور فى تعريفه للثقافة . وإليوت بذلك لا يربط بين الجانب غير الواعى فى الثقافة والدين ، لأنه يعتبر أن المسيحية جزء من أجزاء الثقافة العلمانية فى المفهوم الأوربى .

3- شتراوس والمحافظون الجدد والتغييرات الثقافية : منذ سنة 1950م استخدمت البنيوية فى النقد الأدبى ، ومنذ ذلك الوقت بدأت تأخذ مكانتها عند الأدباء والفلاسفة والمفكرين الأوربيين .

والبنيوية هى اتجاه علمانى فى النقد والفكر والفلسفة تصور واضعوها فى بداية ظهورها أن هناك أبنية عقلية كلية لا واعية فى كل مجال من المجالات ، مثل الأبنية الموجودة فى نظام القرابة : الأب ، الأم ، الابن ، الأخ ، الأخت ، العم ، الخال .

واعتقدوا أن هناك أبنية عقلية كلية لا واعية فى الأدب والفلسفة والرياضيات والثقافة .

ومن أعلام البنيوية : كلود ليفى شتراوس - ويعتبر أبو البنيوية - وميشيل فوكو ورومان بارت ... وقد نشر شتراوس كتابه «المدارات الحزينة» عام 1955م وكان له أثر كبير فى نشر وانتشار البنيوية .

لقد انصب عمل شتراوس وأبحاثه فى التنقيب والبحث عن البنية العقلية للغة ، واعتقد أنه سيستطيع أن يتوصل إلى الأبنية العقلية - ليس فى اللغة فقط - ولكن فى

(١) ت . س . إليوت ، ملاحظات نحو تعريف الثقافة ، ترجمة وتقديم د. شكرى محمد عياد - مراجعة عثمان نوبة - تحرير د. محمد عنانى ، مكتبة الأسرة ، 2003م .

(٢) المصدر السابق .

شتى المجالات الأخرى ، فطفق[١] يبحث عن هذه الأبنية العقلية الكلية اللاواعية ووعد بالبحث عنها والوصول إليها ، منطلقا فى ذلك المجال من منطق علمانى لا يعتقد إلا فى المعتقدات المادية العلمانية بعيدا عن الدين وبعيدا عن الميتافيزيقا والغيبيات والنواحى الروحية ، وقد اتخذ اللغة ميدانا لأبحاثه ليطبق ما يتوصل إليه من نتائج على النواحى الأخرى . وبعد جهد وطول بحث قادته أبحاثه إلى ميتافيزيقا وغيبيات فانهارت البنيوية .

لقد انطلق شتراوس فى أبحاثه عن البنيوية من أساس مادى لا دينى لا يعترف بأن الله سبحانه وتعالى علم آدم الأسماء كلها ، وأخذ يبحث عن أبنية عقلية لا واعية خلف اللغة - ليطبقها على مجالات الحياة المختلفة - باعتبار أن اللغة قد تعلمها الإنسان الذى تطور حسب نظرية النشوء والارتقاء لداروين وليس عن سيدنا آدم (عليه السلام) الذى خلقه الله سبحانه وتعالى وعلمه ، ولما قادته أبحاثه إلى أن خلف هذه الأبنية غيب أو ميتافيزيقا انهارت البنيوية .

عندما اتضح للمفكرين العلمانيين فى أوربا أن أبحاث ليفى شتراوس قادته إلى غيب أو ميتافيزيقا حقيقية ، انهالت عليه السهام من كل جانب يسفهون آراءه ويهاجمون البنيوية ويصفونها بالسخف ، فانهارت البنيوية وتبعتها مرحلة ما بعد البنيوية .

إن انهيار البنيوية - والبنيوية فى حقيقتها قائمة على أفكار داروين ودى سوسير وكارل ماركس[٢] - يعنى فى حقيقته أن الغيب والغيبيات حقيقة لا يمكن إنكارها ، فالله سبحانه وتعالى خلق آدم وعلمه الأسماء كلها .. فخلق الله لآدم حق ، والملائكة حق، وكل ما قاله الله سبحانه وتعالى فى القرآن الكريم حق ، وكل ما ذكره رسولنا ﷺ فى أحاديثه الصحيحة حق ، يقول تعالى :

﴿وَعَلَّمَ ءَادَمَ ٱلْأَسْمَآءَ كُلَّهَا ثُمَّ عَرَضَهُمْ عَلَى

(١) لمزيد من التفصيل : كتاب «العولمة والثقافة الإسلامية» ، د. محمد الجوهرى حمد الجوهرى ، دار الأمين ، القاهرة ، طبعة أولى 2002م ، وأعيد طبعه 2004م .

(٢) المصدر السابق .

ٱلْمَلَٰٓئِكَةِ فَقَالَ أَنۢبِـُٔونِى بِأَسْمَآءِ هَٰٓؤُلَآءِ إِن كُنتُمْ صَٰدِقِينَ ﴿٣١﴾ قَالُوا۟ سُبْحَٰنَكَ لَا عِلْمَ لَنَآ إِلَّا مَا عَلَّمْتَنَآ ۖ إِنَّكَ أَنتَ ٱلْعَلِيمُ ٱلْحَكِيمُ ﴿٣٢﴾ ﴾[1] .

كان انهيار البنيوية عند المفكرين الأوربيين والأمريكيين يعنى الانحياز للأفكار التى تدعو للعودة لمجتمع مسيحى ، وهى الأفكار التى تبناها ت . س . إليوت وغيره من المفكرين ، ويعنى التراجع عن العلمانية دون التخلى عنها .

فى الخمسينيات من القرن الماضى كان شتراوس أستاذا للفلسفة فى جامعة شيكاغو ، وكان من تلاميذه وحوارييه عدد ممن يطلق عليهم الآن فى أمريكا «المحافظون الجدد» منهم : رامسفلد وبول وولفيتز ووليام كريستول ... وغيرهم ، فتأثروا بأفكار شتراوس تأثرا كبيرا .

وبمرور الوقت ازدادت أعداد المحافظين الجدد ، وقد استطاعوا أن يفوزوا فى الانتخابات الأمريكية الأخيرة بعد تحالفهم مع اليمين الأمريكى المتطرف والصهيونية الأمريكية بقيادة الرئيس الأمريكى جورج بوش ونائبه تشينى ..

وكان للمحافظين الجدد دور بارز فى التغيرات الثقافية التى حدثت فى الولايات المتحدة الأمريكية ، إذ تعزز دور الدين المسيحى فى مجابهة العلمانية ، وهو ما سوف نتناوله فيما بعد .

(١) البقرة : 31 ، 32 .

(جـ) تعريف الثقافة

الاختلافات حول مفهوم الثقافة

كما رأينا سابقا أن مفهوم الثقافة لم يكن معروفا قبل الثلث الأخير من القرن الثامن عشر الميلادى .

كما رأينا الأسباب الكامنة وراء البحث عن هذا المفهوم الجديد - الذى أطلق عليه اسم ثقافة - وأنها كانت أسبابا خاصة بالمجتمعات الأوربية فى العصور الوسطى[١] ، نتيجة التغيرات العميقة التى حدثت فيها وحولتها من مجتمعات مسيحية إلى مجتمعات علمانية .

كما رأينا سابقا كيف تم التوصل إلى هذا المفهوم ، وكيف تم اختيار لفظة ثقافة ليحمل هذا المفهوم .

ومن هنا كان البحث الذى أدى إلى التوصل إلى المفهوم الجديد ، والذى أطلق عليه اسم «ثقافة» . فالثقافة جاءت كبديل للدين المراق فى المجتمعات الأوربية على حد قول بعض المفكرين الأوربيين فى نهاية القرن الثامن عشر[٢] .

وفى ظنى أن الإيفانجليكية فى المجتمعات الأمريكية جاءت كبديل للعلمانية المراقة فى العقود الأخيرة على يد «المحافظون الجدد» المتحالفين مع اليمين الأمريكى المتطرف الذى يحكم أمريكا الآن ، وأن التعصب الأصولى هو الصفة الغالبة عليهم الآن .

---

(١) العصور الوسطى فى أوربا هى الفترة الممتدة من سقوط الإمبراطورية الرومانية الغربية فى القرن الرابع الميلادى إلى القرن الخامس عشر الميلادى . انظر قيام الحضارة المسيحية فى العصور الوسطى فى الصفحات القادمة من هذا الكتاب .

(٢) ريموند وليامز ، الثقافة والمجتمع 1780 - 1950م ، ترجمة وجيه سمعان - مراجعة محمد فتحى ، الهيئة المصرية العامة للكتاب ، 1986م.

34

وقد رأينا سابقا أن مفهوم الثقافة مر بمراحل متعددة في أوربا :

- في الفترة الممتدة من عام 1780 إلى عام 1850م : قبل عام 1780م كانت كلمة ثقافة في اللغة الإنجليزية تعني اتجاه النمو الطبيعي وهي خاصة بالنبات وزراعته ، ثم شاعت كلمة تهذيب Culivation في مواجهة تعبير الغوغاء الذي انتشر آنذاك بين الناس في أوربا ، ثم استخدمت فكرة تهذيب العقل في كتابات المثقفين والمفكرين في مواجهة الحضارة الصناعية المادية البازغة ، ثم أصبحت كلمة تهذيب Culivation أو ثقافة Culture تعني تهذيب العقل والنفس ، وتعني التدريب الإنساني للعقل .

وكان صمويل كولدرج أول من استخدم كلمة ثقافة Culture لتشير إلى حالة أو عادة عقلية عامة .

ومنذ ذلك الوقت أصبحت «الثقافة» شيئا مستقلا في حد ذاته ، ثم أصبحت بعد ذلك تعني الحالة العامة للتطور الفكري للمجتمع بأسره . واعتبرت بعد ذلك الكيان العام للفنون .

- من ذلك يتضح أن طوال الفترة الممتدة من عام 1780 ، حتى عام 1850م ، وهي الفترة التي جرت فيها محاولات الوصول لفكرة أو حقيقة مرجعية إنسانية ، والتي انتهت بالوصول إلى فكرة الثقافة ، كان المفكرون والفلاسفة الأوربيون ينطلقون من خلفية علمانية بحتة ، ولذلك جاءت كل محاولات الوصول لفكرة الثقافة خالية في أغلبها من النواحي الروحية الدينية ، وهو ما انعكس على معنى الثقافة في تلك الفترة .

- تطور مفهوم الثقافة عند المفكرين الأوربيين بعد عام 1850م ، وكان هناك من يهتم بالمسيحية كمكون أساسي من مكونات الثقافة في المفهوم العلماني ، أي اعتبار الدين المسيحي عنصرا أساسيا من عناصر الثقافة العلمانية - وهناك الآن من المفكرين الأوربيين من يعتبرون العلمانية لا تتعارض مع المسيحية كما ذكر الإنجيل : «دع ما لقيصر- وما لله لله» . ومن هؤلاء الذين اهتموا بذلك إدوارد ب . تيلور

البريطاني الذى قام بوضع تعريف للثقافة لاقى قبولا كبيرا عند الكتاب والمفكرين. يعرف تيلور الثقافة بأنها : «ذلك المركب المعقد المكون من المعرفة والاعتقاد والفنون والأخلاق والقانون وأى مقدرات مكتسبة بواسطة الفرد باعتباره عضوا فى المجتمع» ، وقد تم وضع هذا التعريف عام 1871م .

وفى أواخر القرن التاسع عشر وأوائل القرن العشرين أصبح معنى الثقافة : «طريقة شاملة للحياة مادية وعقلية وروحية» .

وهذا المعنى الأخير تاثر به ت . س . غليوت الذى كان له إسهاماته فى الوصول إلى ارتباط الثقافة بالدين ، واعتبر أنه لا تقوم ثقافة دون اعتقاد دينى ، وأن الثقافة بها جانب لا واعى . أما النشاطات مثل : الأدب والفنون ... فهى تمثل الجانب الواعى للثقافة ، ووضع فى عام 1939م كتاب «العودة لمجتمع مسيحى» نادى فيه بأهمية العودة للمسيحية .

وكان لانهيار البنيوية أثر كبير فى بروز الاتجاهات الدينية فى أوربا وأمريكا ، وخاصة بعد تولى المحافظين الجدد - تلاميذ شتراوس أبو البنيوية - الحكم فى الولايات المتحدة الأمريكية بعد فوزهم فى الانتخابات الأخيرة التى تولى فيها جورج دبليو بوش الحكم .

تعريفات عديدة للثقافة

1- مفهوم الثقافة من منظور علمانى غربى :

فى عام 1952م أورد ألفرد كروبر وكلويد كلوكهون مجموعة مكونة من 200 تعريف للثقافة[(١)] ، وهذه التعريفات الكثيرة للثقافة جاءت بعد أن تبلورت فكرة الثقافة، وأصبح لها اسم ، وهو ثقافة . وبعد أن أصبحت فكرة مستقلة بواسطة كولردج ، فى الفترة من عام 1780 إلى عام 1850م .

(١) Wilkipedia .. Free Encyclopedia. شبكة الإنترنت .

ففى تلك الفترة كان عدد الذين أسهموا فى الوصول إلى تلك الفكرة واختيار لفظ ثقافة اسما لها قليل .

وإن كانت فكرة الثقافة قد جاءت فى بدايتها بديلا عن النواحى الروحية المسيحية المفتقدة فى المجتمع الأوربى العلمانى ، إلا أنه فى عام 1871م بعد أن قام إدوارد تيلور بتقديم تعريفه للثقافة ، وأصبحت المعتقدات المسيحية جزءا من الثقافة العلمانية - كما جاء فى هذا التعريف - واكتسب هذا التعريف انتشارا وقبولا واسعا، وبدأت التعريفات تتزايد .

فالتعريفات العديدة للثقافة جاءت بعد سنة 1871م ، وخاصة فى القرن العشرين .

والتعريفات العديدة للثقافة هى تعريفات مختلفة فى أغلبها ، ويرجع اختلاف التعريفات إلى عدة أسباب سوف نتناولها بعد ذلك .

بالإضافة إلى التعريفات السابقة التى ذكرناها ، والتى جاءت فى الفترة من 1780 إلى 1850م ، مثل تعريف كولردج وراسكن ونيومان ، والتى تعتبر الثقافة حالة تهذيب الذهن وتدريبه .

ومثل جهود كولردج التى أدت إلى اعتبار فكرة الثقافة عادة أو حالة عقلية عامة ، كما أكسبت فكرة الثقافة الاستقلالية .

ومثل تعريف ماثيو أرنولد للثقافة بأنها دراسة الكمال الإنسانى .

ومثل تعريف الثقافة بأنها وعاء للفنون ، وتعريف الثقافة كوعاء لقيم أسمى .

ومجهودات مل وبنتام وغيرهما .

بالإضافة لما سبق فإن التغير الكبير لمفهوم الثقافة حدث بعد سنة 1850م، وبالتحديد عام 1871م ، بواسطة الأنثربولوجى البريطانى إدوارد تيلور ، إذ جعل تيلور المسيحية جزءا من مكونات الثقافة العلمانية .

والتغير الكبير فى مفهوم الثقافة حدث فى القرن العشرين ، حيث اعتبر علماء الأنثروبولوجيا وعلماء الاجتماع : «الثقافة طريقة شاملة لحياة المجتمع مادية وعقلية وروحية» .

وكان ت . س . إليوت من أهم المفكرين الذين أبرزوا علاقة الثقافة بالدين ، مع تأكيد أن الثقافة طريقة شاملة للحياة المادية والروحية والعقلية ، وذلك عام 1945 م.

وبعد ذلك توالت التعريفات العديدة للثقافة ، وكلها تخريجات لهذه التعاريف التى ذكرناها . وسوف نذكر بعضا منها :

تعريف اليونسكو للثقافة :

فى عام 2002م صدر عن اليونسكو تعريف للثقافة نصه : «ينبغى أن ينظر إلى الثقافة على أنها مجموعة مميزة عن النواحى الدينية والعقلية والمادية والعاطفية للمجتمع أو لجماعة من الناس ، ولذلك فهى تشمل بالإضافة للفن والأدب ، أسلوب الحياة وطرق المعيشة معا ، ونظم القيمة ، والعادات والعقائد»[١] .

وعندما اكتشفت الرمزية فى أوربا عرف ليسلى وايت الثقافة بأنها : «مجموعة من الرموز تفهم فى محيطها وبيئتها»[٢] . ويعرفها الفيلسوف الأمريكى جون ديوى بأنها : «حصيلة التفاعل بين الإنسان وبيئته»[٣] .

ويعرف رالف لنتون الثقافة بأنها : «شكل متكامل من السلوك المكتسب ونتائجه ، يشترك فى عناصره وينقلها أفراد مجتمع معين»[٤] .

(١) المصدر السابق .
(٢) المصدر السابق .
(٣) نصر محمد عارف ، كتاب : الحضارة . الثقافة . المدنية ، الدار العالمية للكتاب الإسلامى ، والمعهد العالمى للفكر الإسلامى ، 1415هـ / 1995م.
(٤) المصدر السابق ، ص 21 .

وهناك تعريفات أخرى عديدة وكلها تنطلق من المفهوم الأوربى والأمريكى الذى انطلق فى بدايته من مفهوم علمانى كامل لا يعترف بالدين ، ويعتبر الثقافة بديلا عن المسيحية المفتقدة فى المجتمعات الأوربية - فى ذلك الوقت - والذى تطور بعد أن تبين أهمية اتخاذ الدين المسيحى كمكون من مكونات الثقافة العلمانية الغربية.

وهناك مفكرون أوربيون وأمريكيون يعتبرون الدين المسيحى دينا علمانيا ، واتخذوا أدلة من الإنجيل لتثبت آراءهم ، مثل : «دع ما لقيصر لقيصر وما لله لله» .

بمعنى أن المفاهيم العلمانية هى التى تشمل جميع شئون حياة المجتمعات الأوربية والأمريكية . أما الدين المسيحى فيمثل جزءا من هذه المفاهيم العلمانية .

ومن ثم فإن المسيحية تمثل جزءا من الثقافة العلمانية التى هى ثقافة المجتمعات الأوربية والأمريكية .

وهذه الاختلافات الكثيرة لمفهوم الثقافة ولمفهوم الحضارة - الذى سنتناوله بعد ذلك - عند الأوربيين والأمريكيين ، والذى انتقلت عدواه إلى كثير من المفكرين العرب ، يدل على اضطراب فكرى عند هؤلاء الغربيين وعدم فهم عند بعض المفكرين.

وهذا الاضطراب الفكرى ناتج عن خوف وقلق وشك وحيرة منذ حلت العلمانية محل مسيحية القرون الوسطى فى أوروبا .

ولذلك جاءت هذه الاختلافات الكثيرة المتباعدة بين أبناء الثقافة الواحدة - وهى الثقافة العلمانية المادية الأوربية الأمريكية - فى معرفة مفهوم الثقافة ومعناها ، لتوضح حالة الاضطراب لدى أبناء هذه الثقافة .

يرى بواز (Boas) أن الثقافة : «تشتمل على كل مظاهر العادات الاجتماعية فى مجتمع ، ورد الفعل بالنسبة للفرد الذى تأثر بعادات تلك الجماعة التى يحيا فيها ونتاج الأنشطة البشرية كما تحددها هذه العادات»[١] .

ويعرف راد كليف براون الثقافة بأنها : «العملية التى يكتسب الفرد بواسطتها المعرفة والمهارة والأفكار والمعتقدات والأذواق والأعراف والعواطف ، عن طريق الاتصال بأفراد آخرين أو من خلال أشياء أخرى كما يكتسب الأعمال الفنية»[٢] .

ويعرف كروبر الثقافة بأنها : «مجموعة ردود الفعل الحركية المكتسبة والمتناقلة والعادات والتقنيات والأفكار والقيم والسلوك الذى يؤدى إليه»[٣] .

ويرى كل من العالمين كلوكهون وكيلى أن الثقافة هى : «كل تلك المخططات المعيشية التى وضعت على مدى التاريخ الظاهرة منها والضمنية والعاقلة وغير العاقلة ، والتى توجد فى أى زمان معين لتوجيه سلوك الناس»[٤] .

ويعرف معجم المجمع الفرنسى - الذى ناقش كلمة ثقافة Culture ومفهومها فى جلسة خاصة بالمعجم بتاريخ 29 يونيو 1972م - الثقافة بأنها : تطلق بالمعنى المجرد العام فى مقابل كلمة (طبيعة) ، فهى العبقرية الإنسانية مضافة إلى الطبيعة بغية تحرير عطاءاتها وإغنائها وتنميتها»[٥] .

(١) د. أحمد بن نعمان ، باحث جزائرى ، كتاب : الحضارة الإنسانية بين التصور الدينى والنظريات الوضعية ، الجزء الأول ، الجامعة العالمية للعلوم الإسلامية ، لندن .
(٢) المصدر السابق .
(٣) المصدر السابق .
(٤) المصدر السابق .
(٥) نصر محمد عارف ، كتاب : الحضارة . الثقافة . المدنية ، الدار العالمية للكتاب الإسلامى ، والمعهد العالمى للفكر الإسلامى ، 1415هـ / 1995م.

ويعرف مالينوفسكى الثقافة بأنها : «جهاز فعال يمكن الإنسان من الانتقال إلى وضع أفضل يواكب المشاكل التى تواجه الإنسان فى بيئته»[١] .

وقد عبر جولز هنرى عن هذا الاضطراب وهذه الحيرة فى البحث عن مرجعية ثابتة بديلا عن هذه المرجعية العلمانية المتغيرة التى تصبغ الثقافة الأوربية بمفاهيمها فقال : «إن الإنسان الغربى باعتماده النظرية النسبية والتشكيك الدنيوى الحاد فى الثبات والرفض المطلق ظاهرا أو خفيا لوجود إله متحكم فى هذا الكون يسيره وفق إرادته .. كل ذلك جعل الإنسان الغربى يشعر دائما بالحاجة إلى قاعدة يبدأ منها التفكير حول ذاته ، وسواء أكان هذا الإنسان تاكيتس أم هيجل أم كيركجارد أم ماركس أم الأنثروبولوجيين جميعهم ، فإنهم دائما يبحثون عن نقطة ثبات مرجعية تقف عندها تطلعاتهم وتنطلق منها مقولاتهم»[٢] .

وفى الحقيقة فإن الخلفية العلمانية للمفكرين والفلاسفة والأنثروبولوجيين الأوربيين الذين تمكنوا من التوصل إلى مفهوم الثقافة ، أضفى على هذا المفهوم الصبغة العلمانية مما كان له أثر كبير فى غموض مفهوم الثقافة عندما تم استخدامه وتطبيقه عند أصحاب الثقافات الأخرى البوذية والهندوسية والإسلامية ، ولكن بمرور الوقت وازدياد الوعى تم تبين الفروق والتمايز بين العلمانية ، والمعتقدات الأخرى (البوذية والهندوسية والإسلام) ، وبالتالى الفروق والاختلافات بين الثقافات المختلفة . فالثقافة العلمانية الأوربية تختلف عن الثقافة الصينية والثقافة الهندية والثقافة العربية والإسلامية، وكذلك تم تبين أن أساس هذه الفروق وهذا التمايز يرجع إلى المعتقدات الدينية التى يدين بها المجتمع .

(١) المصدر السابق .
(٢) جولز هنرى ، مصطلح البدائية عند كيركجارد وهايدرجر فى أشلى مونتاجيو ، البدائية ، ترجمة د. محمد عصفور ، الكويت ، المجلس الوطنى للثقافة والفنون والآداب ، سلسلة عالم المعرفة ، العدد 53 ، مايو 1982م.

فى بداية القرن العشرين تبين المفكرون الأوربيون والأمريكيون عمق التغييرات التى أحدثتها العلمانية فى مجتمعاتهم وسلبيتها :

كان تبين مفهوم الثقافة عاملا مهما لفهم التغيرات العميقة التى حدثت فى المجتمعات الأوربية ، فى المدة من القرن الخامس عشر الميلادى وحتى القرن العشرين ، وقد ذكر ذلك كثير من المفكرين الأوربيين[1] .

فالمجتمعات الأوربية المسيحية فى الفترة الممتدة من سقوط الإمبراطورية الرومانية الغربية فى القرن الرابع الميلادى إلى القرن الخامس عشر- الميلادي - وهو ما أطلق عليه العلمانيون الأوربيون العصور الوسطى أو عصور الظلام - كانت هذه المجتمعات ثقافتها مسيحية .

وكما هو معروف فإن أوربا مرت بفترات طويلة من الحروب امتدت لعدة قرون ، حيث تعرضت الكنيسة ورجال الدين المسيحى لفترات طويلة - امتدت قرنين - للنقد والشك وعدم الرضا عن سلطات الكنيسة المتحالفة مع سلطات الملوك ورجال الإقطاع ، وما تبع ذلك من حروب دينية أدت إلى نشأة البروتستانتية، وما تبع ذلك من ثورة الشك والإلحاد التى عمت كل أنحاء أوربا ، وبذلك بدأت سيطرة العلمانية على المجتمعات الأوربية منذ ذلك الوقت وحتى الآن .

وعندما تبين المفكرون الأوربيون والأمريكيون مفهوم ومعنى الثقافة فى بداية القرن العشرين ، تبين لهم أيضا أن ثقافة مجتمعاتهم الأوربية هى ثقافة علمانية مادية ، وهى تناقض الثقافة المسيحية التى كانت سائدة ومسيطرة فى فترة العصور الوسطى، وأن التقارب مع المفاهيم المسيحية يجب أن يستمر ، وبعض هؤلاء المفكرين اعتبر المسيحية دينا علمانيا ، وهو ما سوف نتناوله بالتفصيل فى أحد فصول هذا الكتاب .

(١) ريموند وليامز ، الثقافة والمجتمع 1780 - 1950م ، ترجمة وجيه سمعان - مراجعة محمد فتحى، الهيئة المصرية العامة للكتاب ، 1986م.

2- مفهوم الثقافة من منظور صينى :

عندما قامت الثورة الشيوعية فى الصين كان مفهوم الثقافة العلمانى الغربى قد ترجم إلى اللغة الصينية ، ولكن الصينيين لم يستخدموا المفهوم العلمانى ليعبر عن ثقافتهم ، ولكنهم استخدموا مفهوما يعبر عن إيمانهم بالبوذية والكونفوشيوسية والتاوية .

وقد استعملت الثورة الصينية مصطلح «الثقافة الصينية» فى مجابهة الثقافة العلمانية الغربية ، عندما كان الصراع محتدما بين الشيوعية والرأسمالية فى النصف الثانى من القرن العشرين .

وقد احتفظت الصين بمفاهيمها الثقافية البوذية ولم تتخل عنها ، ولم تتأثر كثيرا بالمفاهيم العلمانية الغربية ، رغم تعدد الثقافات الفرعية نتيجة لوجود الكونفوشيوسية بجانب البوذية . وبعض المفكرين الغربيين يعتبرون أن الصين لها ثقافات متعددة تبعا لدياناتها الكونفوشيوسية والتاوية والبوذية[١] .

والفضل فى ذلك يرجع لقادة الثورة الصينية الذين حافظوا على وحدة الثقافة الصينية ووحدة المجتمع الصينى دون تمزق وصراعات ثقافية داخلية ، وذلك عكس بعض البلاد العربية والإسلامية التى تأثرت بالغزو الفكرى الاستعمارى ، وما أحدثته النخب العلمانية والمتغربة من تمزق ثقافى واجتماعى أدى إلى تأخر كثير من بلادنا عن البلاد الأخرى .

فالنخب العلمانية المتغربة كانت من أكبر الأسباب التى أدت إلى تأخر كثير من البلاد الإسلامية والعربية عن مثيلاتها من الدول الأخرى .

(١) ستيفن أوين ، جامعة هارفارد ، موسوعة ويكبيديا .Wikipedia .. Free Encyclopedia شبكة الإنترنت .

وتعتبر الثقافة الصينية والثقافة الهندية من أقدم الثقافات الحية الموجودة الآن ، وهما يمثلان حضارتين حيتين من أقدم الحضارات فى العالم .

ومعنى ثقافة حية وحضارة حية أنهما تمثلان مجتمعا معاصرا موجودا الآن، يؤمن بالمعتقدات الدينية التى قامت عليها تلك الثقافة وتلك الحضارة . وذلك عكس الثقافات والحضارات التى بادت ولم يبق منها إلا الآثار الدالة عليها مثل الثقافة والحضارة العيلامية والآشورية والبابلية والفارسية والمصرية القديمة ..

فهذه الثقافات والحضارات التى بادت والتى تركت آثارا تدل عليها ، ليست حية، بمعنى أنه لم يعد هناك مجتمعا يؤمن بالمعتقدات الدينية التى قامت عليها تلك الثقافات وتلك الحضارات .

والثقافة الصينية الحية الموجودة الآن ، والتى هى ثقافة المجتمع الصينى الموجودة الآن ، قائمة على المعتقدات البوذية ولها مفاهيمها ومعطياتها الصينية البوذية .

والمراجع الصينية تعرف الثقافة الصينية بأنها : «طريقة حياة المجتمع الصينى» .

يقول جون هـ . بادلى : «المراجع الصينية فى تعريفها لمفهوم الثقافة تميل للقول بأن الثقافة الصينية هى طريقة حياة المجتمع الصينى»[(١)] .

ويقول ستيفن أوين عن الثقافة الصينية : «وما يطلق عليه الثقافة الصينية هو مفهوم حديث تشكل أثناء الثورة الصينية ، وأصبح واضحا فى مواجهة الثقافة الغربية»[(٢)] .

ثم يقول : «وقد عبرت امرأة صينية أحسن تعبير عن مفهوم الصين للثقافة الصينية عندما قالت تلك المرأة التى تدعى زنجورن : نحن الصينيين عندنا ذلك

(١) Wikipedia .. Free Encyclopedia. Jon H. Badly, 1994 . شبكة الإنترنت.
(٢) المصدر السابق .

الاعتقاد أو تلك الممارسة هكذا دون فرضية التدخل من أحد ، ولكنه استيقظ عندما بدأ الصراع الثقافى مع أمريكا وروسيا»[١] .

أى أن السيدة زنجورن تقول : إن اعتقاد الصينيين وممارستهم الدينية موجودة وتلقائية ، لأنهم يؤمنون بها ويمارسونها بطقوسها منذ خمسة آلاف عام ، فلما حل الصراع الثقافى أصبحت مهمة ، وتم استدعاؤها واستخدامها فى الصراع الثقافى .

وفى مواجهة الثقافة والحضارة العلمانية الغربية ظهر ما يسمى بالكونفوشيوسية الحديثة للمحافظة على التقاليد الصينية والمفاهيم الصينية وحمايتها من الغزو الفكرى الأوربى الحديث .

وقد ظهرت الكونفوشيوسية الحديثة لتعبر عن نزعة المحافظة على الثقافة الصينية التقليدية ، وفى الوقت نفسه تساير التقدم : «فهى تقوم على ترسيخ أقدام التقاليد ودمج الماضى بالحاضر ومسايرة متطلبات العصر» ، وتم إجمال تلك النزعة وتطويرها إلى التيار الفكرى المعروف بـ «العلم الكونفوشيوسى الحديث» . ويدعو العلم الكونفوشيوسى الحديث إلى البعث الحديث للمذهب الكونفوشيوسى ، وتوارث الفكر الثقافى للكونفوشيوسية بوصفه الهدف الرئيسى ، ... «ولكن بعد اجتياز العاصفة الهوجاء للتيار الفكرى المعارض للتقاليد تقدمت الكونفوشيوسية الحديثة باقتراح العودة للأصل وبدء الجديد ، وإعادة بناء القاعدة الثقافية ، وإعادة تنظيم أفكار الاستجابة للتحديث»[٢] .

3- انتقال المفهوم العلمانى الغربى للثقافة إلى البلاد العربية والإسلامية :

يعتبر سلامة موسى أول من قام بنشر المفهوم العلمانى الغربى للثقافة فى مصر .

(١) المصدر السابق .
(٢) ووبن ، كتاب : «الصينيون المعاصرون» ، ترجمة د. عبد العزيز حمدى ، مراجعة د. لى تشين تشونج ، عالم المعرفة ، الكويت ، 1996م.

هل كان ذلك لعدم درايته بالمفهوم العلماني للثقافة واختلافه عن المفهوم الإسلامى للثقافة؟!..

وكذلك اختلافه عن المفهوم الصينى والمفهوم الهندى للثقافة ؟ ..

أم كان ذلك بقصد وسوء نية ؟!

وقد قام سلامة موسى بنشر الأفكار العلمانية للثقافة فى مصر ، فى الوقت الذى قامت فيه دولة أتاتورك العلمانية فى تركيا تقريبا ، إذ نشر سلامة موسى آراءه سنة 1927م فى مجلة الهلال .

يقول سلامة موسى : «كنت أول من أفشى لفظة الثقافة فى الأدب العربى الحديث ولم أكن أنا الذى سكها بنفسه فإنى انتحلتها من ابن خلدون ، وإذ وجدته يستعملها فى معنى شبيه بلفظة «كلتور» Culture الشائعة فى الأدب الأوربى . والثقافة هى المعارف والعلوم والآداب والفنون يتعلمها الناس ويتثقفون بها ، وقد تحتويها الكتب ، ومع ذلك هى خاصة بالذهن . أما الحضارة فمادة محسوسة فى آلة تخترع وبناء يقام ونظام حكم محسوس يمارس ، ودين له شعائر ومناسك وعادات ومؤسسات . فالحضارة مادية أما الثقافة فذهنية»[١] .

وقد سار كل من جاء بعده على أثره فى فهم وتعريف الثقافة ، ومعظم المفكرين العرب نقلوا المفهوم العلمانى ، فمنهم من يعرفها بمفهوم القرن الثامن عشر الميلادى فى أوربا ، إذ كانت الثقافة تعنى تهذيب العقل والنفس وهو تعريف كولردج ، أو كانت تعنى الكمال الإنسانى وهو تعريف ماثيو أرنولد وغيره . ومنهم من يعرف الثقافة بمفهوم القرن التاسع عشر فى أواخره مثل التعريف الذى وضعه إدوارد تيلور سنة 1871م.

(١) سلامة موسى ، «الثقافة والحضارة» ، مجلة الهلال (ديسمبر 1927م) القاهرة ، نصر محمد عارف كتاب : الحضارة . الثقافة . المدنية ، الدار العالمية للكتاب الإسلامى ، والمعهد العالى للفكر الإسلامى ، 1415هـ / 1995م .

وبعض المثقفين العرب والمسلمين الـذين نسـجوا عـلى منـوال سـلامة مـوسى وغـيره مـن المتغربين العرب والمسلمين يعرف الثقافة بالمفهوم الذى وضعه إليوت فى القرن العشرين .

ومنهم من يعرفها بأنها : «طريقـة شـاملة للحيـاة الماديـة والروحيـة والعقليـة بالنسبة لمجتمع ما» . وهو المفهوم الذى برز عند علماء الاجتماع والأنثروبولوجيا فى القرن العشرين .

وغير ذلك من التعريفات الكثيرة التى برزت طوال الفترة الممتدة مـن 1789م وحتـى الآن . ومعظم هذه التعريفات انطلقت من مفهوم علمانى غربى ، ذلك أن الخلافة الإسلامية كانـت قـد سقطت واستولى أتاتورك على مقاليد الحكم فى تركيا ، واحتلت البلاد العربيـة والإسلامية بواسطة الاستعمار الإنجليزى والفرنسى ، وقامت نخب العلمانيين والمتغربين بنشر الأفكار التغريبيـة والعلمانية فى جميع أنحاء العالم الإسلامى .

إلا أن هذا الاتجاه العـاتى المـدعوم والمحمى بواسطة الاستعمار الأوربى ووجـه بمقاومـة عنيفة على الأرض وفى الفكر أيضا ، فكان للأزهر الشريف فى مصر وكثير من المعاهد الإسلامية فى البلاد الإسلامية دور كبير فى مقاومة هذا الغزو الفكرى ، وكان العلماء المسلمين المتميزين أمثال : جمال الدين الأفغانى ومحمد عبده والشـهيد حسـن البنا دور عظيم فى مجابهـة هـذا الغزو الفكرى والثقافى .

4- نقد مختصر للتعريفات التى وضعها المفكرون الأوربيون لمفهوم الثقافة :

كل التعريفات التى وضعت لمفهوم الثقافة - والتى قاربت 200 تعريف كما ذكرنا سـابقا - إما تعريفات قـام بوضعها العلماء والمفكرون الأوربيون والأمريكيـون وإمـا تعريفـات قـام بوضعها علماء ومفكرون غيرهم - أى من ثقافات أخـرى - تقليـدا لهـم تحمل نفس المفهـوم العلمانى الغربى فى الغالب الأعم .

والمائتا تعريف – تقريبا – التى قام بوضعها المفكرون الأوربيون والأمريكيون، إما تعريفات مبنية على التعريفات التى وضعت قبل منتصف القرن التاسع عشر – وهى الخاصة بمحاولات البحث عن بديل للدين فى ظل العلمانية المسيطرة على المجتمعات الأوربية – وإما تعريفات مبنية على التعريف الذى وضعه إدوارد تيلور سنة 1871م ، أو تعريفات الأنثروبولوجيين ، وتعريف ت . س . إليوت فى النصف الأول من القرن العشرين .

ويمكن تقسيم هذه التعريفات الأوربية والأمريكية التى وضعت لمفهوم الثقافة من منطلق علمانى إلى الأقسام التالية :

* الثقافة بديل عن الدين المسيحى :

كما ذكرنا فإن العلماء والمفكرين الأوربيين كان بعضهم يتساءل : كيف يكتب البقاء لدولة دون ديانة تحفظ المجتمع من التحلل؟ وذلك فى أواخر القرن السابع عشر ، وأوائل القرن الثامن عشر عندما انزوت المسيحية وحلت محلها الأفكار العلمانية .

فجاءت محاولات العلماء والمفكرين الأوربيين فى الفترة الممتدة من 1780 إلى 1850م – والتى فصلنا فيها تطور اللفظة والمفهوم بعد التوصل إليهما – استجابة لهذا التساؤل وهذا الوضع الذى استشعره بعض المفكرين أمثال : فولتير وروسو .

وقد ذكرنا فيما سبق محاولات بعض العلماء للتوصل للفظة «ثقافة» وللمفهوم الذى تغير بمرور الوقت لهذه اللفظة .

* بعض المفكرين الأوربيين والأمريكيين رفضوا مفهوم الثقافة بديلا عن الدين المسيحى :

كان العداء الإنجليزى للفظة ثقافة ذا أثر كبير وتدميرى ، يقول ريموند وليامز فى مجال تعليقه على اجتهادات أرنولد وغيره : «ليس صعبا أن تشعر بالأثر الذى تركه

وصف القديس بولس للإحساس ، ومن المحتمل وجود تحويل للعاطفة من المفهوم القديم للمفهوم الجديد وربما بطريقة غير واعية ، وإن كان أمرا سقيما على أى حال . وحالما تعتبر الثقافة بديلا للدين فإنها تصبح ذات قدر مشكوك فيه للغاية وبوجه خاص عندما تؤخذ فى أضيق معانيها كما يحدث فى أغلب الأحيان(١) .

ومن الكتاب الإنجليز الذين هاجموا لفظة الثقافة وما تحمله من مفهوم آنذاك ج . س . شارب ، فقد قال عنها سنة 1870م : «إنها لفظة فيها افتعال وتصنع»(٢) .

وأيضا المفكر الإنجليزى فردريك هاريسون الذى قال عن الثقافة ومفهومها فى ذلك الوقت إنها : «ذلك الكرنب المخلل الذى هو الثقافة»(٣) .

ويذكر ريموند وليامز أن الهجوم الإنجليزى على لفظة ثقافة - ومفهومها فى ذلك الوقت من أواخر القرن التاسع عشر - كان ذا أثر تدميرى ، ويقول : «ولم أعثر قبل عام 1860م على إشارة عدائية أو ساخرة - من لفظة ومفهوم ثقافة - ولكن انتشرت تلك الإشارات فى عام 1870م»(٤) .

فالهجوم على لفظة ثقافة ومعناها فى ذلك الوقت كان من منطلق أنها تمثل بديلا عن المسيحية التى انزوت وحلت محلها الأفكار العلمانية ، أو لأنها لم يتبلور مفهومها ليصبح لها تأثير مسيطر على المجتمع بديلا عن المسيحية .

*** الدين المسيحى ليس إلا عنصرا من العناصر المكونة للثقافة العلمانية للمجتمعات الأوربية :**

فى عام 1871م قام المفكر البريطانى إدوارد ب . تيلور بوضع تعريف للثقافة -

(١) ريموند وليامز ، الثقافة والمجتمع 1780 - 1950م ، ترجمة وجيه سمعان - مراجعة محمد فتحى، الهيئة المصرية العامة للكتاب ، 1986م.
(٢) المصدر السابق.
(٣) المصدر السابق.
(٤) المصدر السابق.

من وجهة نظر علمانية – لاقى قبولا كبيرا عند الأوربيين والأمريكان ، حتى أن الموسـوعة الأمريكية^(١) لا زالت تتخذه التعريف الوحيد للثقافة .

وتيلور هنا – بوصفه مفكرا علمانيا – يعتبر الدين المسيحى جزءا مـن ثقافة المجتمعـات الأوربية والأمريكية العلمانية .

وهذا التعريف الذى قام بوضعه إدوارد تيلور لا ينطبق إلا على الثقافة العلمانية الأوربية والأمريكية فقط ، حيث مرجعية هذه المجتمعات الغربية مرجعية علمانية – وليست مرجعيـة مسيحية ، فالمرجعية المسيحية التى كانت سائدة من قبل فى المجتمعات الغربيـة حلـت محلهـا المرجعية العلمانية – ولذلك فهذا التعريف للثقافة لا ينطبق إلا على الثقافة العلمانيـة الغربيـة الحديثة .

وهذا التعريف لا ينطبق على المجتمعات الإسلامية ، وذلك لأن الـدين الإسلامى يشـمل جميع جوانب الحياة بما فيها الثقافة والحضارة .

فالثقافة الإسلامية – ثقافة المجتمعات العربية والإسلامية – لا تمثل إلا جانبا واحـدا مـن معطيات ومفاهيم الدين الإسلامى الـذى يشـمل جميـع جوانـب الحيـاة للأفـراد والمجتمعات الإسلامية . والمرجعية الإسلامية هى مرجعية المجتمعات الإسلامية .

كما أن هذا التعريف الـذى وضعه تيلور لا ينطبق عـلى المجتمعات البوذية فى الصـين والهند ودول جنوب شرق وجنوب آسيا البوذية ولا ينطبق على المجتمعات الهندوسية فى الهند وغيرها من دول آسيا ، فثقافة هذه المجتمعات قائمة على معتقداتها الدينية .

---

(1) Grolier Encyclopedia (also published under the title: American Ecyclopedia). Culture.

50

*** الالتباس والغموض فى معنى الثقافة عند الأوربيين والأمريكيين يرجع إلى الفكر العلمانى نفسه :**

إذا أخذنا تعريف اليونسكو لمفهوم الثقافة أو التعريف الذى أوردته بعض الموسوعات الغربية مثل موسوعة ويكبيدا أو غيرها من التعريفات الحالية ، نجد أن هذه التعريفات مبنية على التعريف الذى أورده إدوارد تيلور سنة 1871م ، وتعريفات الأنثروبولوجيين الأوربيين فى أوائل القرن العشرين .

فالتعريف الحالى الذى أوردته موسوعة ويكبيديا الذى يقول : «الثقافة هى طريقة الحياة لكل مجتمع ، ولذلك فهى تشمل مجموعة القوانين والملابس ، واللغة والعقيدة والطقوس والشعائر وقواعد السلوك ونظم الاعتقاد»[(١)] .

فهذا التعريف مشتق من تعريف تيلور وتعريف الأنثروبولوجيين الأوربيين الذى يقول : «الثقافة هى طريقة حياة المجتمع الروحية والعقلية والمادية» .

وكذلك تعريف اليونسكو لمفهوم الثقافة - والذى أوردناه سابقا - فهو مشتق أيضا من تعريف تيلور وتعريف الأنثروبولوجيين الأوربيين . وكذلك يمكن تتبع التعريفات الأخرى الحالية ، والتى تؤكد هذا المفهوم وهذا الاشتقاق من التعريفين المذكورين .

ومن الملاحظ أن بعض المفكرين العرب والمسلمين استعملوا نفس المفهوم العلمانى الغربى للثقافة فى شرحهم وتأصيلهم لمفهوم ثقافتنا ، دون الوعى بالاختلافات الجوهرية فى المفاهيم ، وبالخلفيات الفكرية والدينية والثقافية للمفكر أو الأنثروبولوجى الذى يقوم بوضع التعريف لمفهوم الثقافة .

فتعريف إدوارد تيلور لمفهوم الثقافة ، وكذلك تعريف الأنثروبولوجيين لمفهوم الثقافة فى أوائل القرن العشرين ، مبنى على أساس أن الفكر العلمانى هو السائد

(١) موسوعة ويكبيديا .Wikipedia .. Free Encyclopedia شبكة الإنترنت .

والمسيطر على المجتمعات الغربية . أما الدين تدين به هذه المجتمعات الغربية فهو يمثل جزءا أو عنصرا من عناصر الثقافة العلمانية ، وطريقة حياة المجتمعات الأوربية والأمريكية فى هذه الحالة لا يشكلها الدين المسيحى ، ولكن يشكلها الفكر العلمانى السائد والمسيطر .

وفى زعم المفكرين الأوربيين والأمريكيين أن هذا ما يجب أن ينطبق على الثقافات الأخرى ، أى أن الفكر العلمانى الغربى يجب أن يسود ويسيطر على المجتمعات الأخرى - بصرف النظر عن ديانات هذه المجتمعات - وبالتالى فمفهوم الثقافة فى المجتمعات يجب أن يتبع نهج المفهوم العلمانى الغربى للثقافة ، فلا تكون هناك ديانات سماوية سائدة ومسيطرة ولها مفاهيم تتبعها المجتمعات .

وقد ذكر ستيفن أون أن الأوربيين ابتدعوا فكرة الثقافة وكان من السهل استخدامها - وليس الدين - فى الغزو الفكرى والتغريب (التحديث) بدلا من التنصير الذى كان يلاقى مقاومة شديدة ورفضا أبديا من أصحاب الديانات الأخرى ، سواء كانت ديانات سماوية كالإسلام أو غير سماوية كالبوذية والهندوسية[1] .

والفكر العلمانى الغربى يعتبر أن الإنسان نشأ على الأرض من مخلوقات أقل منه فى مضمار التطور ، وهى القردة التى تطورت من مخلوقات أقل منها .. وهكذا حسب نظرية التطور والارتقاء لداروين .

وحسب مفهوم هذا الفكر العلمانى أن الإنسان البدائى ظل يقاوم ويصارع الطبيعة ، ويتغلب على ما يعترضه من عقبات فى سبيل تحصيل القوت الضرورى له. وفى سبيل حماية نفسه من الهلاك استطاع أن يتعلم الزراعة ويتعلم اللغة ، وكان تعلم اللغة هو الخطوة الكبرى التى جعلت تعقد الثقافة الإنسانية محتملة . ويزعم

(١) موسوعة ويكبيديا Wikipedia .. Free Encyclopedia. شبكة الإنترنت .

أصحاب الفكر العلمانى - الذين لا يرون أن الله سبحانه وتعالى هو الذى خلق آدم وعلمه الأسماء كلها - أن الإنسان بعد أن تعلم اللغة واستعمال العلامات أخذ يتبادل الاتصال والأفكار مع غيره من أبناء جنسه .

وقد ذكر عالم الآثار البريطانى ف . جوردن شيلد[1] : «أن هناك عدة عوامل أعتقد أنها ضرورية لتحويل الثقافة إلى حضارة ، وهى : اختراع الكتابة والتعدين ومعرفة وحدات القياس والأوزان والرياضيات وتجارة المسافات الطويلة وتكنولوجيا الرى والتخصص فى الفن والإنتاج الزائد عن الحاجة واستعمال المحراث فى حرث الأرض ووسائل الجر ذات العجلات» ...

ومن ذلك يتضح أن الفكر العلمانى هو فكر مادى يعتبر أن الطبيعة هى التى خلقت بدون خالق - سبحانه وتعالى عما يشركون - وأن الحياة قامت على الأرض نتيجة للتطور حسب نظرية داروين ، وأن الإنسان هو آخر سلسلة تطور الأحياء ، وأن الثقافة والحضارة قامتا نتيجة هذا التطور .

ونظرة العلمانية للأديان على أنها خرافة اخترعها الإنسان ، وأن الكون لا يوجد له خالق ، وأن الإنسان خلق حسب نظرية التطور دون خالق .

ومع أن العلماء أثبتوا عدم صحة نظرية التطور والارتقاء لداروين ، إلا أن الفكر العلمانى - القائم على نظرية داروين وعلى نظرية فرويد - ما زال موجودا .

وقد عبر دوف هنس فى سبتمبر 2006م عن غموض والتباس الثقافة العلمانية الغربية الحديثة خير تعبير ، وأرجع ذلك إلى الثقافة العلمانية الغربية نفسها ، وذلك عكس الثقافة الإسلامية التى تتميز بالشفافية والوضوح ، لأنها ترجع لأصل دينى واحد . وقد جاء فى مقال دوف هنس : «الثقافة الغربية ثقافة متطورة من تلقاء نفسها باستمرار ، وتشمل فى بنيتها العلم ، وقد بدأت فى أوربا الغربية وتأثرت بعدة

(1) Grolier Academic Encyclopedia. Civilization.

عوامل قومية ومحلية واثنية ودينية ، ومن سماتها أن لها مرونة على التكيف باستمرار مع كل علم بدرجات مختلفة ، كما أن لها مجموعة من المتغيرات التقليدية فوق الطبيعة والخاصة بالمظاهر الإحيائية ، وقد تغيرت الثقافة الغربية الأوروبية عبر العصور ، ويوجد حدود لتعريفها بسبب غموض والتباس الثقافة العلمانية الغربية نفسها»[١] .

وقد اعترض كمبس كرافى عليه لأنه جعل ثقافة الغرب العلمانية تنتمى إلى أصول تاريخية وجغرافية ، بينما جعل ثقافة الدول الإسلامية المختلفة تنتمى إلى دين واحد هو الإسلام[٢] .

ويجب ألا ننسى أن المجتمعات الأوروبية كانت ثقافتها هى الثقافة المسيحية طوال فترة القرون الوسطى ، حيث كانت الديانة المسيحية هى السائدة والمسيطرة .

ومنذ انهزام الفرنجة فى الحروب الصليبية - كان آخر خروج للصليبيين من الديارالإسلامية سنة 1291م - بدأت تغييرات كبرى بعد أن تعرضت المسيحية للنقد والتجريح والتشكيك . وما تبع ذلك من حروب دينية عمت كل أوربا لمدة قرنين من الزمان ، حيث قامت الديانة البروتستانتية وما تبع ذلك من سيطرة الفكر العلمانى والمعتقدات المادية العلمانية على المجتمعات الأوربية لتحل محل المعتقدات المسيحية ، وكانت العلمانية بمثابة الدين الجديد لأوربا .

ومن هنا كانت ثقافة المجتمعات الأوربية هى الثقافة العلمانية المادية .

ومنذ أن وضع تيلور تعريفه لمفهوم الثقافة عادت المسيحية لتمثل عنصرا من العناصر المكونة للثقافة العلمانية ثقافة المجتمعات الأوربية والأمريكية .

(1) Anthropology net. Western Culture. Awaits definition by Dov Henis, Septamber 2006.

(٢) المصدر السابق .

خلاصــــة

1- اسم ثقافة بمفهومه المعروف حاليا اسم ومفهـوم جديـد لم يكن معروفا قبـل 1780م ، وكان الأوربيون هم الذين اخترعوه نتيجة للظروف التى كانت تمر بها المجتمعـات الأوربيـة مـن جفاف روحى نتيجة للنظم العلمانية . وقد استمر البحـث مـن سنـة 1780 إلى 1850م حتـى تـم التوصل لهذا المفهوم واختير لفظ ثقافة اسما له .

كانت المراحل الأولى لاكتشاف فكرة الثقافة هى محاولـة تبـين مجموعـة مـن النشاطات العقلية والمعنوية منفصلة عـن المجـرى العـام لحيـاة المجتمعـات الأوربيـة واتخاذهـا كمرجـع يحتكم إليه .

وكانت الفنون فى تلك الفترة قد اكتسبت مفهوما جديدا فقد كانت كلمـة فـن قبـل ذلـك تعنى مهارة إنسانية ، فيقال فن الخطابة ، فن فلاحة الأرض فأصبحت كلمة فن تعنى مجموعـة من النشاطات ذات طبيعة تخيلية خاصة ، وهذه الفكرة عن الفـن نمـت وتطـورت . وأصبحت المشاعر الوجدانية التى يستشعرها الإنسان عند قراءته لعمل أدبى أو تأمله لعمل فنـى ، والتـى تبعث فى النفس الإحساس بالجمال وكأنها تعويض عن النواحى الروحية المفتقدة .

وعندما ظهرت لفظة Cultivation وظهر تعبير القلة المهذبة Cultivated فى مواجهة الغوغاء كان هناك من المفكرين من يربط كلمة تهذيب بالناحية الفنية الجمالية فى القصائد الشعرية ، وفى تلك الفترة كان تعبير القلة المهذبة قد انتشر فى كتابات المفكرين، وقد نادى بعض المفكرين بتهذيب العقل وبأهمية تلك النشاطات العقلية والمعنوية .

ففكرة تهذيب التى استخدمها المفكرون أصبحت تعنى تهذيب النفس والعقل وأصبحت تعنى التدريب الإنسانى للعقل ، وكان معناها قبل ذلك اتجاه النمو الطبيعى، وهو معنى يتعلق بالنبات ونموه والزراعة .

وكان كولردج أول من استخدم لفظة تهذيب أو ثقافة لتشير إلى وضع عام أو حالة عقلية عامة أو عادة عقلية عامة .

والمفكرون يعتبرون كولردج وراسكن هما أصل اختيار لفظة ثقافة ، وأصل الوصول لهذا المفهوم الجديد .

ومنذ اكتسبت لفظة تهذيب أو ثقافة وضعا عاما بدأت فكرة الثقافة تدخل بشكل حاسم فى التفكير الاجتماعى الإنجليزى .

وقد ساهم كثير من الكتاب والمفكرين فى بلورة فكرة الثقافة ، منهم : صمويل تيلور كولردج وراسكن وادموند بيرك ووليام كوانت وماثيو أرنولد ونيومان وجون استيوارت ميلى وجريمى بنتام وتوماس كارليل .

2- وبعد ذلك تطور مفهوم الثقافة بعد 1850م ، ففى عام 1871م قام المفكر البريطانى إدوارد تيلور بتعريف الثقافة : «بأنها ذلك المركب الكلى المعقد الذى يشمل : المعرفة والاعتقاد الدينى ، والفن والقانون والتعاليم الأخلاقية والعادات ، وأى مقدرات مكتسبة بواسطة الفرد بوصفه عضوا فى المجتمع فى القرن العشرين» . ثم برز مفهوم جديد عند علماء الاجتماع والأنثروبولجى الأوربيين وهو الثقافة.. طريقة شاملة للحياة الروحية والعقلية والمادية ، وتبنى إليوت العودة لمجتمع مسيحى حقيقى أوربى فى كتابه «فكرة مجتمع مسيحى» عام 1939م.

وقد استخلص عدة نتائج تتعلق بالثقافة وتطورها وخاصة فى اتجاه العودة للمسيحية ، وذلك فى كتابه «ملاحظات نحو تعريف الثقافة» الذى صدر سنة 1945م ، وأهم هذه النتائج قوله : «إن أول دعوى أقيمها هى أنه لم تظهر ثقافة

ولا تمت إلا بجانب وجود دين . ومن هنا تبدو الثقافة نتيجة من نتائج الـدين أو الـدين نتيجة من نتائج الثقافة طبقا لوجهة نظر الناظر». وكأنـه يقصـد بقولـه إن الثقافة نتيجـة مـن نتائج الدين بالنسبة للذين يؤمنون بدين سماوى ، فهذه وجهة نظرهم .

ويقصد بقوله : أو الدين نتيجة من نتائج الثقافة بالنسبة للعلمانيين فهذه وجهة نظرهم ، أو يقصد أنه لم يستقر على رأى لأنـه يقـول فى موضـع آخـر مـن الكتـاب : الثقافة هـى الـدين والدين هو الثقافة ، ويقول : إنه لا يدرك العلاقة بين الدين والثقافة إلا لمحا ، وهو متـأثر بـرأى تيلور فى اعتبار الدين المسيحى جزءا من أجزاء الثقافة العلمانية .

وفى عام 1950م كانت كتابات ليفى شتراوس عن البنيوية لها تأثير كبير فى الفكر العلمانى الأوربى ، وفى كتابه المدارات الحزينة الذى نشر سنة 1955م ، والذى ذكر فيه أبحاثه عن البنيوية ، والتى تنطلق من فكر علمانى مـادى لا غيبى ، فـإذا أبحاثـه تقـوده إلى غيـب أو ميتافيزيقـا فانهارت البنيوية ، وجاءت فترة ما بعد البنيوية ، وكـان هـذا يعنـى العـودة للـدين المسـيحى . وكان من تلامذه شتراوس المحـافظين الجـدد فى أمريكـا أمثـال : رامسـفلد وبـول وولفتـز ووليم كريستول وغيرهم ، وهم الذين فازوا فى الانتخابات الأمريكية الأخـيرة ، وكـان لهـم دور بـارز فى التغييرات الثقافية فى أمريكا ، حيث تعزز دور الدين المسيحى فى أمريكا ، وفى الثقافة الأمريكية والثقافة الغربية عموما .

3- هناك حوالى 200 تعريف للثقافة وقد ذكرنا بعضا منها فى البحث ، وهى تمثل تعريفات للثقافة فى مراحل تطورها منذ عام 1780م ، وحتى الآن ، حيث هناك تعريف للثقافة لليونسـكو وغيرهم .

وفى الصين كان للنظام الشيوعى الصارم وتمسكه بالشيوعية والتقاليد الصينية فى مجابهـة الرأسمالية ، أثره فى احتفاظ الصين بمفاهيمها الثقافية البوذية والتاوية والكونفوشيوسية .

وفى مواجهـة الثقافـة والحضـارة العلمانيـة ظهـر مـا يسـمى بالكونفوشيوسية الحديثـة للمحافظة على التقاليد والمفاهيم الثقافية الصينية ، وحمايتها من الغزو الفكرى .

وقد ذكرت فى البحث كيـف انتقـل المفهوم العلمـانى الغـربى للثقافـة إلى البـلاد العربيـة والإسلامية بواسطة سلامة موسى الذى نشر آراءه فى مجلة الهلال سنة 1927م.

وقد سار كل من جاء بعده على أثره فى فهم وتعريف الثقافة .

وقد ذكرت فى هذا البحث نقدا مختصرا للتعريفات التى وضعها المفكرون لمفهوم الثقافـة ، وسبب الالتباس والغموض فى معنى الثقافة عند الغربيين .

* * *

الفصل الثاني

كيف نشــأت فكرة الحضارة ؟

وما مفهومها ؟

أولا - عبد الرحمن بن خلدون - مكتشف علـم الاجـتماع - أول مـن اسـتخدم فكرة الحضارة كفكرة مستقلة لها مفهومها .

عاش عبد الرحمن بن خلدون بين سنتى ١٣٣٢ - ١٤٠٦م ، وهـو شخصية عالمية فى مجـال العلوم الإنسانية بجانب صفاته الأخرى ، فهو مؤرخ وفيلسوف ودبلومـاسى ومحـارب، وأول مـن اكتشف علم الاجتماع، وترجمت مقدمته إلى جميع اللغات تقريبا .

وعبد الرحمن بن خلدون هو أول من استخدم فكرة الحضارة كفكرة مستقلة ، فالحضارة فى مفهوم عبد الرحمن بن خلدون عكـس البـداوة ، والعـرب كـانوا يفتخرون بحيـاة البـاديـة ، والشاعر العربى يقول :

ومن تكن الحضارة أعجبته   فأى رجـال بـاديـة تـرانـا

وإذا كانت البادية تتصف بشظف العيش وجفاف المناخ والتنقـل وعـدم الاستقرار ، فإن حياة الحضر تتميز برغـد العيش وطيب المقـام والرفاهيـة . فالحضارة بالنسبة للبـدوى هـى الانتقال من حياة التنقل وشظف العيش إلى حياة الاستقرار، والرفاهية ، برغم أن حياة البادية لها ميزة فى عرفه عن حياة الحواضر .

وكانت مرحلة التقدم والازدهار التي بلغتها الحضارة الإسلامية قد انعكست آثارها على فكر عبد الرحمن بن خلدون ، فهو يعتبر أن الحضارة هى التفنن فى الترف واستجادة الأحوال والكلف بالصنائع التى تؤنق من أصنافه وسائر فنونه مثل الصنائع المهيئة لعمل وصناعة المطابخ أو الملابس أو المبانى أو الفرش أو الآنية ...

يقول ابن خلدون فى كتابه « المقدمة » تحت عنوان : (فى أن الحضارة غاية العمران ونهاية لعمره وأنها مؤذنة بفساده)[1] : « قد بينا لك فيما سبق أن الملك والدولة غاية للعصبية ، وأن الحضارة غاية للبداوة ، وأن العمران كله من بداوة وحضارة وملك وسوقة لها عمر محسوس ، كما أن للشخص الواحد من أشخاص المكونات عمرا محسوسا ، وتبين فى المعقول والمنقول أن الأربعين للشخص غاية فى تزايد قواه ونموها ، وأنه إذا بلغ سن الأربعين وقفت الطبيعة عن أثر النشوء والنمو برهة، ثم تأخذ بعد ذلك فى الانحطاط، فلتعلم أن الحضارة فى العمران أيضا، كذلك لأنه غاية لا مزيد وراءها وذلك أن الترف والنعمة إذا حصلا لأهل العمران دعاهم بطبعه إلى مذاهب الحضارة والتخلق بعوائدها . والحضارة كما علمت هى التفنن فى الترف واستجادة أحوال ، والكلف بالصنائع التي تؤنق من أصنافه وسائر فنونه من الصنائع المهيئة للمطابخ أو الملابس أوالمبانى أو الفرش أو الآنية ولسائر أحوال المنزل ، وللتأنق فى كل واحد من هذه صنائع كثيرة لا يحتاج إليها عند البداوة ... » .

ويمضى ابن خلدون بعد ذلك فى ذكر أن التأنق إذا بلغ الغاية فإنه يؤدى إلى الشهوات فتتلون النفس ولا يستقيم حالها فى دينها ، وهو هنا فى حقيقة الأمر يعنى أسباب انهيار الحضارة وليس مفهومها ، فهو يقول :« وذلك أن الناس بشر متماثلون

(١) كتاب « مقدمة العلامة ابن خلدون » الفصل الثامن عشر ، قام بتحقيقه حجر عاصى ، دار ومكتبة الهلال ، بيروت ، ص ٢٣٥ .

وإنما تفاضلوا وتميزوا بالخلق واكتساب الفضائل واجتناب الرذائل ، فمن استحكمت فيه لم ينفعه زكاء نسبه وطيب منبته، ولهذا تجد كثيرا من أعقاب البيوت وذوى الأحساب والأصالة وأهل الدول منطرحين فى الغمار منتحلين للحرف الدنيئة فى معاشهم بما فسد من أخلاقهم وما تلونوا به من صبغة الشر والفسفسة، وإذا كان أكثر ذلك فى المدينة أو الأمة تأذن الله بخرابها وانقراضها ، وهو معنى قوله تعالى : ﴿ وَإِذَآ أَرَدۡنَآ أَن نُّهۡلِكَ قَرۡيَةً أَمَرۡنَا مُتۡرَفِيهَا فَفَسَقُواْ فِيهَا فَحَقَّ عَلَيۡهَا ٱلۡقَوۡلُ فَدَمَّرۡنَٰهَا تَدۡمِيرٗا ﴾ الإسراء ١٦، ووجهه حينئذ أن مكاسبهم حينئذ لا تفى بحاجاتهم لكثرة العوائد ومطالبة النفس بها»[١].

ثم يمضى مبينا مفاسد الحضارة رغم أنه يبين مفهومها ، فهو يقول : « إن المدينة إذا كثر فيها غرس النارنج تأذنت بالخراب حتى أن كثيرا من العامة يتحاشى غرس النارنج بالجور، وليس المراد ذلك ولا أنه خاصية فى النارنج ، وإنما معناه أن البساتين وإجراء المياه هو من توابع الحضارة ، ثم إن النارنج، واللبة والسرو وأمثال ذلك مما لا طعم فيه ولا منفعة هو من غاية الحضارة ، إذ لا يقصد بها فى البساتين إلا أشكالها فقط ولا تغرس إلا بعد التفنن فى مذاهب الترف ، وهذا هو الطور الذى يخشى معه هلاك المصر وخرابه كما قلنا »[٢] .

وهو هنا كما نرى يبين مفهوم الحضارة رغم أنه يرى أن التفنن فى مذاهب الترف يؤدى إلى خراب البلد أى انهيار الحضارة ، وكما هو واضح من هذا الكلام أن الحضارة الإسلامية كانت قد بلغت مرحلة الازدهار ، حيث كان الناس يزرعون أشجار النارنج والسرو، وكذلك نبات الدفلى الذى كان يزرع لتلوين البساتين - كما ذكر بعد ذلك- بالأحمر والأبيض والألوان الأخرى ...

(١) كتاب « مقدمة العلامة ابن خلدون » الفصل الثامن عشر ، قام بتحقيقه حجر عاصى ، دار ومكتبة الهلال ، بيروت ، ص ٢٣٥ .
(٢) المصدر السابق .

ثانيا - فى العصرين اليونانى والرومانى لم تكن كلمة Civilzation حضارة ولا مفهوم حضارة معروفا .

فى العصر اليونانى والرومانى لم تكن كلمة Civilzation حضارة معروفة، ولم يكن مفهومها معروفا، وما يذكره الكتاب والمفكرون فى بلادنا وفى الغرب فى العصر الحديث عن جذر لغوى لكلمة Civilzation حضارة، فهذا يحتاج للتوضيح وعدم الخلط .

ذلك أن الذين يبحثون عن الجذر اللغوى لكلمة Civilzation حضارة يعيشون فى العصر الحديث - أى هم مفكرون موجودون فى الفترة الممتدة من القرن الثامن عشر وحتى الآن - بعد أن تبلور مفهوم الحضارة وأصبح معروفا .

ففى العصر اليونانى والرومانى لم تكن كلمة Civilzation حضارة معروف، وما كان معروفا فى ذلك العصر هو كلمة مدينة Townsman . فالعصر اليونانى والرومانى كان يعرف كلمة مدينة، ولم تكن تعنى هذه الكلمة مفهوم الحضارة .

فى سنة ١٣٨٨م ظهرت كلمة Civil مدنى فى اللغة الإنجليزية ، وأصبح القانون المدنى الرومانى معروفا Roman Civil law .

بينما كلمة Civilzation ظهرت كقانون لجعل عملية الإجرام عملية مدنية Civil ،وذلك سنة ١٧٠٤م .

لكن كلمة Civilzation حضارة بمعنى ضد البربرية لم تظهر إلا سنة ١٧٢٢م أى بعد عبد الرحمن بن خلدون - ولد سنة ١٣٣٢م وتوفى سنة ١٤٠٦م - بثلاثة قرون تقريبا .

أما الذين يرجعون أصل كلمة Civilzation حضارة إلى الجذر اللاتينى «Civitas » بمعنى مدينة و « Civis » بمعنى ساكن المدينة و « Civilis » بمعنى

مدنى، فإنهم بذلك يتعاملون مع الجذر اللغوى للكلمة وليس مفهوم الحضارة عند الرومان واليونان .

ولم يأت اسم حضارة ومفهومها فى كتابات اليونان والرومان وفلاسفتهم ومفكريهم .

وما جاء فى كتابات اليونان والرومان اسم مدينة Townsman[(١)] و Metropale وترجمتها المدينة الأم و Metropolis وترجمتها الحاضرة .

فعبد الرحمن بن خلدون أول من استخدم لفظ حضارة وجاء به ليحمل مفهوما جديدا مستقلا .

وكلمة حضارة Civilzation بمعنى ضد البربرية لم تظهر فى اللغة الإنجليزية إلا سنة ١٧٢٢م ، وقد جاءت فى اللغة الفرنسية آنذاك أولا ثم انتقلت للغة الإنجليزية[(٢)] .

ثالثا - أول معرفة للأوربيين بمفهوم حضارة، وتطور هذا المفهوم .

كان أول ظهور لكلمة Civilzation حضارة بمعنى ضد البربرية فى كتابات الأوربيين فى سنة ١٧٢٢م كما ذكرنا سابقا .

وربما كان أول من استخدم كلمة حضارة فى كتاب منشور هو المركيز دى ميرابو فى كتابه « صديق الرجال أو مقال فى السكان » الذى نشر سنة ١٧٥٧م ، وقد بين ما يقصده بكلمة حضارة فى كتاب آخر اسمه « صديق النساء أو مقال فى الحضارة » ، وذلك سنة ١٧٦٦م ، ولا توجد منه سوى صورة خطية فى المتحف الوطنى بباريس .

(١) Wikipedia .. Free Encyclopedia. Internet. شبكة الإنترنت .
(٢) المصدر السابق .

وقد عرف ميرابو الحضارة فى كتابه هذا بقوله : « إن Civilzation حضارة شعب ما هى رقة طباعه وعمرانه وتهذيبه ومعارفه المنتشرة، بحيث يراعى الفائدة العلمية العامة ويفسح المجال لقانون التفضيلات . إن الحضارة لا تفعل شيئا للمجتمع ما لم تمنحه جوهر الفضيلة وشكلها ، فمن صلب المجتمعات التى هذبت حواشيها جميع العناصر التى عددناها آنفا ينبثق مفهوم الإنسانية »[١] .

وهذا التعريف لمفهوم الحضارة الذى ذكره ميرابو فى كتابه سنة ١٧٦٦م لم يلق انتشارا فى ذلك الوقت ، وقد رفضه بعض المفكرين وفضلوا استعمال حضارة بمعنى ضد البربرية أو استعمال كلمة Civility التى تعبر - تماما مثل كلمة Urbanity - عن ازدراء الرجل المدنى للقروى أو الهمجي[٢] .

وعندما قام ميرابو بوضع تعريفه السابق لمفهوم حضارة ، فإن بوزول Beswel حث الدكتور جونسون ليدرجها فى معجمه سنة ١٧٧٢م ولكنه رفض مفضلا الكلمة القديمةCivility التى تعبر عن ازدراء الرجل المدنى للقروى أو الهمجى[٣] .

والملاحظ أن التعريف الذى أورده ميرابو ١٧٦٦م للحضارة يتشابه فى نواح كثيرة مع التعريف الذى وضعه عبد الرحمن بن خلدون لمفهوم الحضارة فى القرن الرابع عشر الميلادى .

---

(١) نصر محمد عارف ، كتاب : الحضارة . الثقافة . المدنية ، الدار العالمية للكتاب الإسلامى ، والمعهد العالمى للفكر الإسلامى ، ١٤١٥هـ / ١٩٩٥م . وانظر كذلك : جون نيف ، كتاب « الأسس الثقافية للحضارة الصناعية » ، دار الثقافة ، بيروت .

(٢) المصدر السابق عن جيمس هارفى روبنسون ، « الحضارة » ، ص ٨ ، ترجمة على إسلام ، القاهرة ، مطبعة مصر ، ١٩٦٥م .

(٣) المصدر السابق .

وقد جاء فى الموسوعة الأمريكية[١] :

إن علماء الأنثروبولوجيا فى القرن التاسع عشر الميلادى كونوا نظرية عن تطور الثقافة ، والتى فيها قسموا التطور الإنسانى إلى ثلاث مراحل هى : مرحلة العبودية ، ومرحلة البربرية ، ومرحلة الحضارة .

وأن مرحلة الحضارة فى ذلك الوقت كانت تطلق على الحضارة المصرية ، والحضارة الآشورية والحضارة اليونانية والرومانية ، والتى تضاعف عددها بعد ذلك بعد اكتشاف آثار حضارات أخرى، وقد عدها أرنولد توينبى ٢٦ حضارة .

ومن ذلك يتضح أن مفهوم الحضارة عند الأوربيين والأمريكيين فى القرن التاسع عشر الميلادى مأخوذ من المفهوم الذى وضعه ابن خلدون .

ولقد أجمع العلماء والمفكرون والباحثون الأوربيون على أن كتاب المقدمة لابن خلدون كان رائدهم فى تعميق بحوثهم فى علوم التاريخ والمجتمع والحضارة بمختلف مناحيها، وهو الأساس فى بناء نظرياتهم الحديثة فى هذه المجالات .

ومن المفارقات أن كل التعريفات التى وضعت لمفهوم الحضارة ظلت تدور فى فلك التعريف الذى قام بوضعه عبد الرحمن بن خلدون حتى تم التوصل إلى مفهوم الثقافة، فتغير مفهوم الحضارة تبعا لتغير مفهوم الثقافة منذ ١٨٥٠م حتى الآن .

وقد تم التوصل لمفهوم الثقافة فى الفترة الممتدة من سنة ١٧٨٠ إلى سنة ١٨٥٠م ثم تطور مفهومها بعد ذلك ، ومنذ ذلك الحين تغير مفهوم الحضارة ، وبدأت التعريفات التى توضع لمفهوم الحضارة فى أوربا ترتبط بمفهوم الثقافة منذ ذلك الوقت حتى الآن .

(١) Grolier Academic Encyclopedia (5). Civilization (Also published under title American Encyclopedia).

ومنذ تأكد ارتباط الثقافة بالاعتقاد الدينى الذى يدين به المجتمع أصبحت الحضارة مرتبطة بمفهوم الثقافة وبمفاهيم الاعتقاد الدينى ومعطياته عند معظم علماء الاجتماع والأنثروبولوجيا والمفكرين والفلاسفة .

مع ملاحظة اختلاف الاعتقادات فى الحضارات والثقافات المختلفة ، فالاعتقاد قد يكون دينا سماويا مثل الثقافة والحضارة الإسلامية ، وقد يكون دينا غير سماوى مثل الحضارة الصينية حيث الاعتقاد هو البوذية والحضارة الهندية حيث الاعتقاد هو الهندوسية ، وقد يكون الاعتقاد ماديا علمانيا لا دينى مثل الثقافة والحضارة الأوربية والأمريكية الحديثة التى بدأت تتغير تدريجيا نحو الدين بعد سيطرة المحافظين الجدد واليمين الأمريكى المتطرف على نظام الحكم فى أمريكا بعد فوزهم فى الانتخابات الأمريكية .

وسبب الضبابية وعدم الوضوح فى ارتباط مفهوم الثقافة ومفهوم الحضارة بالاعتقاد الدينى أن المعتقدات الدينية للمجتمعات الأوربية والأمريكية هى معتقدات علمانية مادية، وأن كثيرا من الكتاب العرب والمسلمين وغيرهم يعتبرون أن معتقدات المجتمعات الأوربية والأمريكية هى معتقدات مسيحية وليست علمانية أو أنهم يجهلون معنى العلمانية .

ولذلك لم يكن غريبا فى المجتمعات الأوربية والأمريكية تناول المقدسات بالنقد اللاذع والطعن فى صحتها وعدم الإيمان بالغيبيات ، بينما نراها نحن المسلمين من المحرمات .

رابعا - ارتباط مفهوم حضارة بمفهوم ثقافة فى الغرب بعد معرفة مفهوم الثقافة وتبلوره .

ظل مفهوم « الحضارة » يعتمد على المفهوم الذى وضعه ابن خلدون حتى تم التوصل إلى مفهوم « الثقافة » وتبلور معناه كما ذكرنا فى الفصل السابق، أى فى الفترة الممتدة من ١٧٨٠، إلى ١٨٥٠م وما تبع ذلك من تطور لهذا المفهوم .

وعندئـذ بـدأت التعريفـات لمفهـوم حضـارة تـرتبط بمفهـوم ثقافـة بعـد مـا تبـين أن كـلا المفهومين يرتبطان بالاعتقاد الدينى الذى يدين به المجتمع ، سواء كان هذا الاعتقاد دينا سماويا أو دينا غير سماوي، مثل البوذية والهندوسية، أو دينا ماديا مثل العلمانية .

ونريد أن نوجز هنا كيف تم التوصل إلى ذلك، وأحب أن أنوه إلى أن ما ذكرته ومـا سـوف أذكره ليس انتقادا أو اجتزاء من تيار فكرى عام يسود أوربا وأمريكا - الفكر العلمانى - ولكنه فى حقيقته نظرة كلية عامة للفكر العلمانى أدت لاستخلاص النتائج التى ذكرتها والتى سوف أذكرها بإذن اللـه مؤيدة بمراجعها ، ومن يريد أن يتوسع فى هذا المجال فإنه يحتاج لمجلدات عديدة .

١ - بعد أن وضع إدوارد تيلور مفهومـه لمعنـى الثقافـة وتعريفهـا سـنة ١٨٧١م والـذى اعتـبر المسيحية جزءا من الثقافة العلمانية وليس العكس - وهو التعريف الـذى لاقـى قبـولا كبـيرا لـدى كثير من المفكرين والكتاب والفلاسفة، ولا زالت الموسوعة الأمريكية تعتبره هو التعريف الصـحيح لمفهوم الثقافة[1] - بعد ذلك اعتبر إدوارد تيلور مفهوم الحضارة مرادفا لمفهوم الثقافة .

٢ - فى عام ١٩٢٠م وضع جوردن شيلد عدة عناصر اعتبرها ضروريـة فى تعريـف الحضـارة ، وفى تحويل الثقافـة إلى حضـارة ، وهـذه العنـاصر هـى : اخـتراع الكتابـة ، والتعـدين ، ومعرفـة وحـدات القيـاس والأوزان والأبعـاد ، والرياضـيات والهندسـة ، وتجـارة المسـافات البعيـدة ، والعربات ذات العجلات ، والإنتاج الوفير ، وتخزين الطعـــام (النباتى والحيـوانى) ، واسـتعمال المحراث فى حرث الأرض ، وتكنولوجيا الرى ، والتخصص الحرفى[٢] .

(1) Grolier Academic Encyclopedia (5). Civilization (Also published under title American Encyclopedia).

(٢) المصدر السابق .

وكثير من العلماء الآن يرون أنه ليس هناك عنصر من هذه العناصر ولا كل هـذه العنـاصر يمكن أن تعرف حضارة قائمة ، مع أن عملية التعدين وصناعة التعدين الضرورية للحضارة ، كانـت موجودة في الشرق الأدنى منذ سبعة آلاف سنة، ولذلك فإن استعمال اصطلاح حضارة يعتبر غـير مناسب في هذه البيئات الثقافية القديمة ، فالكتابة التي تعتبر أساسية لم تكن تسـتعمل في حضـارة الأنكا، على الرغم من أن مجتمعات الأنكا كانت في حالة ثقافيـة متقدمـة واضحة وكافية ليطلـق عليها مصطلح حضارة .

٣ - تعرف الموسوعة الأمريكية الحضارة بأنها : حالـة مجتمـع إنسـاني يتصـف بإنجـاز درجة عالية من الثقافة والتكنولوجيا، وتبعا لذلك بدرجة عالية من النمو الاجتماعى والسياسى المعقد [١] .

وهكذا نرى الربط بين مفهوم الحضارة ومفهوم الثقافة .

٤ - يعرف ديورانت الحضارة بأنها : نظام اجتماعى يعين الإنسان على الزيادة في إنتاجه الثقافي ، وتتألف من عناصر أربعة ، هى : الموارد الاقتصادية ، والنظم السياسية ، والتقاليد الخلقية ، والعلوم والفنون [٢] .

وهكذا صارت التعريفات لمفهـوم الحضارة مرتبطـة بمفهـوم الثقافة ، وكـلا المفهـومين مرتبطان بالاعتقاد الدينى الذى يدين به المجتمع، مع ملاحظة أن التعريفـات لمفهـوم الحضارة تناقلتها الكتابات عبر مراحل زمنية مختلفة .

ولم يكن هناك تواريخ تبين وضع كل مفهوم ، فكان ذلك أيضا مـن أسباب الخلط، لأن تطور المفهوم وتواريخ هذا التطور لم تكن مسجلة في كل الأوقات .

هذا بجانب أن المفهوم العلمانى للثقافة والحضارة كان من أسباب الخلط أيضا.

---

(1) Grolier Academic Encyclopedia (5). Civilization (Also published under title American Encyclopedia)..

(٢) ول ديورانت ، قصة الحضارة ، الجزء الأول ، ترجمة د. زكى نجيب محمود .

وأيضا فإن المتغربين والعلمانيين فى البلاد العربية، والذين نقلوا عن الغرب هـذه المفـاهيم كانوا السبب الرئيسى فى خلط المفاهيم فى بلادنا ، ولم نتبين الحقيقة إلا بعد ذلك ، أى فى ضحى الغد ، كما قال الشاعر العربى :

أمرتهـم بمنعـرج اللـوى   فلم يستبينوا النصح إلا ضحى الغد

٥ - لقد كان لنزعة أرنولد توينبى الدينية أثر فى كتاباته ، فكان تفسيره النهائى للتاريخ تفسيرا دينيا فى جوهره ، وكان يرى : « أن وراء كل حضارة مـن الحضارات القائـمة اليـوم ديانـة عالمية ، فالعقائد الدينية هى التى تسير مجرى التاريخ ، وإذا كان هناك مستقبل لحضارة ما من الحضارات الخمس : الحضارة المسيحية الغربية (حضارة أوربا وأمريكا) ، والحضارة المسـيحية الشرقية الأرثوذكسية (حضارة روسيا والبلقان) ، والحضارة الإسلامية (حضارة البلاد الإسلامية) ، والحضارة الهندية (حضارة الهند وبعض البلاد الآسيوية) ، وحضـارة الشرق الأقصىـ (حضارة الصين واليابان)، فذلك فى حدود هذه الأديان وبسبب منها » [١] .

٦ - ويعبر جيمس أتيكس بودن عن مفهوم المحافظين الجدد فى أمريكا للحضارة، فيقـول : « إن مجتمعنا وأمتنا فى المستقبل يجب ألا تخضع الأمور السياسية للنظرة العلمانيـة ، فيجب أن تتحرر السياسة الأمريكية من سيطرة النظرة العلمانية » ..

ثم يقول : « والحضارة الأمريكية ابتدأت فى الفترة من ١٦٠٧ إلى ١٩٦٢م مع اتفاق جماعـى فى الرأى على مفهوم الثقافة ، حيث كـان النـاس الـذين يتكلمـون الإنجليزية ويعرفون بـالأمريكيين كانت ثقافتهم يهـودية مسيحية Judeo-christion Culture ، وأينما تكون فإن نظرتك للعالم (للـدنيا) ستقودك للافتراضات عـن دور الـدين وأفكـاره فى السياسـة والثقافة ... وكل جوانب الحيـاة الأمريكية ، وكل شيء فى

---

(١) سليمان الخطيب ، أسس ومفهوم الحضارة فى الإسلام ، الزهراء للإعلام العربى .

العالم ما هو إلا عن اللـه عز وجل ، ولا يوجد شيء علماني.. يوجد فقط اللـه وضد اللـه (God and Anti God) .. تعالى اللـه عما يشركون ، ولا يوجد شيء مقدس تحديدا .

وإن الحضارة مبنية على الثقافة ، ويوجد في التاريخ الأمريكي ثلاث مرات استيقظت فيها المسيحية لتسبق النزاعات الكبرى التي تهدد الحضارة الأمريكية والأمة الأمريكية ، وهذه الصحوات الكبرى نسجت في مصنع التجربة الأمريكية .

وهذه الصحوات المسيحية الكبرى كانت في الحرب الأهلية الأمريكية . وفي سنة ١٩٦٠م عندما قرر القضاء الأمريكي إقامة الصلوات العامة في المدارس وأطلق عليها الحرب الأمريكية الثقافية العظمى أو الحرب الأهلية الثانية . أما الصحوة المسيحية الثالثة فهي التي سبقت الحرب على الإرهاب والتي تعيش وتخوض غمارها أمريكا الآن بدعوى محاربة الإرهاب وهي في حقيقتها حرب على الإسلام والمسلمين .

ويرى جيمس أتيكس بودن أنه لفهم الحضارة الأمريكية ينبغي معرفة الثقافة والتفويض المسيحي الكبير[١] الذي يتغير في أمريكا من وقت لآخر[٢] .

* * *

(١) التفويض المسيحي الكبير يقصد به التفويض الذي تمنحه أغلبية الناخبين للاتجاه المسيحي .

(2) Wikipedia .. Free Encyclopedia. شبكة الإنترنت .

خلاصـــة

كان ابن خلدون أول من استخدم فكرة الحضارة كفكرة مستقلة، فهـو يعتـبر أن الحضـارة هى التفنن فى الترف واستجادة الأحوال والكلف بالصنائع التى تؤنق من أصنافه وسـائر فنونـه ، مثل : الصنائع المهيئة لعمل وصناعة المطابخ أو الملابس أو المبانى أو الفرش او الآنية .

أما فى الغرب فلم تكن معروفة، وفى سنة ١٣٨٨م ظهرت كلمة civil فى اللغة الإنجليزيـة، ولم تظهر كلمة حضارة بمعنى ضد البربرية إلا سنة ١٧٢٢م ، أى بعد ابن خلدون بثلاثة قرون تقريبا.

وكان أول من استخدم كلمة حضارة فى كتاب منشور فى الغرب هوالمركيز دى ميرابـو سـنة ١٧٥٧م ، والتعريف الذى ذكره يتشابه مع تعريف ابن خلدون . وعندما اكتشف مفهوم الثقافـة تم الربط بينها وبين الحضارة.

وهناك تعريفات عديدة للحضارة مذكورة فى البحث ، مع ملاحظة أنـه قبـل سـنة ١٧٨٠م ، حيث لم تكن الثقافة موجودة كانت الحضارة بمفهومها الذى ذكره ابـن خلـدون موجـودة ،ثـم مرت بعملية تطور.

*   *   *

الباب الثانى
مفهوم الثقافة والحضارة من منظور إسلامى

الفصل الأول
كيف قامت كل من الثقافة والحضارة الإسلامية ؟

الفصل الثاني
تعريف كل من الثقافة والحضارة الإسلامية

مفهوم الثقافة والحضارة من منظور إسلامى

هناك مصطلحات عديدة استجدت فى العصر الحديث وأصبحت مستقرة ومعترفا بها فى كل دول العالم بحيث لا يمكن تجاهلها ، ومن هذه المصطلحات مصطلح « ثقافة » ومصطلح « حضارة » .

وأصبحت الثقافة والحضارة الآن من الأمور التى يناقشها رؤساء الدول فى المحافل الدولية والعلماء والمفكرون لما لها من أهمية فى حفظ المجتمعات مـن التحلـل والتفسخ والانهيـار ، وأصبحت الدول تحارب من أجل الحفاظ على هويتها الثقافيـة والحضارية ومـن أجـل انتشـار ثقافتها وحضارتها .

وثقافة المجتمعـات الإسلامية لهـا تمـايز ولهـا سـمات ولهـا مفـاهيم مختلفـة عـن ثقافة المجتمعات الأخرى ، والحضارة الإسلامية لها سمات ومفاهيم إسلامية مختلفـة عـن الحضارات الأخرى .

الفصل الأول

كيف قامت كل من الثقافة والحضارة الإسلامية ؟

(أ) الثقافة الإسلامية والحضارة الإسلامية قامتا مع قيام المجتمع الإسلامى الأول فى المدينة المنورة .

عندما نزل قوله تعالى : ﴿ ٱلْيَوْمَ أَكْمَلْتُ لَكُمْ دِينَكُمْ وَأَتْمَمْتُ عَلَيْكُمْ نِعْمَتِى وَرَضِيتُ لَكُمُ ٱلْإِسْلَٰمَ دِينًا ۚ ﴾ (١) ، كان ذلك إيذانا باكتمال الدين الإسلامى عقيدة وشريعة ، فقد توفى النبى ﷺ بعدها بمدة وجيزة ، وكانت الدولة الإسلامية قد اكتمل بناؤها والمجتمع الإسلامى قد قام بعقيدته وشريعته التى طبقت عمليا طوال حياة النبى ﷺ .

لقد قام المجتمع الإسلامى فى المدينة المنورة من المهاجرين والأنصار وكل القبائل والأفراد والجماعات التى كانت تدخل فى الدين الإسلامى .

لقد كان المهاجرين هم اللب والقلب الذى قام عليه المجتمع الإسلامى فى المدينة المنورة .

لقد كان هؤلاء المهاجرون هم المسلمون الأوائل الذين تحملوا العذاب والآلام فى سبيل الدعوة الإسلامية .

كانوا هم الذين يستخفون بصلاتهم فى شعاب مكة ، وكانوا هم الذين تحملوا العذاب فى سبيل دينهم عندما كانوا يسحبون فى رمضاء مكة وتوضع فوقهم الحجارة المحماة ، وكانوا هم المهاجرين إلى الحبشة فرارا بدينهم من شدة العذاب

(١) المائدة : 3 .

الذى لاقوه على أيدى المشركين ، وكانوا هم الذين التفوا حول الرسول ﷺ عندما حاصرهم المشركون فى شعب أبي طالب ، فكانوا يأكلون ورق الشجر من شدة الجوع، وذلك لمدة ثلاثة أعوام فصبروا وآمنوا بنصر الله سبحانه وتعالى .

فكانت هذه دروسا عملية للتمحيص والصبر والثبات فى سبيل نشر الدعوة الإسلامية .

وهؤلاء المهاجرون المجاهدون هم الذين كونوا نواة المجتمع الإسلامى الصلبة فى المدينة المنورة .

ومنذ بدء الدعوة الإسلامية فى مكة ، كان هذا النفر القليل الذين آمنوا بما جاء به رسول الله ﷺ ، وتحرروا من العبودية للعباد إلى الخضوع والانقياد والعبودية لرب العباد ، وبذلك حققوا الغاية التى خلق الله الإنسان من أجلها ، يقول تعالى : ﴿ **وَمَا خَلَقْتُ ٱلْجِنَّ وَٱلْإِنسَ إِلَّا لِيَعْبُدُونِ** ﴾ (١) .

وقد نزل القرآن الكريم فى المرحلة المكية ليعالج قضية كبرى فى الإسلام وهى قضية العقيدة الإسلامية ، فكانت المرحلة المكية كلها تهتم بهذه القضية الخطيرة ، قضية العقيدة ، وتثبيتها فى قلوب وعقول المسلمين .

وكانت الحكمة الإلهية أن يبدأ الرسول ﷺ دعوته للناس بأن يشهدوا أن لا إله إلا الله ، وكان العرب يعرفون جيدا فى لغتهم معنى « إله » ومعنى « لا إله إلا الله »، تلك الدعوة التى زلزلت كيانهم وهزت سلطانهم وهددت بزوال ملكهم .

وقد لاقى صحابة رسول الله ﷺ الأوائل عنتا كبيرا بسبب هذا الدين الجديد فصبروا ومضوا فى نشر قضية التوحيد حول الرسول ﷺ متحملين العنت والإيذاء الشديد .. كان كل من يدخل فى الإسلام يتخلى عن معتقداته الجاهلية الشركية، وما كان يصاحبها من عبادات وثقافات وسلوكيات شركية، ويؤمن بكل ما جاء به

---

(١) الذاريات : ٥٦.

الإسلام من عقائد وشرائع وعبادات ومفاهيم ثقافية وحضارية تمثل الثقافة الإسلامية والحضارة الإسلامية التى اكتملت مع اكتمال الدين الإسلامي، ومع وفاة النبى ﷺ فى المدينة المنورة بعد قيام الدولة الإسلامية والمجتمع الإسلامى .

وكان هؤلاء الصحابة الأوائل الذين التفوا حول الرسول ﷺ فى مكة المكرمة قبل الهجرة ، هم النواة الصلبة للمجتمع الإسلامى فى المدينة المنورة بعد الهجرة .

إن الفرد المسلم الذى اعتنق الدين الإسلامى تتغير حياته كليا .. تتغير معتقداته السابقة ، وتتغير عباداته ، وتتغير سلوكياته ، وتتغير أفكاره ، فيصبح إنسانا آخر فى سلوكه ومعاملاته وحياته مع أسرته ومع جيرانه ومع الآخرين ومع مجتمعه الإسلامى ، فمفاهيمه الإيمانية والسلوكية والاعتقادية ومفاهيمه فى شتى مجالات الحياة سواء كانت هذه المفاهيم مفاهيم اقتصادية أو اجتماعية أو ثقافية أو مفاهيم خاصة بثقافته وحضارته الإسلامية ... ونظرته للكون والحياة والإنسان . كل ذلك وغيره يصبح تبعا لما جاء به الإسلام .

ومن ذلك يتضح أن الفرد المسلم والمجتمع المسلم له مفاهيمه الخاصة فى شتى المجالات ، ومنها مجال الثقافة الإسلامية ومجال الحضارة الإسلامية ، وهذه المفاهيم هى التى تكونت وترسخت فى العقول والقلوب المؤمنة طوال البعثة النبوية، وهى التى قام المجتمع الإسلامى عليها .

وهذه المفاهيم الإسلامية جاءت بها آيات القرآن الكريم الذى نزل مفرقا حتى يمكن استيعابه وفهمه وتطبيق ما جاء به عمليا طوال حياة الرسول ﷺ وحتى الآن، يقول تعالى : ﴿ وَقُرْءَانًا فَرَقْنَٰهُ لِتَقْرَأَهُۥ عَلَى ٱلنَّاسِ عَلَىٰ مُكْثٍ وَنَزَّلْنَٰهُ تَنزِيلًا ﴾ [1] . . كما أن هـذه المفاهيم جاءت أيضا فى السنة النبوية الصحيحة .

_____

(١) الإسراء : ١٠٦.

فمفاهيم الثقافة الإسلامية والحضارة الإسلامية التى جاء بها الإسلام، ترسخت فى عقول وقلوب ووجدان الفرد المسلم والمجتمع المسلم منذ مجىء الإسلام وحتى اليوم .

ونحن- المسلمين - ليس لنا إلا هذا الدين الإسلامى ، فهو مصدر قوتنا وعزتنا ومصدر ثقافتنا وحضارتنا .

لقد اتخذ المستعمر الغربى الثقافة والحضارة وسيلة لمهاجمة الإسلام طوال القرن العشرين . أما الآن فقد أعلنها حربا صريحة على الإسلام بدعوى محاربة الإرهاب .

(ب) الدين الإسلامى دين شامل .. والثقافة والحضارة الإسلامية تستمدان مفاهيمهما مـن هذا الدين .

١ - الدين الإسلامى خاتم الرسالات السماوية ، ولذلك جاء شاملا جميع شئون الحياة ، بما فيها الثقافة الإسلامية والحضارة الإسلامية .

فالدين الإسلامى مـن عقيـدة وشريعة يشـمل جميع جوانب الحياة، ومنها الجوانـب: السياسية والاجتماعيـة والاقتصادية والثقافية والحضـارية .. فثقافة المجتمعـات الإسلامية وحضارتها قائمة على مفاهيم إسلامية تكونت وترسخت عبر ثلاث وعشرين سنة ، وهى فترة البعثة النبوية الشريفة ، ومصدرها القرآن الكريم والسنة النبوية الصحيحة .

وقد قامت المجتمعات الإسلامية، وتكونت مرجعيتها الإسلامية طوال مدة البعثة المحمدية فى مكة المكرمة والمدينة المنورة .

وثقافـة المجتمعـات الإسلامية وحضارتها قائمـة عـلى المرجعيـة الإسلامية ، ومفاهيمهـا مستمدة من الدين الإسلامى .

والمرجعية الإسلامية تعني ما جاء به الإسلام من عقيدة وشريعة، وتعني التطبيق العملي لأحكام الشريعة الإسلامية على الفرد والشعب والمجتمع والحكومة - بنظمها ومؤسساتها وهيئاتها - ككل ، كما أن المرجعية الإسلامية تعني أن الإسلام هو الرسالة الخاتمة ، ولذلك جاء شاملاً لجميع جوانب الحياة ، ومنها الجوانب: السياسية والاقتصادية والاجتماعية، وجوانب التربية والتعليم، وجوانب الثقافة والحضارة الإسلامية ...

فهناك اقتصاد إسلامي ونظام سياسي إسلامي وحقوق الإنسان وحرياته في الإسلام ، وهناك ثقافة وحضارة إسلامية لها مفاهيم ومعطيات إسلامية ، وهناك نظرة إسلامية للكون والحياة والإنسان .

كل ذلك وغيره له معطيات ومفاهيم إسلامية جاءت في أوامر الدين ونواهيه ، وحلاله وحرامه ، وفي مقاصد الشريعة الإسلامية ، وما اشتمل عليه الإسلام من: عقائد وعبادات وأخلاق ومعاملات (مدنية وأحوال شخصية) وعقوبات (وتشمل الحدود) والعلاقات (مثل العلاقة التي تربط الإنسان بربه وبالحياة والأحياء وعلاقة الرجل بالمرأة وعلاقة الولد بالوالد وعلاقة المسلم بالجار .... وعلاقة المسلمين بغير المسلمين ... وهناك أحكام نظمت علاقات الحكام بالمحكومين ...) .

يقول الدكتور يوسف القرضاوى عن الأحكام الشرعية العملية التى جاء بها القرآن الكريم :

« صحيح أن هذه الأحكام الشرعية العملية التى جاء بها القرآن الكريم ليست كثيرة جدا ، ولكنها في غاية الأهمية لأنها هى التى تميز أمة عن أمة وحضارة عن حضارة ، ففريضة الصلاة ، والزكاة ، والصيام ، والحج ، والأمر بالمعروف ، والنهى عن المنكر ، والحكم بما أنزل الله ، وتحريم : الربا ، والزنا ، والشذوذ الجنسي.. التبرج ، والسحر والكهانة ، وقتل النفس بغير حق ، والانتحار ، وشرب الخمر ، ولعب

الميسر ـ وأكل المـال بالباطـل ، وبخـس النـاس أشـياءهم ، والإفسـاد فى الأرض .. وعقوبـة السارق ، والقاتل ، والقاذف ، ومن يحارب اللـه ورسوله ويسعى فى الأرض فسادا ، كـل ذلك مـما يميز المجتمع المسلم ، ويجعل له شخصيته المتميزة بمقوماتها وخصائصها . ولهذا كان تحكيم هـذه الشريعة وتطبيقها فريضة من اللـه لا يجوز التفريط فيها من راع ولا رعية » [١] .

وهذه المرجعية الإسلامية لم تتغير ولم تتبدل ولم يدخل عليها تحريـف أو تزيـيـف، منذ مجىء الإسلام وحتى الآن، لأنها مستمدة من آيات القرآن الكريم ومن السنة النبوية الصحيحة .

ونتيجة لذلك ، فإن مفاهيم الثقافة الإسلامية والحضارة الإسلامية لم تتغير ولم تتبـدل منـذ مجىء الإسلام وحتى الآن .

كما أن المجتمعات الإسلامية فى جميع البلاد الإسلامية لم تتخل عـن المرجعيـة الإسلامية ، ولم تتخل عن الثقافة الإسلامية والحضارة الإسلامية طوال التاريخ الإسلامى وحتـى الآن، لأنهـا متمسكة بالكتاب والسنة ، رغم ما تعرضت له مـن أهـوال وغـزو وتجهيل بواسطة المستعمر وتلاميذه من المتغربين والعلمانيين فى البلاد العربية والإسلامية .

فالثقافة الإسلامية والحضارة الإسلامية استمدت مفاهيمهما من الدين الإسلامى والمرجعية الإسلامية .

فالإيمان الصادق له أثره العميق فى حياة الفرد المسلم وسلوكه وأخلاقه وعاداته ، فإذا كان هذا الفرد المسلم قد حباه اللـه سبحانه وتعالى بموهبة مثل، موهبة الشعر مـثـلا فـإن إنتاجـه الشعرى يجىء خلوا من الفحش ومما يخالف الإسلام .

---

(١) د. يوسف القرضاوى ، كتاب « كيف نتعامل مع القرآن العظيم؟ » ، دار الشروق .

يقول تعالى : ﴿ ءَامَنَ ٱلرَّسُولُ بِمَآ أُنزِلَ إِلَيْهِ مِن رَّبِّهِۦ وَٱلْمُؤْمِنُونَ ۚ كُلٌّ ءَامَنَ بِٱللَّهِ وَمَلَٰٓئِكَتِهِۦ وَكُتُبِهِۦ وَرُسُلِهِۦ لَا نُفَرِّقُ بَيْنَ أَحَدٍ مِّن رُّسُلِهِۦ ۚ وَقَالُوا۟ سَمِعْنَا وَأَطَعْنَا ۖ غُفْرَانَكَ رَبَّنَا وَإِلَيْكَ ٱلْمَصِيرُ ﴾ (١) .

وجاء فى الحديث الصحيح عن النبى ﷺ : « الإيمان أن تؤمن بالله وملائكته وكتبه ورسله وباليوم الآخر والقدر خيره وشره » .

وكما أن كلا من الثقافة الإسلامية والحضارة الإسلامية تستمد مفاهيمها مما جاء به الإسلام من إيمان وعمل، فإنها تستمد مفاهيمها أيضا مما جاء به فى النواحى الروحية والأخلاقية والمادية، ومما جاء به فى العمل للدنيا والعمل للآخرة ، وأن الدنيا مزرعة الآخرة ،وأن الإنسان مكلف بعمارة الأرض واستغلالها .

يقول تعالى : ﴿ هُوَ أَنشَأَكُم مِّنَ ٱلْأَرْضِ وَٱسْتَعْمَرَكُمْ فِيهَا ﴾ (٢) .

وجاء فى تفسير ابن كثير : ﴿ وَٱسْتَعْمَرَكُمْ فِيهَا ﴾ ، أى جعلكم عمارا تستغلونها وتعمرونها .

كما أن الإنسان خلقه الله سبحانه وتعالى لعبادته .

يقول تعالى : ﴿ وَمَا خَلَقْتُ ٱلْجِنَّ وَٱلْإِنسَ إِلَّا لِيَعْبُدُونِ ﴾ (٣) .

ومما جاء به الإسلام أن الأمة الإسلامية خير أمة أخرجت للناس ، وهذه الخيرية التى اتصفت بها الأمة الإسلامية جاءت نتيجة لما تقوم به من الأمر بالمعروف والنهى عن المنكر والإيمان بالله .

(١) البقرة : ٢٨٥ .

(٢) هود : ٦١.

(٣) الذاريات : ٥٦

يقول تعالى : ﴿ كُنتُمْ خَيْرَ أُمَّةٍ أُخْرِجَتْ لِلنَّاسِ تَأْمُرُونَ بِالْمَعْرُوفِ وَتَنْهَوْنَ عَنِ الْمُنكَرِ وَتُؤْمِنُونَ بِاللَّهِ ۗ وَلَوْ آمَنَ أَهْلُ الْكِتَابِ لَكَانَ خَيْرًا لَّهُم ۚ مِّنْهُمُ الْمُؤْمِنُونَ وَأَكْثَرُهُمُ الْفَاسِقُونَ ﴾(1) .

وإن الإنسان الذى خلقه الله لعبادته سبحانه وتعالى مكلف بتزكية نفسه .

يقول تعالى : ﴿ قَدْ أَفْلَحَ مَن تَزَكَّىٰ ﴾(2).

ويقول تعالى : ﴿ قَدْ أَفْلَحَ مَن زَكَّاهَا ۝٩ وَقَدْ خَابَ مَن دَسَّاهَا ۝١٠ ﴾(3) .

وهذه الأمة الإسلامية التى هى خير أمة أخرجت للناس لها ثقافة إسلامية هى خير الثقافات على وجه الأرض، ولها حضارة إسلامية هى خير الحضارات على وجه الأرض ، ويجب أن يعتز المسلمون بذلك ويعملوا على رفعة الأمة ورفعة ثقافتها ورفعة حضارتها .

وهذا الفرد المسلم المؤمن الذى يزكي نفسه هو خير الناس وخير أجناد الأرض، ويجب أن يجد ويجتهد، ويعمل على رفعة شأنه وشأن أمته الإسلامية .

ومما جاء به الإسلام أيضا وتتصف به الثقافة الإسلامية والحضارة الإسلامية ، أنها تعترف بالآخر وثقافته وحضارته، وتدعوه بالحسنى إلى الإسلام .

يقول تعالى : ﴿ لِّكُلِّ أُمَّةٍ جَعَلْنَا مَنسَكًا هُمْ نَاسِكُوهُ ۖ فَلَا يُنَازِعُنَّكَ فِي الْأَمْرِ ۚ وَادْعُ إِلَىٰ رَبِّكَ ۖ إِنَّكَ لَعَلَىٰ هُدًى مُّسْتَقِيمٍ ﴾(4) .

وجاء فى تفسير الجلالين : ﴿ لِّكُلِّ أُمَّةٍ جَعَلْنَا مَنسَكًا ﴾ بفتح السين شريعة

(1) آل عمران : ١١٠ .
(2) الأعلى : ١٤.
(3) الشمس: ٩، ١٠.
(4) الحج : ٦٧ .

﴿هُمْ نَاسِكُوهُ﴾ عاملون به ﴿فَلَا يُنَٰزِعُنَّكَ﴾ يراد به لا تنازعنهم ﴿فِى ٱلْأَمْرِ﴾ أمر الذبيحة إذ قالوا ما قتل الله أحق أن تأكلوه مما قتلتم ﴿وَٱدْعُ إِلَىٰ رَبِّكَ﴾ أى إلى دينه ﴿إِنَّكَ لَعَلَىٰ هُدًى﴾ دين ﴿مُّسْتَقِيمٍ﴾.

ومما جاء به الإسلام وتتصف به الثقافة الإسلامية والحضارة الإسلامية العدل والقسط والتسامح والتدافع والمنافسة دون بغى ولا عدوان ، وهو ما سوف نتناوله بالتفصيل فى فصول تالية .

وكذلك الإصلاح وعدم الإفساد فى الأرض، وعدم العبث بخلق الله كما يحدث فى بعض مجالات الهندسة الوراثية، وهو ما سوف نتناوله بالتفصيل فيما بعد .

وتعتبر اللغة العربية من العناصر الأساسية المكونة لنسيج الثقافة الإسلامية والحضارة الإسلامية .

يقول تعالى : ﴿إِنَّا جَعَلْنَٰهُ قُرْءَٰنًا عَرَبِيًّا لَّعَلَّكُمْ تَعْقِلُونَ﴾[١] .

ويقول تعالى : ﴿بِلِسَانٍ عَرَبِىٍّ مُّبِينٍ﴾[٢] .

ويقول تعالى : ﴿قُرْءَانًا عَرَبِيًّا غَيْرَ ذِى عِوَجٍ لَّعَلَّهُمْ يَتَّقُونَ﴾[٣] .

وتحت عنوان : (اللغة المقدسة وقدسية اللغة) كتب الدكتور على جمعة مفتى الديار المصرية[٤] .

« هل هناك لغة مقدسة ؟ وإلى أى مدى نتمسك بتلك القداسة ؟ اللغة المقدسة عند علماء اللغويات توصف بها اللغات التى كتب بها نص مقدس له أتباع يأخذونه كمصدر لمعرفتهم وأحكام حياتهم أو إطار لسلوكهم ، وبهذا التعريف فإن اللغة

(1) الزخرف : 3 .
(2) الشعراء : 195 .
(3) الزمر : 28 .
(4) جريدة الأهرام : 2004/9/11م .

العبرية التى كتبت بها « التوراة » واللغة السنسكريتية التى كتبت بها « الفيدا » واللغة العربية التى بها نزل وكتب « القرآن الكريم » هى لغات مقدسة » .

ثم يقول : « فلا يقبل الناطقون بهذه اللغات والذين آمنوا بمرجعية هذه النصوص أن يتركوها لا للتطور ولا للتدهور ، ولا يغيرون فيها دلالات الألفاظ ولا وسائل الفهم من نحو وصرف، حيث إن استنباط الأحكام من النص يقتضى ذلك » .

٢ - ذكرت فى فصل تال من هذا الكتاب تفاصيل ما هو مشترك عام بين الثقافات والحضارات ، وأحب أن أؤكد أن ما هو مشترك عام بين الثقافات والحضارات مثل: العلوم الطبيعية (الرياضيات - الكيمياء - الأحياء - الطبيعة...) والعلوم والتكنولوجيا وكثير من الصناعات والمكتشفات العلمية ... يجب ألا يوجد فيها ما يتعارض مع الكتاب والسنة والمرجعية الإسلامية مثل استنساخ الإنسان .

أما كثير من العلوم الأخرى التى تتمايز بين الثقافات والحضارات المختلفة مثل: العلوم الإنسانية ، فإن لها مفاهيمها الإسلامية المتقيدة بالكتاب والسنة .

٣ - الإنتاج فى مجال الثقافة والإنتاج فى مجال الحضارة مرتبط بمفاهيم الثقافة ومفاهيم الحضارة التى ينتمى إليها ، ومن ثم فهو مرتبط بالاعتقاد الدينى السائد فى المجتمع .

فالإنتاج فى مجال الثقافة الإسلامية مثل : الأدب (شعر - قصص - نقد ...) والفنون (الفنون التشكيلية ...) يجب أن يحمل مفاهيم الثقافة الإسلامية ، أى المفاهيم المستمدة من الدين الإسلامى ، ولا يحمل مفاهيم تتعارض مع الإسلام .

وكذلك الإنتاج فى مجال الحضارة الإسلامية يجب أن يحمل المفاهيم المستمدة من الدين الإسلامى ، وليست التى تتعارض مع الدين الإسلامى .

أما هذا الإنتاج الثقافي والحضاري المتزايد الآن في وسائل الإعلام العربية والأجنبية مثل: أفلام السينما والتمثيليات والغناء ... فإنه لا يمثل ثقافتنا الإسلامية بل يحمل مفاهيم الثقافة الغربية العلمانية ، ولذلك فإن غالبية الأفراد في المجتمعات الإسلامية ترفضه، لأنه يتعارض مع ما جاء به الدين الحنيف .

وهناك بعض هذا الإنتاج الذي اختلطت فيه المفاهيم ، فتجد في العمل الواحد بعض الشخصيات المرسومة والمفصلة لممثل ملتزم إسلاميا ، بجانب شخصيات أخرى تمثل المفاهيم العلمانية ، مثل الشخصيات المنحلة بدعوى أن المجتمع يحمل هذا وذاك .

والإنتاج الثقافي الذي يحمل المفاهيم الإسلامية يعني إنتاجا ثقافيا متميزا فنيا ، وفي الوقت نفسه يحمل المفاهيم الإسلامية .

ولنضرب لذلك مثلا بالفيلم السينمائي :

فالفيلم السينمائي الذي يحمل المفاهيم الإسلامية يجب أن يكون : قصة أو موضوع الفيلم ، والسيناريو والإخراج ، وحركات الممثلين وإيماءاتهم وملابسهم والتصوير والمعالجات الفنية التنفيذية ، والمناظر الخلفية ... وغير ذلك مثل : غطاء الرأس بالنسبة للنساء ، وحركاتهن وسكناتهن يجب ألا يكون فيها ما يتعارض مع ما جاء به الدين الإسلامي .

أما خلط الأمور ، بمعنى أن تجد الفيلم به شخصيات وحركات وإيماءات تتعارض مع ما جاء به الإسلام ، وبه شخصية شيخ أو امرأة ملتزمة في وسط هذا الغثاء الثقافي .

يجب أن نتعلم من السينما التي تنتجها جمهورية إيران الإسلامية في العقدين الأخيرين ، حيث تجد الأفلام السينمائية تعالج شتى الموضوعات ولكن من وجهة نظر إسلامية ، فتجد القصة والسيناريو والإخراج والتمثيل والملابس (وغطاء

الرأس بالنسبة لكل النساء وليس بعضهن)، وغير ذلك تحمل المفاهيم الإسلامية، ولا يوجد أى جانب من جوانب الفيلم يحمل المفاهيم العلمانية مثل العرى ...

وهذا معناه أن القائمين على صناعة السينما الإيرانية من كتاب لقصة الفيلم ومخرجين وممثلين ومصورين يلتزمون بمفاهيم ثقافتهم الإسلامية كل فى مجاله ، فيجىء الفيلم متناغما يحمل المفاهيم الإسلامية ولا يوجد به جوانب تتعارض مع ما جاء به الدين الحنيف مثل: الرقص ، والحركات والإيماءات الجنسية ، أو تصوير العرى ، أو موضوعات ومعالجات تتنافى مع المفاهيم الإسلامية .

وهذا لا يعنى أن الفيلم الإيرانى الحالى يخلو من النواحى الفنية الإبداعية ، بل إن الأفلام الإيرانية تشترك فى كل مهرجانات السينما العالمية ، ومنها مهرجان القاهرة السينمائى الدولى وتفوز بالجوائز الأولى فى الإخراج والتمثيل والتصوير والسيناريو ... وذلك لما تتميز به من الإبداع الفنى فى هذه المجالات .

مع ملاحظة أن مهرجانات السينما العالمية مقياس الفوز فيها هو الإبداع الفنى. أما ما تحمله وتمثله من مفاهيم ثقافية ، فذلك خاص بكل ثقافة ، ولا يدخل فى مضمار التسابق .

إن تكوين شركة للإنتاج السينمائى تشترك فيها الفنانات المحجبات والفنانون الملتزمون كل فى مجاله ، وذلك لإنتاج أفلام سينمائية تحمل مفاهيم الثقافة الإسلامية الصحيحة مثلما فعلت جمهورية إيران الإسلامية ، أصبح من الضرورات فى العصر الحديث ، ويا حبذا لو تقوم هذه الشركة بإنتاج تمثيليات ومسلسلات تحمل مفاهيم الثقافة الإسلامية بدلا من هذا الخلط الثقافى الذى ظهر فى بعض المسلسلات التى اشترك فى تمثيلها بعض الفنانات المحجبات ، والتى أذيعت فى رمضان عام (١٤٢٧هـ - ٢٠٠٦م) .

٤- هناك جانب خفى فى الثقافة الإسلامية وفى الحضارة الإسلامية يرجع إلى الإيمان الذى يملأ القلب والوجدان .

وهناك جانب ظاهر فى الثقافة الإسلامية، وفى الحضارة الإسلامية والذى يتمثل فى الإنتاج الثقافي، والإنتاج فى مجال الحضارة الإسلامية .

أما عن الجانب الأول، والذى يرجع إلى الإيمان فإن الإيمان محله القلب ، والرسول ﷺ يقول : « الإيمان أن تؤمن بالله وملائكته وكتبه ورسله وباليوم الآخر والقدر خيره وشره » .

وهذا الجانب هو الذى يتحكم فى عملية الإنتاج الثقافى والإنتاج فى مجال الحضارة الإسلامية .

والجانب الخفى فى الثقافة الإسلامية، والذى يرجع إلى الإيمان هو الذى يتحكم فى عملية الإبداع الأدبي والفنى الذى يباشرها الأديب والفنان المسلم، فيجيء إبداعه الأدبي أو الفنى تبعا لما جاء به الإسلام ولا تجد فيه ما يخالف الإسلام .

وأيضا فإن الجانب الخفى فى الحضارة الإسلامية هو الذى يتحكم فى مجال الإنتاج فى مجال الحضارة الإسلامية ، فلا يكون الاقتصاد الإسلامى مثلا يحمل المفاهيم والمعطيات الربوية ، أو تكون النظم الاجتماعية وقوانين الأسرة لها مفاهيم ومعطيات غير إسلامية مثل قوانين الأسرة التى صدرت فى بعض البلاد العربية، وبها شبهة المخالفة لما جاء به الإسلام فى هذا المجال .

وهذه بعض الأمثلة لما سبق ذكره :

نشر فى جريدة الأهرام بتاريخ ٢٣ رمضان ١٤٢٧هـ الموافق ١٦ أكتوبر ٢٠٠٦م بصفحة أنوار رمضان ، لوحة للفنان المعاصر منيب أوبرادوفيتش ، وهى لوحة «كن فيكون » ، والمتأمل لهذه اللوحة يجد الروعة والجمال فى رسم الحروف العربية ، والمحافظة على النسب والألوان ودلالاتها والإيماءات التى يستشعرها الناظر إلى تلك اللوحة والتى تدل على النواحى الفنية الجمالية ، ولو تعمقنا قليلا لأدركنا هذه الإيماءات الإيمانية،والتى تمثل الجانب الخفى فى ثقافتنا الإسلامية .

فالإيمان الصادق عند هذا الفنان تحسه وتستشعره كخيط يسرى فى أنحاء لوحته ، تحس وتستشعر العلاقة بين الفنان المؤمن والآية القرآنية الكريمة : ﴿ بَدِيعُ ٱلسَّمَٰوَٰتِ وَٱلْأَرْضِ وَإِذَا قَضَىٰٓ أَمْرًا فَإِنَّمَا يَقُولُ لَهُۥ كُن فَيَكُونُ ﴾(١) . ويتمثل ذلك فى أشياء عديدة فى هذه اللوحة الرائعة مثل الحروف المتعاكسة التى تدل على بعض الأمور الدنيوية ، والحروف المتشابكة فى وسط اللوحة، والتى تكون شكل القلب النابض بالإيمان، واختيار الفنان للون الأزرق لون السماء واللون البنى لون الأرض فى شكل متناغم بديع ، وذلك فى الزخرفة الإسلامية التى استعملها فى اللوحة .

والفنان الذى رسم هذه اللوحة لا يمكن إلا أن يكون فنانا مسلما ، وذلك لسببين الأول : أنه فنان رسم لوحة فنية بمعايير فن الرسم ومقاييسه تعتبر متميزة . والثانى : أنه يؤمن بمفاهيم الثقافة الإسلامية ، وأن هذه المفاهيم مستمدة من الدين الإسلامى والمرجعية الإسلامية مثل اختياره للموضوع وعلاقته بالآية القرآنية التى ذكرناها والإيماءات الإيمانية والزخرفة الإسلامية ... وهذه كلها من مفاهيم الثقافة الإسلامية .

وتحت عنوان: روائع الفن الإسلامي، يعلق أحمد حسن على اللوحة فيقول :

« لوحة الفنان منيب أوبرادوفيتش تعبر عن العلاقة بين عالم الخلق والأمر ، وكتبت اللوحة بالطريقة المتعاكسة لتدل على أن كثيرا من الأمور الدنيوية قد تبدو متعاكسة ولا ندرك معانيها لأول وهلة إلا أننا لو تعمقنا قليلا ندرك أنها صادرة من أمر الحق سبحانه وتعالى ، وهذه اللوحة تؤكد ضرورة إدراك الإنسان لهذين العالمين، وأن قلبه لابد أن يكون فى توازن بينهما ، حيث تتشابك الواو العادى والواو المتعاكس وتكونان شكل القلب . وتدل ألوان الزخرفة على هذين العالمين ، حيث اختار الفنان لون السماء الأزرق ولون الأرض البنى » .

(١) البقرة : ١١٧.

(جـ) هل يمكن أن تلغى فكرة الثقافة ؟

لقد ابتكرت أوربا فكرة الثقافة نظرا للظروف الخاصة التى مرت بها كما ذكرنا فى الباب الأول ، فهل يمكن للأمم الأخرى التى تتمسك بمعتقداتها الدينية ، مثل : الصينين واليابانيين والهنود والمسلمين وغيرهم ، أن يتخلوا عن فكرة الثقافة ، باعتبار أن معتقداهم الدينية هى ثقافتهم الحقيقية ؟

فى الحقيقة فإن الأمة الإسلامية خاصة والأمم الأخرى عامة قد استخدمت فكرة الثقافة حسب معتقداتها الدينية ، ولم تتبع الغرب فى هذا المجال ، أما أوربا وأمريكا فإنها ما زالت تقدم رجلا وتؤخر أخرى مترددة بين الاختيارات الدينية المسيحية والاختيارات العلمانية المادية حتى الآن ، كما سيتضح فى الفصل الثالث من الباب الرابع.

وما دامت كلمة وفكرة الثقافة قد اكتسبت الآن هذا الاعتبار والانتشار فى كل أرجاء العالم، وأصبحت كغيرها من الكلمات الكثيرة التى استقرت وأصبح لها مفهومها ومدلولها الخاص ، فإن إلغاءها يصبح لا جدوى منه ، والمهم فى هذا المجال أن تتضح الأمور الصحيحة وتنتشر حتى نتمسك بمفاهيم ثقافتنا الإسلامية الحقيقية ، ولا ننزلق فى تقليد الأوربيين والأمريكيين ونتخذ مفاهيم ثقافتهم العلمانية مفاهيم لنا بديلا عن ثقافتنا الإسلامية . وأن يكون إنتاجنا الثقافى ، مثل : الأفلام السينمائية والمسلسلات التليفزيونية والأغانى والقصص الأدبية والقصائد الشعرية ...... يحمل مفاهيمنا الإسلامية وليس المفاهيم العلمانية .

وما نراه الآن فى بعض المحطات الفضائية العربية وغيرها من القنوات التليفزيونية من عرى ومجون وتمثيليات وأغانى تحمل دلالات وإيماءات وكلمات جنسية صريحة تخدش الحياء العام ، ما هو إلا من نتائج هذا التقليد الأعمى للثقافات الأوربية والأمريكية العلمانية .

لاشك أننا نرى الآن بشائر الوعى بحقيقة ثقافتنا الإسلامية وتميزها وتفردها عـن الثقافـات الأخرى فى بعض مجالات الإنتاج الثقافى ، كما يظهر فى بعض القنوات الفضائية ، وفى الأدب الإسلامى ، وفى شبكة الإنترنت فى بعض المواقع ....

إن الدعوة إلى التمسك بالدين الإسلامى ومعطياته ومفاهيمه فى مجالات الحياة المختلفة ، تحمل فى طياتها دعوة إلى تصحيح بعض مجالات الإنتاج الثقافى التى اختلت ، والدعوة إلى التمسك بالدين الإسلامى فرض على كل مسلم ومسلمة .

وإن إلغاء فكرة الثقافة التى قصدتها فى هذا السياق شىء آخر غير إلغاء وزارة الثقافة ، فإلغاء وزارة الثقافة قد تم فعلا فى بعض الدول ، مثل : المملكة الأردنية الهاشمية فى حكومة فيصل الفايز التى تشكلت فى نوفمبر ٢٠٠٣م . ومن المفارقات أن الـدول الأوربيـة والأمريكيـة التـى كانـت قـد ابتكرت فكرة الثقافة هى الدول التى لا يوجد عنـدها وزارة ثقافة الآن . أمـا الـدول الإسـلامية فى أغلبها وكثير من دول الحضارات الأخرى هى التى عندها وزارات للثقافة .

90

خلاصـــة

تكونت النواة الأولى للمجتمع الإسلامي في مكة من صحابة رسـول اللـه ﷺ قبـل الهجـرة، الذين تربوا على ما جاء به الإسلام . وكانت مفاهيم الثقافة الإسلامية والحضارة الإسلامية، ومفاهيم المجالات الأخرى تتكامل بنزول الآيات القرآنية المتتابعة ، وتترسخ في عقول وقلوب الصحابة .

وبعد الهجـرة إلى المدينة ، وقيـام المجتمـع الإسلامـى مـن المهـاجرين والأنصار ظلت هـذه المفاهيم تتجمع حتى اكتملت عند وفاة النبـى ﷺ ، وبـذلك صـارت مفاهيم الفـرد المسـلم هـى مفاهيم المجتمع المسلم ، سواء في مجال الثقافة والحضارة ، أو المجالات الأخرى .

ونحن ليس لنا إلا هـذا الـدين ومفاهيم الثقافة الإسلامية والحضارة الإسلامية مـذكورة في البحث .

وقد قامت المجتمعات الإسلامية وتكونت مرجعيتها الإسلامية طوال البعثة المحمدية في مكة المكرمـة والمدينـة المنـورة ، وثقافـة هـذه المجتمعـات الإسلاميـة وحضـارتها قائمـة عـلى المرجعيـة ، ومفاهيمها مستمدة من الدين الإسلامى .

ومما جاء به الإسلام وتتصـف بـه الثقافـة الإسلامية والحضارة الإسلامية : العـدل والقسـط والتسامح والتدافع دون بغى أو عدوان ، وكذلك الإصلاح وعدم الإفساد في الأرض ...

وتعتبر اللغـة العربيـة مـن العنـاصر الأساسـية المكونـة لنسيج الثقافـة الإسلاميـة والحضارة الإسلامية لأنها لغة القرآن الكريم .

*   *   *

الفصل الثاني

تعريف كل من الثقافة والحضارة الإسلامية

(أ) إلقاء الضوء على بعض التعريفات الحالية لمفهوم الثقافة عند بعض المفكرين العرب

.

كثير من التعريفات الحالية التى ذكرها بعض المفكرين العرب لمفهوم الثقافة تأخذ بالتعريفات الغربية - عبر مراحل تطورها - وبعضهم يحور هذه التعريفات لتستوعب المفهوم الإسلامى للثقافة ، والبعض الآخر يستخدم هذه التعريفات بمفهومها العلمانى.

وهناك عدد قليل من المفكرين العرب انطلق فى تعريفه للثقافة من منظور إسلامى تاريخى .

وهذه بعض التعريفات لمفهوم الثقافة عند بعض المفكرين العرب المسلمين :

١ - وأبدأ بنفسى ، فقد أخذت بالتعريف الذى وضعه إدوارد تيلور للثقافة فى فترة سابقة، ولكنى جعلت الدين الإسلامى هو الذى يشمل الثقافة، وهو الذى يصبغ العناصر المكونة لنسيجها بمفاهيمه ومعطياته ، وتعريف تيلور للثقافة الذى يقول بأن الثقافة : « مركب معقد مكون من المعرفة والدين والأخلاق والقانون والعادات، والفنون، وأى مقدرات مكتسبة بواسطة الفرد بوصفه عضوا فى المجتمع » . هذا التعريف اتخذته وجعلت الأخلاق فى ثقافتنا هى الأخلاق الإسلامية ، والقوانين هى أحكام الشريعة الإسلامية التى يجب أن تطبق على الأفراد والشعوب والحكومات

بهيئاتها ومؤسساتها ونظمها ككل ، والعادات هى العادات الإسلامية ، والمعرفة يجب أن تصطبغ بالمفاهيم الإسلامية ، والمقدرات المكتسبة هى قواعد ونظم المجتمع الإسلامى التى لها مفاهيم إسلامية ومقدرات وعادات إسلامية تنعكس على الفرد منذ مولده ونشأته وحياته ، والفنون فى ثقافتنا يجب أن تحمل المفاهيم الإسلامية . وقد قمت بتفصيل ذلك فى أحد كتبى[١] .

وإذا كان تيلور قد جعل الدين المسيحى هو أحد العناصر المكونة للثقافة العلمانية الغربية ، فإنى قد جعلت كل العناصر المكونة للثقافة تصطبغ بمفاهيم ومعطيات إسلامية،أى أننى جعلت كل العناصر المكونة للثقافة لها مفاهيم إسلامية وأن الثقافة وعناصرها هى جزء من معطيات الدين الإسلامى ، وتفاصيل ذلك فى كتابى المذكور الذى صدر سنة ١٩٩٨م .

٢ - ويعرف الدكتور محمد عمارة الثقافة والهوية والأصالة والمعاصرة ، فيقول فى تعريفه للهوية[٢] : « الهوية فى عرف حضارتنا العربية الإسلامية مأخوذة من « هو .. هو» بمعنى : جوهر الشيء وحقيقته ، فهوية الإنسان أو الثقافة أو الحضارة هى : جوهرها وحقيقتها . ولما كان فى كل شيء من الأشياء - إنسانا أو ثقافة أو حضارة - « الثوابت » و « المتغيرات » فإن هوية الشيء هى ثوابته التى تتجدد ولا تتغير ، تتجلى وتفصح عن ذاتها دون أن تخلى مكانها لنقيضها طالما بقيت الذات على قيد الحياة ، إنها كالبصمة بالنسبة للإنسان تتجدد فاعليتها ويتجلى وجهها كلما أزيلت من فوقها طوارئ الغبار وعوامل الطمس والحجب دون أن تخلى مكانها ومكانتها لغيرها من البصمات » .

ويقول فى تعريفه للثقافة - معتبرا أن المضامين التى سنعتمدها لهذه المصطلحات هى مضامينها العربية الإسلامية ، العربية لغة ، والإسلامية فكرا ، أى المضامين

(١) د. محمد الجوهرى ، الثقافة العربية والحضارة الإسلامية ، دار الأمين ، القاهرة ، ١٩٩٨م .

(٢) د . محمد عمارة (مفكر إسلامى) ، الهوية الثقافية بين الأصالة والمعاصرة ، مقال بمجلة الرسالة التى تصدر عن مركز الإعلام العربى ، العدد ١٣ ، ذو القعدة 1425هـ ، ديسمبر ٢٠٠٤م .

الإسلامية التى تحددت وصيغت فى لغتنا العربية - الثقافة « هى كل ما يسهم فى عمران النفس وتهذيبها ، فالتثقيف من معانيه التهذيب ، وإذا كانت المدنية هى تهذيب الواقع بالأشياء، فإن الثقافة هى تهذيب النفس الإنسانية بالأفكار وكلاهما عمران .. عمران للواقع وعمران للنفس ، فهما شقا الحضارة التى هى « العمران » .

وتعلق الثقافة واختصاصها بعمران النفس الإنسانية وتهذيبها هو الذى يعطى لثقافات الحضارات المتميزة تمايزا منبعه ومنطقه ودواعيه : تميز النفس الإنسانية فى كل حضارة من الحضارات بتميز المكونات والمواريث والعقائد والفلسفات التى تمايز بين « البصمات » الثقافية فى أمم هذه الحضارات » .

والدكتور محمد عمارة هنا يستخدم عمران النفس وتهذيبها لتدل على الثقافة ، و « العمران »، ليدل على الحضارة ، أى أن الحضارة هى العمران . وهذا المفهوم لمعنى الحضارة هو الذى استخدمه ابن خلدون فى « المقدمة » ، ويعتبر ابن خلدون أول من أبرز معنى الحضارة كما ذكرنا سابقا ، وهو ما جاء فى قوله تعالى : ﴿ هُوَ أَنشَأَكُم مِّنَ ٱلْأَرْضِ وَٱسْتَعْمَرَكُمْ فِيهَا ﴾(١) .

أما تعريف الثقافة بأنها تهذيب النفس الإنسانية ، فهو المفهوم الذى جاء به صمويل كولردج فى مرحلة البحث الأولى عن مفهوم جديد - يحل محل المعتقدات المسيحية المفتقدة بعد سيطرة العلمانية وسيادتها - أطلق عليه Culture (تهذيب) و Cultivated (مهذب) فى الفترة الممتدة من ١٧٨٠ إلى ١٨٥٠م ، وبعد ذلك تم ترجمة كلمة « Culture » إلى كلمة « ثقافة » بواسطة سلامة موسى . وفى ذلك الوقت اعتبرت الـ Culture هى عملية تهذيب النفس والعقل كما ذكرنا سابقا .

٣ - ويعرف الأستاذ على عياد الثقافة بأنها : « هى السلوك بمعنى كيف نتصرف التصرف المناسب فى الوقت المناسب ، فإذا كنت مسافرا لوطن غير وطنك

(١) هود : ٦١.

فمن المستحب أن يكون لديك قدر من المعرفة بأبجديات لغة هذا الوطن وأنماط السلوك فيه ، أى معرفة شيء من ثقافة هذا الوطن والمباح والممنوع فى سلوكيات شعبه وأبعاد سياسته الوطنية ، ولأن الثقافة سلوك، فإنها بهذه المثابة لا تحمل معنى التخصص الدقيق فى حالة العلوم أو الأدب مثلا »[(١)] .

وهو هنا يأخذ بالتعريف الذى ظهر فى أوربا فى أوائل القرن العشرين على يد بعض الأنثروبولوجيين، والذى أخذ به إليوت بعد ذلك ، واعتبرت الثقافة هى طريقة حياة المجتمع .

٤ - ويعرف المرحوم الدكتور أحمد صدقى الدجانى الثقافة فيقول : «الثقافة فى أبسط تعريفاتها هى : مجموع عناصر الحياة وأشكالها ومظاهرها فى مجتمع من المجتمعات »[(٢)] .

وهو هنا يأخذ بتعريف الأنثروبولوجيين الأوربيين ، أو ت . س . إليوت فى تعريفه للثقافة بأنها طريقة حياة مجتمع .

٥ - ويقول د. نصر الدين مصباح القاضى عن مفهوم الثقافة عند بعض الباحثين المسلمين : « يحدد بعض الباحثين المسلمين الثقافة اصطلاحا بأنها هى المعرفة التى تؤخذ عن طريق الأخبار والتلقى والاستنباط بالتاريخ واللغة والفقه والأدب والتفسير والفلسفة والحديث ، من حيث إن التاريخ هو التفسير الواقعى للحياة، والأدب هو التصوير الشعورى للحياة ، والفلسفة هى الفكر الأساسى الذى تبنى عليه وجهة النظر فى الحياة، والتشريع هو المعالجات العملية لمشاكل الحياة والأداة التى يقوم عليها تنظيم علاقات الأفراد والجماعات »[(٣)] .

---

(١) على عياد ، مقال بجريدة الأهرام تحت عنوان: « اجتهادات فى مفهوم الثقافة » ، فى ٢٠٠٥/١/٨م .

(٢) الدكتور أحمد صدقى الدجاني، مقال بجريدة الأهرام تحت عنوان : « السياسات الثقافية الغربية » ، فى ٢٠٠٣/٣/٢٤م .

(٣) د. نصر الدين مصباح القاضى ،كتاب « منهج الإسلام فى مواجهة التحديات المعاصرة » ، دار الفكر العربي ، ٢٠٠٢م .

وهذا التعريف لمفهوم الثقافة لا يأخذ بالمنهج الأوربي وتعريفاته للثقافة بل له منحى مخالف للتعريفات العلمانية الأوربية والأمريكية ، كما أنه لا يأخذ بالمفاهيم البوذية أو الهندوسية لمعنى الثقافة . وهو ينطلق من مفهوم إسلامي لمعنى الثقافة حسب تصور المؤلف د. نصر الدين مصباح القاضي وبعض الباحثين المسلمين .

٦ - وهناك تعريفات لمفهوم الثقافة لا تأخذ بالتعريفات التاريخية التى سار فيها المفهوم الأوربي، ولكنها تنقل عن العلمانية المادية المعاصرة التى تعتبر الثقافة تراكم خبرات . يقول د. حامد عبد الرحيم : « وفي يقينى أن الثقافة لا تنشأ من فراغ ، بل هى نتاج خبرات إنسانية تراكمية متفق عليها نسبيا ، ومع مرور الزمن تصبح المرجع الأساسى للعقل الجمعى للمجتمعات التى تتحكم فى التصرفات والسلوك وتتطور وفقا للتطور التاريخى للحياة ... » [١] .

هذا المفهوم لمعنى الثقافة يمثل بعض الآراء العلمانية الغربية الحالية لتعريف الثقافة ، مع أن كثيرا من المفكرين الغربيين الآن يحاولون العودة للثقافة المسيحية وخاصة فى أمريكا .

(ب) تعريف الثقافة من منظور إسلامى

يمكن وضع التعريف التالى لثقافتنا الإسلامية :

« الثقافة الإسلامية هى ثقافة المجتمعات الإسلامية، وهى الثقافة التى أوجدها الدين الإسلامى والتى تأصلت وترسخت وتجذرت فى المجتمعات الإسلامية ، وبذلك فهى مغروسة ومتجذرة فى نفوس وقلوب وعقول المسلمين وتبسط سيطرتها وسيادتها على الجميع بما فيهم الأقليات الدينية فى المجتمع ، ولكنها لا تحرمهم من حرية ممارساتهم الدينية ، كما أنها تعترف للأقليات الدينية بحقهم فى التمتع بثقافتهم الخاصة دون محاولة فرض ثقافتهم الخاصة على المجتمع الإسلامى».

---

(١) الدكتور حامد عبد الرحيم ، مقال بجريدة الأهرام تحت عنوان : « التنوع الثقافى وكيف نعيش معا » ، ٢٠٠٥/٥/٢٠م .

وهذا التعريف مبنى على حقائق جاء بها الدين الإسلامى، كـما جـاءت فى القرآن الكـريم والسنة النبوية الصحيحة .

وكل جماعة من المسلمين ، وكل مجتمع إسلامى - يؤمن كل أفراده أو الأغلبية من أفراده بالدين الإسلامى - لهم نفس الأسس والمفاهيم الثقافية الإسلامية .

ومع أن الثقافة الإسلامية تبسـط سيطرتها عـلى المجتمعـات الإسلامية إلا أنهـا تسـمح للأقليات الدينية بحق ممارسة معتقداتهم وثقافاتهم تحـت مظلـة وسـيطرة الثقافة الإسلامية، مثلها فى ذلك مثل الثقافات الأخرى فى المجتمعات الغربية والهندية والصينية، وإن كانت بعـض تلك المجتمعات الأخيرة تضيـق عـلى الأقليات المسلمة وتمنعهـا مـن حرية ممارسـة عقائـدها ومفاهيمها الثقافية ، مثل : قضية الحجاب فى فرنسا ، ومهاجمة الإسلام فى بعض البـلاد الأوربية ، واضطهاد الأقليات المسلمة فى بعض الدول البوذية والهندوسية فى آسـيا .

إن تطبيق أحكام الشريعة الإسلامية فى الدول العربية والإسلامية تعتبر الأساس الوحيد لوحـدة العالم الإسلامى، ليس ثقافيا فقط بل ثقافيا واقتصاديا وسياسيا واجتماعيا.

وهذا التعريف الذى أوردناه للثقافة الإسلامية يمكن تطبيقه وتعميمه بالنسبة للثقافات الأخرى ، فيكون تعريف الثقافة بصفة عامة كالآتى :

« الثقافة هى مفاهيم ومعطيات جاء بها الاعتقاد الدينى الـذى يسـود فى مجتمـع مـن المجتمعات سواء كان هذا الاعتقاد - الذى يؤمن به كل أو أغلب أفراد المجتمع - دينا سماويا أو دينا غير سماوى أو اعتقادا ماديا لا دينى ، وهذه المفاهيم والمعطيـات التى جاء بهـا الاعتقاد الدينى هى التى تشكل الجانب غير المرئى من الثقافة مثل النواحى الروحية والانفعاليـة ، كمـا أن الجانب المرئى من الثقافة مثل: الإنتاج الأدبى والفنى والفكرى يصطبغ بهـا ولا يخـرج عنهـا ، كما أن بعض الجوانب المشتركة بين الثقافات تصطبغ بها » .

(جـ) تعريف الحضارة عند بعض المفكرين العرب المعاصرين

جاء فى المعجم الفلسفى : « إن الحضارة هى جملة مظاهر الرقى العلمى والفنى والأدبى التى تنتقل من جيل إلى جيل فى مجتمع أو مجتمعات متشابهة »[١] .

ويعرف الدكتور حسين مؤنس الحضارة بقوله : « الحضارة هى ثمرة كل جهد يقوم به الإنسان لتحسين ظروف حياته سواء أكان الجهد المبذول للوصول إلى تلك الثمرة مقصودا أم غير مقصود ، وسواء أكانت الثمرة مادية أم معنوية »[٢] .

ويقول دكتور أحمد عبد الرحيم السايح عن الحضارة فى مقال له : « فالحضارة بكل بساطة معناها بذل للمجهود بوصفنا كائنات إنسانية من أجل تكميل النوع الإنسانى وتحقيق التقدم من أى نوع فى أحوال الإنسانية وأحوال العالم الواقعى . إن الحضارة تنشأ حينما يستلهم الناس عزما واضحا صادقا على بلوغ التقدم ويكرمون أنفسهم تبعا لذلك لخدمة الحياة وخدمة العالم ، والحضارة باختصار شديد هى جملة المظاهر المعنوية التى يخلفها التاريخ ، والتى تبقى فى المجتمع على مر الأيام دليلا على القدرات الذهنية المميزة وتعبيرا عن روح هذا المجتمع والشعب الذى يمثلها »[٣] .

ويعرف دكتور حامد عبد الرحيم عيد الحضارة بقوله : « الحضارة فى عموم معناها تعنى مجموع الجهد الإنسانى المؤدى إلى الرقى والتقدم فى شتى مجالات الحياة»[٤] .

---

(١) المعجم الفلسفى ، إصدار مجمع اللغة العربية ، القاهرة ، ١٩٧٩م .

(٢) د. حسين مؤنس، « الحضارة »، إصدار عالم المعرفة ، الكويت، ١٩٧٨م .

(٣) الدكتور أحمد عبد الرحيم السايح ، مقال بجريدة الوفد تحت عنوان: « الحضارة وضرورات الحياة» ، ٢٠٠٦/٦/٢٦م .

(٤) الدكتور حامد عبد الرحيم، مقال بجريدة الأهرام تحت عنوان : « التنوع الثقافى وكيف نعيش معا» ، ٢٠٠٥/٥/٢٠م .

ويعرف الدكتور محمد محمد عبد القادر الخطيب الحضارة الإسلامية بأنها : « كـل إنتـاج روحى أو مادى ينسب إلى الشعوب التى دخلت فى الإسلام وتشربت الحياة الإسلامية »[1] .

(د) تعريف الحضارة من منظور إسلامى

يمكن وضع التعريف التالى لحضارتنا الإسلامية :

« الحضارة الإسلامية هى حضارة المجتمعات الإسلامية ، وهى الحضارة التى أوجدها الـدين الإسلامى ، فهى تستمد مفاهيمها وأسسها من القرآن الكريم والسنة النبوية الصحيحة ، والحضارة الإسلامية قامت مع قيام الدين الإسلامى وتأصلت وترسخت مفاهيمها فى المجتمعات الإسلامية منـذ البعثة النبوية الشريفة وحتى الآن ، وهى تبسط سيطرتها وسيادتها على الإنتاج فى مجال الحضارة ، فيجب أن يحمل هذا الإنتاج المفاهيم الإسلامية » .

ويمكن وضع التعريف التالى للحضارة بصفة عامة :

« الحضارة هى مفاهيم ومعطيات أوجدها الاعتقاد الـدينى فى مجتمـع مـن المجتمعـات نتيجة لإيمان هـذا المجتمـع بهذا الاعتقاد الـدينى ، والإنتاج فى مجال الحضارة يحمـل هذه المفاهيم والمعطيات التى أوجدها الاعتقاد الدينى ، والإنتاج فى مجال الحضارة بـه جزء مشترك بين الحضارات مثل العلوم الطبيعية والتكنولوجيا ... فليس هناك رياضيات إسلامية أو رياضيات بوذية أو رياضيات هندوسية أو رياضيات علمانية غربيـة مـثلا ، والإنتاج فى مجـال الحضارة يشمل الإنتاج فى مجال الثقافة » .

---

(١) د. محمـد محمـد عبـد القـادر الخطيـب ، كتـاب « دراسـات فى تـاريخ الحضارة الإسلامية » ، مطبعـة الحسـين، القاهرة،١٤١١هـ - ١٩٩١م .

ولتوضيح هذا التعريف :

أسس ومفاهيم كل من الثقافة والحضارة مستمدة من الاعتقاد الدينى الذى يدين به مجتمع من المجتمعات والإنتاج فى مجال كل من الثقافة والحضارة ، حيث يصطبغ بهذه الأسس والمفاهيم - أو يجب أن يصطبغ بها - حتى يمكن الحكم بانتسابه لهذه الحضارة ، غير أننا نجد خلطا فى الإنتاج الثقافى والحضارى فى كثير من الأحيان - خاصة عند بعض المفكرين العرب المعاصرين - وذلك راجع لعدم بلورة مفهوم الثقافة ومفهوم الحضارة حتى الآن عند كثير من المفكرين سواء فى الغرب أو الشرق.

والدليل على ذلك أن كثيرا من المخترعات العلمية يحكم عليها بالانتساب لهذه الحضارة أو تلك بسبب الدولة التى اخترعت فيها ، مع أنها تعد مما هو مشترك عام بين الحضارات . فعلم الجبر مثلا اخترعه العالم المسلم الخوارزمي، ولكن لا يمكن القول أن هناك علم جبر إسلامى وعلم جبر بوذى وعلم جبر غربى علمانى، مع أن الخوارزمى رجل مسلم وعلم الجبر تم اختراعه فى دولة إسلامية ، وأيضا تلك الاختراعات والمكتشفات العلمية فى أوربا وأمريكا الآن لا يمكن القول بأنها تنتسب إلى الحضارة الغربية العلمانية المعاصرة - كما يعتقد كثير من المثقفين - ولكن تلك المكتشفات والمخترعات العلمية تعد مما هو مشترك عام بين الحضارات كما سنتناوله بالتفصيل فيما بعد .

* * *

خلاصــــة

١- هناك تعريفات عديدة لكثير من المفكرين العرب لمفهوم الثقافة ، وكثير من هذه التعريفات تأخذ بالتعريفات الغربية العلمانية - عبر مراحل تطورها - وبعضها يحور هذه التعريفات لتستوعب المفهوم الإسلامى للثقافة ، والبعض الآخر يستخدم هذه التعريفات بمفهومها العلمانى .

وقد ذكرت بعض هذه التعريفات وأوضحت مدى ارتباطها بالمفهوم العلمانى الغربى للثقافة . أما تعريف الثقافة من منظور إسلامى فهو مذكور فى البحث .

٢- وبالنسبة لتعريف الحضارة عند بعض المفكرين العرب المعاصرين ، فإن بعض هذه التعريفات جاء مستقلا عن التعريفات الأوربية والأمريكية إلى حد بعيد، وبعضها جاء على نسق التعريفات الغربية .

أما تعريف الحضارة من منظور إسلامى فقد ذكرته وأوضحت جوانبه المختلفة .

٣- وقد تم إلقاء الضوء على ارتباط الثقافة بالإنتاج الثقافى ، وخاصة فى مجال الأدب والفنون ، وما يجب أن نقوم به من إنتاج ثقافى متميز يحمل مفاهيمنا ومعطياتنا الإسلامية .

* * *

الباب الثالث
الدين الإسلامى والثقافة والحضارة

الفصل الأول

المقومات الأساسية التى جاء بها الدين الإسلامى
وقامت عليها الثقافة والحضارة الإسلامية .

الفصل الثاني

هل الحضارات الجديدة تقوم بقيام اعتقاد دينى جديد ؟...
وهل تنهار الحضارات بانهيار الاعتقاد الدينى الذى قامت عليه ؟

الفصل الأول

المقومات الأساسية التى جاء بها الدين الإسلامى

وقامت عليها الثقافة والحضارة الإسلامية

مقدمـة :

كان لا بد من تناول العقيدة الإسلامية والشريعة الإسلامية والأخلاق الإسلامية فى القرآن الكريم ، وقبس يسير من السيرة النبوية العطرة وذلك لكى نبين الأسس التى تربى عليها صحابة رسول الله ﷺ عند بدء الدعوة .

ذلك لأنه من هؤلاء الأفراد القلائل الذين آمنوا برسول اللــه ﷺ وبما جاء بـه تكونت النواة التى كانت لب المجتمع الإسلامى الذى قام فى المدينة المنورة ، وهو المجتمع الذى تشكل على الإسلام وعلى رؤيته ، وتشكلت أخلاقياته وسلوكيات أفراده ، وتشكلت مقاييسه ومفاهيمه الإسلامية فى جميع مجالات الحياة بما فيها مفاهيم ثقافته ومفاهيم حضارته الإسلامية التــى جاءت حسب ما جاء فى القرآن الكريم والسنة النبوية الصحيحة .

والقرآن الكريم أنزله اللـه سبحانه وتعالى على رسول اللــه ﷺ مفرقا ، فكان النبى ﷺ يعلمه لأصحابه ويبين لهم ما كان خافيا عليهم من معانيه ويقومون بتنفيذ كل ما جاء بـه ، فكان صحابة رسول اللـه ﷺ يتربون تربية عملية على نهج الإسلام كما جاء فى القرآن والسنة النبــوية .

فالقرآن الكــريم جـاء للتطبيـق العمـلى فى حياة الفرد وحياة الجماعـة وحياة الأمـة ، والمجتمع الإسلامى الذى قام فى المدينة المنورة قام ومعه رؤيته الإسلامية ومفاهيمه الإسلامية فى جميع مجالات الحياة ، ومنها الثقافة والحضارة .

فالفرد المسلم عندما كان يؤلف عملا ثقافيا- قصيدة شعر مثلا - أو يقوم بعمل فى مجال الحضارة - مثل النواحي: السياسية أو الاقتصادية أو الاجتماعية - فإنه يفهم جيدا ويؤمن بما جاء به الإسلام عن هذه المجالات التى يتناولها ، ومن ثم فهو ملتزم بما جاء به الإسلام .

أولا : العقيدة الإسلامية فى القرآن الكريم

الدين الإسلامى آخر الرسالات السماوية ، وهو دين شامل وعالمى ، يقول تعالى: ﴿ قُولُوٓاْ ءَامَنَّا بِٱللَّهِ وَمَآ أُنزِلَ إِلَيۡنَا وَمَآ أُنزِلَ إِلَىٰٓ إِبۡرَٰهِـۧمَ وَإِسۡمَٰعِيلَ وَإِسۡحَٰقَ وَيَعۡقُوبَ وَٱلۡأَسۡبَاطِ وَمَآ أُوتِيَ مُوسَىٰ وَعِيسَىٰ وَمَآ أُوتِيَ ٱلنَّبِيُّونَ مِن رَّبِّهِمۡ لَا نُفَرِّقُ بَيۡنَ أَحَدٖ مِّنۡهُمۡ وَنَحۡنُ لَهُۥ مُسۡلِمُونَ ﴾ [1] .

ونحن على ملة سيدنا إبراهيم نوحد الله ونعبده بالمفهوم الشامل للعبادة ، يقول تعالى : ﴿ قُلۡ إِنَّنِي هَدَىٰنِي رَبِّيٓ إِلَىٰ صِرَٰطٖ مُّسۡتَقِيمٖ دِينٗا قِيَمٗا مِّلَّةَ إِبۡرَٰهِيمَ حَنِيفٗاۚ وَمَا كَانَ مِنَ ٱلۡمُشۡرِكِينَ ﴿١٦١﴾ قُلۡ إِنَّ صَلَاتِي وَنُسُكِي وَمَحۡيَايَ وَمَمَاتِي لِلَّهِ رَبِّ ٱلۡعَٰلَمِينَ ﴿١٦٢﴾ لَا شَرِيكَ لَهُۥۖ وَبِذَٰلِكَ أُمِرۡتُ وَأَنَا۠ أَوَّلُ ٱلۡمُسۡلِمِينَ ﴿١٦٣﴾ ﴾ [2] .

فالعبادة بمفهومها الشامل الذى أراده الله عز وجل هى أن تشمل كل نشاط فى حياة الإنسان ، فالمؤمن الصادق الإيمان الذى يؤدى عمله بإخلاص لا يبغى بذلك إلا وجه الله يكون قد حقق مفهوم العبودية . وتحقيق العبودية لله عز وجل يكون بتأدية الصلاة والصوم والزكاة والحج لمن استطاع إليه سبيلا ، ويكون بالسلوك الإسلامى بين الناس ، وفى تأدية العمل بإخلاص والتعامل مع الناس ومع الأسرة

(١) البقرة : ١٣٦ .

(٢) الأنعام : ١٦١-١٦٣ .

والعشيرة والإخوان بما يرضى الله ، فالعبادة تشمل كل نشاط فى حياة الإنسان . فالله عز وجل يقول: ﴿ وَمَا خَلَقْتُ ٱلْجِنَّ وَٱلْإِنسَ إِلَّا لِيَعْبُدُونِ ﴾[1].

فالعبادة بمفهومها الواسع هى الهدف الذى خلق الله الإنسان من أجله .

والقرآن الكريم كتاب الله أنزله الله عز وجل على رسول الله ﷺ ، يقول تعالى:﴿ وَإِنَّهُۥ لَتَنزِيلُ رَبِّ ٱلْعَٰلَمِينَ ﴿١٩٢﴾ نَزَلَ بِهِ ٱلرُّوحُ ٱلْأَمِينُ ﴿١٩٣﴾ عَلَىٰ قَلْبِكَ لِتَكُونَ مِنَ ٱلْمُنذِرِينَ ﴿١٩٤﴾ بِلِسَانٍ عَرَبِىٍّ مُّبِينٍ ﴿١٩٥﴾ ﴾[2].

وقد جاءت آيات القرآن الكريم بالعقيدة الإسلامية فى وضوح تام ، والقرآن المكى ظل يتنزل على رسول الله ﷺ يحدثه عن قضية واحدة لا تتغير ، ولكن بطريقة عرض لا تكاد تتكرر ، وهذه القضية هى قضية العقيدة الإسلامية ، وهى القضية الكبرى والأساسية فى الإسلام .

وآيات القرآن الكريم تواجه أخلاط شتى من المنكرين لوجود الله : ﴿ وَقَالُوا۟ مَا هِىَ إِلَّا حَيَاتُنَا ٱلدُّنْيَا نَمُوتُ وَنَحْيَا وَمَا يُهْلِكُنَآ إِلَّا ٱلدَّهْرُ ۚ وَمَا لَهُم بِذَٰلِكَ مِنْ عِلْمٍ ۖ إِنْ هُمْ إِلَّا يَظُنُّونَ ﴾[3].

ومن الكافرين المتكبرين :﴿ وَقَالَ ٱلَّذِينَ لَا يَرْجُونَ لِقَآءَنَا لَوْلَآ أُنزِلَ عَلَيْنَا ٱلْمَلَٰٓئِكَةُ أَوْ نَرَىٰ رَبَّنَا ۗ لَقَدِ ٱسْتَكْبَرُوا۟ فِىٓ أَنفُسِهِمْ وَعَتَوْ عُتُوًّا كَبِيرًا ﴿٢١﴾ يَوْمَ يَرَوْنَ ٱلْمَلَٰٓئِكَةَ لَا بُشْرَىٰ يَوْمَئِذٍ لِّلْمُجْرِمِينَ وَيَقُولُونَ حِجْرًا مَّحْجُورًا ﴿٢٢﴾ ﴾[4].

(١) الذاريات : ٥٦ .
(٢) الشعراء : ١٩٢-١٩٥ .
(٣) الجاثية : ٢٤ .
(٤) الفرقان : ٢١، ٢٢ .

وأخلاط من الكافرين الجاهلين : ﴿ وَقَالَ ٱلَّذِينَ لَا يَعْلَمُونَ لَوْلَا يُكَلِّمُنَا ٱللَّهُ أَوْ تَأْتِينَآ ءَايَةٌۗ كَذَٰلِكَ قَالَ ٱلَّذِينَ مِن قَبْلِهِم مِّثْلَ قَوْلِهِمْۘ تَشَٰبَهَتْ قُلُوبُهُمْۗ قَدْ بَيَّنَّا ٱلْءَايَٰتِ لِقَوْمٍ يُوقِنُونَ ﴾[1]. وأصناف من الكافرين المنكرين للآخرة والحساب :﴿ وَقَالُوٓاْ إِنْ هِىَ إِلَّا حَيَاتُنَا ٱلدُّنْيَا وَمَا نَحْنُ بِمَبْعُوثِينَ ﴾[2]. ثم هؤلاء الكافرين المكذبين بمجيء الساعة والذين لا يعلمون ماذا يحل بهم فى غدهم القريب ، و الله سبحانه هو العليم بالغيب : ﴿ وَقَالَ ٱلَّذِينَ كَفَرُواْ لَا تَأْتِينَا ٱلسَّاعَةُۖ قُلْ بَلَىٰ وَرَبِّى لَتَأْتِيَنَّكُمْ عَٰلِمِ ٱلْغَيْبِۖ لَا يَعْزُبُ عَنْهُ مِثْقَالُ ذَرَّةٍ فِى ٱلسَّمَٰوَٰتِ وَلَا فِى ٱلْأَرْضِ وَلَآ أَصْغَرُ مِن ذَٰلِكَ وَلَآ أَكْبَرُ إِلَّا فِى كِتَٰبٍ مُّبِينٍ ﴾[3]. والذين ينكرون الآخرة ويقولون: ﴿ لَا تَأْتِينَا ٱلسَّاعَةُۖ ﴾ ، فيرد عليهم مؤكدا:﴿ قُلْ بَلَىٰ وَرَبِّى لَتَأْتِيَنَّكُمْ ﴾ وهم لا يعلمون الغيب فهو سبحانه : ﴿ عَٰلِمِ ٱلْغَيْبِۖ ﴾ .

وكما يقول سيد قطب فى الظلال : أقرب تفسير لقوله تعالى :﴿ إِلَّا فِى كِتَٰبٍ مُّبِينٍ ﴾ أنه علم الله الذى يقيد كل شيء ولا ينفد عنه مثقال ذرة فى السماوات ولا فى الأرض ولا أصغر من ذلك ولا أكبر . ومن المنكرين لرسالة محمد ﷺ يقول تعالى : ﴿ وَيَقُولُ ٱلَّذِينَ كَفَرُواْ لَسْتَ مُرْسَلًاۚ قُلْ كَفَىٰ بِٱللَّهِ شَهِيدًۢا بَيْنِى وَبَيْنَكُمْ وَمَنْ عِندَهُۥ عِلْمُ ٱلْكِتَٰبِ ﴾[4] ، وقوله تعالى : ﴿ وَقَالُواْ يَٰٓأَيُّهَا ٱلَّذِى نُزِّلَ عَلَيْهِ ٱلذِّكْرُ إِنَّكَ لَمَجْنُونٌ ﴾[5] .

---

(١) البقرة : ١١٨.
(٢) الأنعام : ٢٩.
(٣) سبأ : ٣.
(٤) الرعد: ٤٣ .
(٥) الحجر : ٦ .

ومن هؤلاء الكافرين من ينكر رسالة الرسل بل ويستهزؤون بالرسل كما استهزأ وأنكر الذين سبقوهم : ﴿ وَلَقَدْ أَرْسَلْنَا مِن قَبْلِكَ فِي شِيَعِ ٱلْأَوَّلِينَ ﴿١٠﴾ وَمَا يَأْتِيهِم مِّن رَّسُولٍ إِلَّا كَانُوا۟ بِهِۦ يَسْتَهْزِءُونَ ﴿١١﴾ كَذَٰلِكَ نَسْلُكُهُۥ فِي قُلُوبِ ٱلْمُجْرِمِينَ ﴿١٢﴾ لَا يُؤْمِنُونَ بِهِۦ ۖ وَقَدْ خَلَتْ سُنَّةُ ٱلْأَوَّلِينَ ﴿١٣﴾ ﴾[1].

وهؤلاء المنكرين الجاحدين لا يؤمنون حتى لو جاءتهم آية عقلية يرونها ويباشرونها - فقد جبلت قلوبهم وعقولهم على الكفر - فإنهم يعتبرون أنفسهم قد سحروا : ﴿ وَلَوْ فَتَحْنَا عَلَيْهِم بَابًا مِّنَ ٱلسَّمَآءِ فَظَلُّوا۟ فِيهِ يَعْرُجُونَ ﴿١٤﴾ لَقَالُوٓا۟ إِنَّمَا سُكِّرَتْ أَبْصَٰرُنَا بَلْ نَحْنُ قَوْمٌ مَّسْحُورُونَ ﴿١٥﴾ ﴾[2].

ومنهم الذين يثبتون وجود الله وينكرون رسالات الرسل : ﴿ وَمَا قَدَرُوا۟ ٱللَّهَ حَقَّ قَدْرِهِۦٓ إِذْ قَالُوا۟ مَآ أَنزَلَ ٱللَّهُ عَلَىٰ بَشَرٍ مِّن شَىْءٍ ۗ قُلْ مَنْ أَنزَلَ ٱلْكِتَٰبَ ٱلَّذِى جَآءَ بِهِۦ مُوسَىٰ نُورًا وَهُدًى لِّلنَّاسِ ۖ تَجْعَلُونَهُۥ قَرَاطِيسَ تُبْدُونَهَا وَتُخْفُونَ كَثِيرًا ۖ وَعُلِّمْتُم مَّا لَمْ تَعْلَمُوٓا۟ أَنتُمْ وَلَآ ءَابَآؤُكُمْ ۖ قُلِ ٱللَّهُ ۖ ثُمَّ ذَرْهُمْ فِى خَوْضِهِمْ يَلْعَبُونَ ﴾[3]. وآيات أخرى كثيرة تبين موقف هؤلاء الكافرين والمشركين على مر العصور وفى كل زمان وفى زماننا هذا الذى نعيشه .

وقد جاءت آيات القرآن الكريم لتجابه هؤلاء وتقيم حربا عليهم ، وعدتها فى ذلك مخاطبة العقل والقلب بأدلة عقلية تفضح أباطيلهم وترد على شبهاتهم .

وقد جاءت آيات القرآن الكريم لترد على هؤلاء الأنواع المتعددة من المنكرين لوجود الله سبحانه وتعالى، ومن المنكرين لوجود الآخرة والقيامة والبعث،

(١) الحجر : ١٠-١٣.
(٢) الحجر : ١٤ ، ١٥.
(٣) الأنعام : ٩١ .

والمكذبين برسالات الرسل ورسالة سيدنا محمد ﷺ والمشركين الذين يشركون فى عبادته سبحانه وتعالى أصناما لا تعقل .

وتجيء آيات القرآن الكريم لتبرهن بدلائل قاطعة دامغة على كذب هؤلاء وجهلهم وتكبرهم وانحرافهم :

ففى مجال خلق الله للسماوات والأرض وخلق الإنسان يقول تعالى : ﴿ وَمِنْ ءَايَـٰتِهِۦ خَلْقُ ٱلسَّمَـٰوَٰتِ وَٱلْأَرْضِ وَٱخْتِلَـٰفُ أَلْسِنَتِكُمْ وَأَلْوَٰنِكُمْ ۚ إِنَّ فِى ذَٰلِكَ لَـَٔايَـٰتٍ لِّلْعَـٰلِمِينَ ﴾[1]. وقوله تعالى :﴿ أَلَمْ نَجْعَلِ ٱلْأَرْضَ مِهَـٰدًا ﴿٦﴾ وَٱلْجِبَالَ أَوْتَادًا ﴿٧﴾ وَخَلَقْنَـٰكُمْ أَزْوَٰجًا ﴿٨﴾ وَجَعَلْنَا نَوْمَكُمْ سُبَاتًا ﴿٩﴾ وَجَعَلْنَا ٱلَّيْلَ لِبَاسًا ﴿١٠﴾ وَجَعَلْنَا ٱلنَّهَارَ مَعَاشًا ﴿١١﴾ وَبَنَيْنَا فَوْقَكُمْ سَبْعًا شِدَادًا ﴿١٢﴾ وَجَعَلْنَا سِرَاجًا وَهَّاجًا ﴿١٣﴾ وَأَنزَلْنَا مِنَ ٱلْمُعْصِرَٰتِ مَآءً ثَجَّاجًا ﴿١٤﴾ لِّنُخْرِجَ بِهِۦ حَبًّا وَنَبَاتًا ﴿١٥﴾ وَجَنَّـٰتٍ أَلْفَافًا ﴿١٦﴾ إِنَّ يَوْمَ ٱلْفَصْلِ كَانَ مِيقَـٰتًا ﴿١٧﴾ يَوْمَ يُنفَخُ فِى ٱلصُّورِ فَتَأْتُونَ أَفْوَاجًا ﴿١٨﴾ ﴾[2].

وهذه الآيات الكريمة من سورة النبأ براهين وأدلة قوية عن خلق الأرض والجبال والإنسان ودلائل القدرة الإلهية فى مظاهر الكون فى الوظائف المختلفة للمخلوقات والحكمة الإلهية من ذلك ﴿ ٱلْأَرْضَ مِهَـٰدًا ﴾ و ﴿ وَٱلْجِبَالَ أَوْتَادًا ﴾ و ﴿ وَخَلَقْنَـٰكُمْ أَزْوَٰجًا ﴾ لحفظ الأحياء وحفظ الأنواع ﴿ وَجَعَلْنَا ٱلنَّهَارَ مَعَاشًا ﴾ للنشاط والحركة والسعى فى طلب الرزق ﴿ وَجَعَلْنَا ٱلَّيْلَ لِبَاسًا ﴾ للراحة ، وآيات كثيرة تبرهن على خلق الكون والإنسان منها ﴿ أَمْ خُلِقُوا۟ مِنْ غَيْرِ شَىْءٍ أَمْ هُمُ ٱلْخَـٰلِقُونَ ﴿٣٥﴾

(١) الروم : ٢٢ .

(٢) النبأ : ٦-١٨ .

أُمْ خَلَقُوا ٱلسَّمَـٰوَٰتِ وَٱلْأَرْضَ بَل لَّا يُوقِنُونَ ﴿٣٦﴾ ﴾ (١) وهو سبحانه الذى خلق الإنسان والمخلوقات الحية من المادة الميتة التى ليست فيها حياة : ﴿ يُخْرِجُ ٱلْحَىَّ مِنَ ٱلْمَيِّتِ وَيُخْرِجُ ٱلْمَيِّتَ مِنَ ٱلْحَىِّ وَيُحْيِ ٱلْأَرْضَ بَعْدَ مَوْتِهَا وَكَذَٰلِكَ تُخْرَجُونَ ﴾ (٢). ويقول تعالى : ﴿ فَٱسْتَفْتِهِمْ أَهُمْ أَشَدُّ خَلْقًا أَم مَّنْ خَلَقْنَا إِنَّا خَلَقْنَـٰهُم مِّن طِينٍ لَّازِبٍ ﴾ (٣).

ومن آياته سبحانه وتعالى التى تفحم المعاندين الكافرين اختلاف الألوان فى مخلوقاته يقول تعالى : ﴿ أَلَمْ تَرَ أَنَّ ٱللَّهَ أَنزَلَ مِنَ ٱلسَّمَآءِ مَآءً فَأَخْرَجْنَا بِهِۦ ثَمَرَٰتٍ مُّخْتَلِفًا أَلْوَٰنُهَا وَمِنَ ٱلْجِبَالِ جُدَدٌ بِيضٌ وَحُمْرٌ مُّخْتَلِفٌ أَلْوَٰنُهَا وَغَرَابِيبُ سُودٌ ﴿٢٧﴾ وَمِنَ ٱلنَّاسِ وَٱلدَّوَآبِّ وَٱلْأَنْعَـٰمِ مُخْتَلِفٌ أَلْوَٰنُهُۥ كَذَٰلِكَ إِنَّمَا يَخْشَى ٱللَّهَ مِنْ عِبَادِهِ ٱلْعُلَمَـٰٓؤُاْ إِنَّ ٱللَّهَ عَزِيزٌ غَفُورٌ ﴿٢٨﴾ ﴾ (٤).

وعقيدة التوحيد وهى روح العقيدة الإسلامية وهى القضية التى هزت المجتمع القرشى من الأعماق .. توحيد الربوبية وتوحيد الألوهية وتوحيد الأسماء والصفات، يقول تعالى : ﴿ إِنَّهُمْ كَانُوٓا۟ إِذَا قِيلَ لَهُمْ لَآ إِلَـٰهَ إِلَّا ٱللَّهُ يَسْتَكْبِرُونَ ﴾ (٥). وقوله تعالى : ﴿ فَٱعْلَمْ أَنَّهُۥ لَآ إِلَـٰهَ إِلَّا ٱللَّهُ وَٱسْتَغْفِرْ لِذَنۢبِكَ وَلِلْمُؤْمِنِينَ وَٱلْمُؤْمِنَـٰتِ وَٱللَّهُ يَعْلَمُ مُتَقَلَّبَكُمْ وَمَثْوَىٰكُمْ ﴾ (٦).

« لا إله إلا الله » أشعلت النار فى قلوب المشركين ، وأعلنوها حربا على رسول الله ﷺ وصحبه الكرام ، وما كان من إيذاء وتعذيب للمسلمين فى مكة .

---

(١) الطور : ٣٥ ، ٣٦ .
(٢) الروم : ١٩ .
(٣) الصافات : ١١ .
(٤) فاطر : ٢٧ ، ٢٨ .
(٥) الصافات : ٣٥ .
(٦) محمد : ١٩ .

والقرآن الكريم يقيم الأدلة على التوحيد بصور شتى ، ومنها : ﴿ لَوْ كَانَ فِيهِمَآ ءَالِهَةٌ إِلَّا ٱللَّهُ لَفَسَدَتَا ۚ فَسُبْحَـٰنَ ٱللَّهِ رَبِّ ٱلْعَرْشِ عَمَّا يَصِفُونَ ﴾(١). ، وقوله تعالى : ﴿ مَا ٱتَّخَذَ ٱللَّهُ مِن وَلَدٍ وَمَا كَانَ مَعَهُۥ مِنْ إِلَـٰهٍ ۚ إِذًا لَّذَهَبَ كُلُّ إِلَـٰهٍۭ بِمَا خَلَقَ وَلَعَلَا بَعْضُهُمْ عَلَىٰ بَعْضٍ ۚ سُبْحَـٰنَ ٱللَّهِ عَمَّا يَصِفُونَ ﴾(٢). ، وقوله عز وجل : ﴿ قُل لَّوْ كَانَ مَعَهُۥٓ ءَالِهَةٌ كَمَا يَقُولُونَ إِذًا لَّٱبْتَغَوْا۟ إِلَىٰ ذِى ٱلْعَرْشِ سَبِيلًا ﴾(٣) . أما توحيد الربوبية وهو أن الله هو الرب الخالق الرازق المحيى المميت فكان المشركون يقرون به : ﴿ وَلَئِن سَأَلْتَهُم مَّنْ خَلَقَ ٱلسَّمَـٰوَٰتِ وَٱلْأَرْضَ وَسَخَّرَ ٱلشَّمْسَ وَٱلْقَمَرَ لَيَقُولُنَّ ٱللَّهُ ۖ فَأَنَّىٰ يُؤْفَكُونَ ﴾(٤) .

وقوله تعالى : ﴿ قُلْ مَن يَرْزُقُكُم مِّنَ ٱلسَّمَآءِ وَٱلْأَرْضِ أَمَّن يَمْلِكُ ٱلسَّمْعَ وَٱلْأَبْصَـٰرَ وَمَن يُخْرِجُ ٱلْحَىَّ مِنَ ٱلْمَيِّتِ وَيُخْرِجُ ٱلْمَيِّتَ مِنَ ٱلْحَىِّ وَمَن يُدَبِّرُ ٱلْأَمْرَ ۚ فَسَيَقُولُونَ ٱللَّهُ ۚ فَقُلْ أَفَلَا تَتَّقُونَ ﴾(٥) .

ومع أن المشركين يقرون بربوبية الله تعالى وخلقه لمخلوقاته إلا أن عبادتهم لا تتجه إليه سبحانه فهم يعبدون غيره ، و الله سبحانه وتعالى يقول لهم : ﴿ ذَٰلِكُمُ ٱللَّهُ رَبُّكُمْ فَٱعْبُدُوهُ ۚ أَفَلَا تَذَكَّرُونَ ﴾(٦). ويقول لهم : ﴿ ذَٰلِكُمُ ٱللَّهُ رَبُّكُمْ ۖ لَآ إِلَـٰهَ إِلَّا هُوَ ۖ خَـٰلِقُ كُلِّ شَىْءٍ فَٱعْبُدُوهُ ۚ وَهُوَ عَلَىٰ كُلِّ شَىْءٍ وَكِيلٌ ﴾(٧).

(١) الأنبياء : ٢٢.
(٢) المؤمنون : ٩١ .
(٣) الإسراء : ٤٢ .
(٤) العنكبوت : ٦١ .
(٥) يونس : ٣١ .
(٦) يونس : ٣ .
(٧) الأنعام : ١٠٢ .

ويعرض القرآن الكريم أسماء اللـه الحسنى وصفاته العلى بمناسباتها المختلفة فيربط القلب بالله سبحانه وتعالى .. يقول تعالى :﴿ ٱللَّهُ لَآ إِلَٰهَ إِلَّا هُوَ لَهُ ٱلْأَسْمَآءُ ٱلْحُسْنَىٰ ﴾[1] ، ويقول تعالى :﴿ قُلِ ٱدْعُوا۟ ٱللَّهَ أَوِ ٱدْعُوا۟ ٱلرَّحْمَٰنَ أَيًّا مَّا تَدْعُوا۟ فَلَهُ ٱلْأَسْمَآءُ ٱلْحُسْنَىٰ ۚ وَلَا تَجْهَرْ بِصَلَاتِكَ وَلَا تُخَافِتْ بِهَا وَٱبْتَغِ بَيْنَ ذَٰلِكَ سَبِيلًا ﴾[2] ، ويقول تعالى : ﴿ وَلِلَّهِ ٱلْأَسْمَآءُ ٱلْحُسْنَىٰ فَٱدْعُوهُ بِهَا ۖ وَذَرُوا۟ ٱلَّذِينَ يُلْحِدُونَ فِىٓ أَسْمَٰٓئِهِۦ ۚ سَيُجْزَوْنَ مَا كَانُوا۟ يَعْمَلُونَ ﴾[3] .

ويقول سبحانه : ﴿ هُوَ ٱللَّهُ ٱلَّذِى لَآ إِلَٰهَ إِلَّا هُوَ ۖ عَٰلِمُ ٱلْغَيْبِ وَٱلشَّهَٰدَةِ ۖ هُوَ ٱلرَّحْمَٰنُ ٱلرَّحِيمُ ﴿٢٢﴾ هُوَ ٱللَّهُ ٱلَّذِى لَآ إِلَٰهَ إِلَّا هُوَ ٱلْمَلِكُ ٱلْقُدُّوسُ ٱلسَّلَٰمُ ٱلْمُؤْمِنُ ٱلْمُهَيْمِنُ ٱلْعَزِيزُ ٱلْجَبَّارُ ٱلْمُتَكَبِّرُ ۚ سُبْحَٰنَ ٱللَّهِ عَمَّا يُشْرِكُونَ ﴿٢٣﴾ هُوَ ٱللَّهُ ٱلْخَٰلِقُ ٱلْبَارِئُ ٱلْمُصَوِّرُ ۖ لَهُ ٱلْأَسْمَآءُ ٱلْحُسْنَىٰ ۚ يُسَبِّحُ لَهُۥ مَا فِى ٱلسَّمَٰوَٰتِ وَٱلْأَرْضِ ۖ وَهُوَ ٱلْعَزِيزُ ٱلْحَكِيمُ ﴿٢٤﴾ ﴾[4] .

و اللـه سبحانه وتعالى السميع البصير ليس كمثله شيء ، فهو يصف نفسه فيقول: ﴿ فَاطِرُ ٱلسَّمَٰوَٰتِ وَٱلْأَرْضِ ۚ جَعَلَ لَكُم مِّنْ أَنفُسِكُمْ أَزْوَٰجًا وَمِنَ ٱلْأَنْعَٰمِ أَزْوَٰجًا يَذْرَؤُكُمْ فِيهِ ۚ لَيْسَ كَمِثْلِهِۦ شَىْءٌ ۖ وَهُوَ ٱلسَّمِيعُ ٱلْبَصِيرُ ﴾[5].

وأرسل اللـه سبحانه وتعالى الرسل حاملين للبشر العقيدة الصحيحة :﴿ وَلَقَدْ أَرْسَلْنَا رُسُلًا مِّن قَبْلِكَ مِنْهُم مَّن قَصَصْنَا عَلَيْكَ وَمِنْهُم مَّن لَّمْ نَقْصُصْ عَلَيْكَ ۗ وَمَا كَانَ لِرَسُولٍ أَن يَأْتِىَ بِـَٔايَةٍ إِلَّا بِإِذْنِ ٱللَّهِ ۚ فَإِذَا جَآءَ أَمْرُ ٱللَّهِ قُضِىَ بِٱلْحَقِّ وَخَسِرَ

(١) طه : ٨ .
(٢) الإسراء : ١١٠ .
(٣) الأعراف : ١٨٠ .
(٤) الحشر : ٢٢-٢٤ .
(٥) الشورى : ١١ .

﴿ هُنَالِكَ ٱلْمُبْطِلُونَ ﴾(١) ، وقوله تعالى : ﴿ وَرُسُلًا قَدْ قَصَصْنَٰهُمْ عَلَيْكَ مِن قَبْلُ وَرُسُلًا لَّمْ نَقْصُصْهُمْ عَلَيْكَ ﴾(٢) .

والنبيون والرسل الذين أرسلهم الله سبحانه وتعالى لهداية الناس بشر وليسوا ملائكة : ﴿ قُل لَّوْ كَانَ فِى ٱلْأَرْضِ مَلَٰٓئِكَةٌ يَمْشُونَ مُطْمَئِنِّينَ لَنَزَّلْنَا عَلَيْهِم مِّنَ ٱلسَّمَآءِ مَلَكًا رَّسُولًا ﴾(٣). وأرسل الله سبحانه وتعالى النبى محمد ﷺ نبيا ورسولا وهو خاتم النبيين والرسل : ﴿ مَّا كَانَ مُحَمَّدٌ أَبَآ أَحَدٍ مِّن رِّجَالِكُمْ وَلَٰكِن رَّسُولَ ٱللَّهِ وَخَاتَمَ ٱلنَّبِيِّـۧنَ ۗ وَكَانَ ٱللَّهُ بِكُلِّ شَىْءٍ عَلِيمًا ﴾(٤) . وقوله تعالى : ﴿ وَمَا مُحَمَّدٌ إِلَّا رَسُولٌ قَدْ خَلَتْ مِن قَبْلِهِ ٱلرُّسُلُ ۚ أَفَإِي۟ن مَّاتَ أَوْ قُتِلَ ٱنقَلَبْتُمْ عَلَىٰٓ أَعْقَٰبِكُمْ ۚ وَمَن يَنقَلِبْ عَلَىٰ عَقِبَيْهِ فَلَن يَضُرَّ ٱللَّهَ شَيْـًٔا ۗ وَسَيَجْزِى ٱللَّهُ ٱلشَّٰكِرِينَ ﴾(٥) ., الرسول ﷺ أرسل للناس جميعا فى كل زمان ومكان : ﴿ قُلْ يَٰٓأَيُّهَا ٱلنَّاسُ إِنِّى رَسُولُ ٱللَّهِ إِلَيْكُمْ جَمِيعًا ﴾(٦) .

ويبين الله وظيفة الرسل : ﴿ رُّسُلًا مُّبَشِّرِينَ وَمُنذِرِينَ لِئَلَّا يَكُونَ لِلنَّاسِ عَلَى ٱللَّهِ حُجَّةٌۢ بَعْدَ ٱلرُّسُلِ ۚ وَكَانَ ٱللَّهُ عَزِيزًا حَكِيمًا ﴾(٧) . وقوله تعالى : ﴿ لَقَدْ أَرْسَلْنَا رُسُلَنَا بِٱلْبَيِّنَٰتِ وَأَنزَلْنَا مَعَهُمُ ٱلْكِتَٰبَ وَٱلْمِيزَانَ لِيَقُومَ ٱلنَّاسُ بِٱلْقِسْطِ ۖ ﴾(٨) .

(١) غافر : ٧٨ .
(٢) النساء : ١٦٤ .
(٣) الإسراء : ٩٥ .
(٤) الأحزاب : ٤٠ .
(٥) آل عمران : ١٤٤ .
(٦) الأعراف : ١٥٨ .
(٧) النساء : ١٦٥ .
(٨) الحديد : ٢٥ .

وقد أوحى الله سبحانه وتعالى إلى رسولنا ﷺ كما أوحى إلى الرسل من قبله : ﴿ إِنْ هُوَ إِلَّا وَحْيٌ يُوحَىٰ ﴾[١] . وقوله تعالى : ﴿ قُلْ إِنَّمَآ أَنَا۠ بَشَرٌ مِّثْلُكُمْ يُوحَىٰٓ إِلَىَّ أَنَّمَآ إِلَٰهُكُمْ إِلَٰهٌ وَٰحِدٌ فَٱسْتَقِيمُوٓاْ إِلَيْهِ وَٱسْتَغْفِرُوهُ ۗ وَوَيْلٌ لِّلْمُشْرِكِينَ ﴾[٢] . وقوله تعالى : ﴿ وَكَذَٰلِكَ أَوْحَيْنَآ إِلَيْكَ رُوحًا مِّنْ أَمْرِنَا ۚ مَا كُنتَ تَدْرِى مَا ٱلْكِتَٰبُ وَلَا ٱلْإِيمَٰنُ وَلَٰكِن جَعَلْنَٰهُ نُورًا نَّهْدِى بِهِۦ مَن نَّشَآءُ مِنْ عِبَادِنَا ۚ وَإِنَّكَ لَتَهْدِىٓ إِلَىٰ صِرَٰطٍ مُّسْتَقِيمٍ ﴾[٣] .

كما يبين القرآن الكريم أن الأنبياء وقفوا ضد الفساد فى مجتمعاتهم كما جاء فى قصص هود وصالح ولوط وشعيب وموسى عليهم السلام . فهود وقف فى وجه بطش الجبارين، وصالح وقف فى وجه المسرفين: ﴿ ٱلَّذِينَ يُفْسِدُونَ فِى ٱلْأَرْضِ وَلَا يُصْلِحُونَ ﴾[٤] ، ولوط وقف فى وجه الشاذين ، وشعيب وقف فى وجه التجار الجشعين المطففين فى الكيل والميزان والذين يبخسون الناس أشياءهم ،وموسى وقف فى وجه التأله الفرعونى وتسلط هامان وبغى قارون .

كما يبين القرآن الكريم أمر الساعة والإيمان بالغيب والإيمان بالكتب المنزلة والإيمان بقدر الله والإيمان باليوم الآخر.

يقول تعالى عن الساعة والغيب : ﴿ وَلِلَّهِ غَيْبُ ٱلسَّمَٰوَٰتِ وَٱلْأَرْضِ ۚ وَمَآ أَمْرُ ٱلسَّاعَةِ إِلَّا كَلَمْحِ ٱلْبَصَرِ أَوْ هُوَ أَقْرَبُ ۚ إِنَّ ٱللَّهَ عَلَىٰ كُلِّ شَىْءٍ قَدِيرٌ ﴾[٥] . وعن هؤلاء المكذبين بالساعة : ﴿ كَذَّبُواْ بِٱلسَّاعَةِ ۖ وَأَعْتَدْنَا لِمَن كَذَّبَ بِٱلسَّاعَةِ سَعِيرًا ﴾[٦] .

(١) النجم : ٤ .
(٢) فصلت : ٦ .
(٣) الشورى : ٥٢ .
(٤) الشعراء : ١٥٢ .
(٥) النحل : ٧٧ .
(٦) الفرقان : ١١ .

و الله سبحانه وتعالى هو الذى أنزل القرآن الكريم على نبينا ﷺ : ﴿ أَوَلَمْ يَكْفِهِمْ أَنَّا أَنزَلْنَا عَلَيْكَ الْكِتَابَ يُتْلَىٰ عَلَيْهِمْ ۚ إِنَّ فِي ذَٰلِكَ لَرَحْمَةً وَذِكْرَىٰ لِقَوْمٍ يُؤْمِنُونَ ﴾(1) .

وهو سبحانه الذى يحاسب الناس بالقسط يوم القيامة : ﴿ وَنَضَعُ الْمَوَازِينَ الْقِسْطَ لِيَوْمِ الْقِيَامَةِ فَلَا تُظْلَمُ نَفْسٌ شَيْئًا ۖ وَإِن كَانَ مِثْقَالَ حَبَّةٍ مِّنْ خَرْدَلٍ أَتَيْنَا بِهَا ۗ وَكَفَىٰ بِنَا حَاسِبِينَ ﴾(2) .

ثانيا : الشريعة الإسلامية فى القرآن الكريم

كما أن القرآن الكريم هو المصدر الأول للعقيدة الإسلامية ، فهو أيضا المصدر الأول للشريعة الإسلامية ، يقول تعالى : ﴿ ثُمَّ جَعَلْنَاكَ عَلَىٰ شَرِيعَةٍ مِّنَ الْأَمْرِ فَاتَّبِعْهَا وَلَا تَتَّبِعْ أَهْوَاءَ الَّذِينَ لَا يَعْلَمُونَ ﴿١٨﴾ إِنَّهُمْ لَن يُغْنُوا عَنكَ مِنَ اللَّهِ شَيْئًا ۚ وَإِنَّ الظَّالِمِينَ بَعْضُهُمْ أَوْلِيَاءُ بَعْضٍ ۖ وَاللَّهُ وَلِيُّ الْمُتَّقِينَ ﴿١٩﴾ ﴾(3) .

والشريعة هى المنهاج العملى لحياة الفرد المسلم وحياة المجتمع المسلم .

والآيات التى تعنى بالشريعة الإسلامية ، والتى يطلق عليها آيات الأحكام عددها ليس كبيرا جدا ، وتشمل العبادات مثل :

الصلاة ، يقول تعالى : ﴿ الم ﴿١﴾ ذَٰلِكَ الْكِتَابُ لَا رَيْبَ ۛ فِيهِ ۛ هُدًى لِّلْمُتَّقِينَ ﴿٢﴾ الَّذِينَ يُؤْمِنُونَ بِالْغَيْبِ وَيُقِيمُونَ الصَّلَاةَ وَمِمَّا رَزَقْنَاهُمْ يُنفِقُونَ ﴿٣﴾ ﴾(4) .

وأهمية الخشوع فى الصلاة : ﴿ قَدْ أَفْلَحَ الْمُؤْمِنُونَ ﴿١﴾ الَّذِينَ هُمْ فِي صَلَاتِهِمْ خَاشِعُونَ ﴿٢﴾ ﴾(5) .

(1) العنكبوت : ٥١ .
(2) الأنبياء : ٤٧ .
(3) الجاثية : ١٨، ١٩ .
(4) البقرة : ١-٣ .
(5) المؤمنون : ١، ٢ .

وأهمية المحافظة على الصلاة :﴿ وَٱلَّذِينَ هُمْ عَلَىٰ صَلَوَٰتِهِمْ يُحَافِظُونَ ﴾[1] ، وأهمية المحافظة عليها وعلى الصلاة الوسطى : ﴿ حَٰفِظُواْ عَلَى ٱلصَّلَوَٰتِ وَٱلصَّلَوٰةِ ٱلْوُسْطَىٰ وَقُومُواْ لِلَّهِ قَٰنِتِينَ ﴾[2] ، والاتجاه إلى القبلة فى الصلاة : ﴿ وَمِنْ حَيْثُ خَرَجْتَ فَوَلِّ وَجْهَكَ شَطْرَ ٱلْمَسْجِدِ ٱلْحَرَامِ ۚ وَحَيْثُ مَا كُنتُمْ فَوَلُّواْ وُجُوهَكُمْ شَطْرَهُۥ ﴾[3]. والصلاة فى حالة الخوف والأمن : ﴿ فَإِنْ خِفْتُمْ فَرِجَالًا أَوْ رُكْبَانًا ۖ فَإِذَآ أَمِنتُمْ فَٱذْكُرُواْ ٱللَّهَ كَمَا عَلَّمَكُم مَّا لَمْ تَكُونُواْ تَعْلَمُونَ ﴾[4].

والاستعانة بالصبر والصلاة فى الشدائد والمكاره والكروب فإن اللـه سبحانه وتعالى يفرج الكرب بالصلاة والصبر ، وكان الرسول ﷺ يستعين بها إذا حز به أمر . يقول تعالى: ﴿ يَٰٓأَيُّهَا ٱلَّذِينَ ءَامَنُواْ ٱسْتَعِينُواْ بِٱلصَّبْرِ وَٱلصَّلَوٰةِ ۚ إِنَّ ٱللَّهَ مَعَ ٱلصَّٰبِرِينَ ﴾[5].

واهتم القرآن الكريم ببعض شروط الصلاة كالطهارة : الوضوء والغسل والتيمم فى حالة عدم وجود الماء يقول تعالى : ﴿ يَٰٓأَيُّهَا ٱلَّذِينَ ءَامَنُوٓاْ إِذَا قُمْتُمْ إِلَى ٱلصَّلَوٰةِ فَٱغْسِلُواْ وُجُوهَكُمْ وَأَيْدِيَكُمْ إِلَى ٱلْمَرَافِقِ وَٱمْسَحُواْ بِرُءُوسِكُمْ وَأَرْجُلَكُمْ إِلَى ٱلْكَعْبَيْنِ ۚ وَإِن كُنتُمْ جُنُبًا فَٱطَّهَّرُواْ ۚ وَإِن كُنتُم مَّرْضَىٰٓ أَوْ عَلَىٰ سَفَرٍ أَوْ جَآءَ أَحَدٌ مِّنكُم مِّنَ ٱلْغَآئِطِ أَوْ لَٰمَسْتُمُ ٱلنِّسَآءَ فَلَمْ تَجِدُواْ مَآءً فَتَيَمَّمُواْ صَعِيدًا طَيِّبًا فَٱمْسَحُواْ بِوُجُوهِكُمْ وَأَيْدِيكُم مِّنْهُ ۚ مَا يُرِيدُ ٱللَّهُ لِيَجْعَلَ عَلَيْكُم مِّنْ حَرَجٍ وَلَٰكِن يُرِيدُ لِيُطَهِّرَكُمْ وَلِيُتِمَّ نِعْمَتَهُۥ عَلَيْكُمْ لَعَلَّكُمْ تَشْكُرُونَ ﴾[6].

(١) المؤمنون : ٩ .
(٢) البقرة : ٢٣٨ .
(٣) البقرة : ١٥٠.
(٤) البقرة : ٢٣٩.
(٥) البقرة : ١٥٣.
(٦) المائدة : ٦.

الزكاة . وعن مصارف الزكاة يقول تعالى : ﴿ إِنَّمَا ٱلصَّدَقَٰتُ لِلْفُقَرَآءِ وَٱلْمَسَٰكِينِ وَٱلْعَٰمِلِينَ عَلَيْهَا وَٱلْمُؤَلَّفَةِ قُلُوبُهُمْ وَفِى ٱلرِّقَابِ وَٱلْغَٰرِمِينَ وَفِى سَبِيلِ ٱللَّهِ وَٱبْنِ ٱلسَّبِيلِ ۖ فَرِيضَةً مِّنَ ٱللَّهِ ۗ وَٱللَّهُ عَلِيمٌ حَكِيمٌ ﴾ (١) .

والزكاة والإنفاق فى سبيل اللـه قربات تكون من الطيبات وليس من الخبائث : ﴿ يَٰٓأَيُّهَا ٱلَّذِينَ ءَامَنُوٓا۟ أَنفِقُوا۟ مِن طَيِّبَٰتِ مَا كَسَبْتُمْ وَمِمَّآ أَخْرَجْنَا لَكُم مِّنَ ٱلْأَرْضِ ۖ وَلَا تَيَمَّمُوا۟ ٱلْخَبِيثَ مِنْهُ تُنفِقُونَ وَلَسْتُم بِـَٔاخِذِيهِ إِلَّآ أَن تُغْمِضُوا۟ فِيهِ ۚ وَٱعْلَمُوٓا۟ أَنَّ ٱللَّهَ غَنِىٌّ حَمِيدٌ ﴾ (٢) .

الصوم . ويبين القرآن الكريم أهم أحكامه : ﴿ شَهْرُ رَمَضَانَ ٱلَّذِىٓ أُنزِلَ فِيهِ ٱلْقُرْءَانُ هُدًى لِّلنَّاسِ وَبَيِّنَٰتٍ مِّنَ ٱلْهُدَىٰ وَٱلْفُرْقَانِ ۚ فَمَن شَهِدَ مِنكُمُ ٱلشَّهْرَ فَلْيَصُمْهُ ۖ وَمَن كَانَ مَرِيضًا أَوْ عَلَىٰ سَفَرٍ فَعِدَّةٌ مِّنْ أَيَّامٍ أُخَرَ ۗ يُرِيدُ ٱللَّهُ بِكُمُ ٱلْيُسْرَ وَلَا يُرِيدُ بِكُمُ ٱلْعُسْرَ وَلِتُكْمِلُوا۟ ٱلْعِدَّةَ وَلِتُكَبِّرُوا۟ ٱللَّهَ عَلَىٰ مَا هَدَىٰكُمْ وَلَعَلَّكُمْ تَشْكُرُونَ ﴾ (٣) ، ويقول تعالى : ﴿ أُحِلَّ لَكُمْ لَيْلَةَ ٱلصِّيَامِ ٱلرَّفَثُ إِلَىٰ نِسَآئِكُمْ ۚ هُنَّ لِبَاسٌ لَّكُمْ وَأَنتُمْ لِبَاسٌ لَّهُنَّ ۗ عَلِمَ ٱللَّهُ أَنَّكُمْ كُنتُمْ تَخْتَانُونَ أَنفُسَكُمْ فَتَابَ عَلَيْكُمْ وَعَفَا عَنكُمْ ۖ فَٱلْـَٰٔنَ بَٰشِرُوهُنَّ وَٱبْتَغُوا۟ مَا كَتَبَ ٱللَّهُ لَكُمْ ۚ وَكُلُوا۟ وَٱشْرَبُوا۟ حَتَّىٰ يَتَبَيَّنَ لَكُمُ ٱلْخَيْطُ ٱلْأَبْيَضُ مِنَ ٱلْخَيْطِ ٱلْأَسْوَدِ مِنَ ٱلْفَجْرِ ۖ ثُمَّ أَتِمُّوا۟ ٱلصِّيَامَ إِلَى ٱلَّيْلِ ۚ وَلَا تُبَٰشِرُوهُنَّ وَأَنتُمْ عَٰكِفُونَ فِى ٱلْمَسَٰجِدِ ۗ تِلْكَ حُدُودُ ٱللَّهِ فَلَا تَقْرَبُوهَا ۗ كَذَٰلِكَ يُبَيِّنُ ٱللَّهُ ءَايَٰتِهِۦ لِلنَّاسِ لَعَلَّهُمْ يَتَّقُونَ ﴾ (٤) .

---

(١) التوبة : ٦٠ .
(٢) البقرة : ٢٦٧ .
(٣) البقرة : ١٨٥ .
(٤) البقرة : ١٨٧ .

الحج . وقد جاءت آيات القرآن الكريم لتبين أحكام الحج والعمرة ، يقول تعالى : ﴿ وَأَتِمُّواْ ٱلْحَجَّ وَٱلْعُمْرَةَ لِلَّهِ ۚ فَإِنْ أُحْصِرْتُمْ فَمَا ٱسْتَيْسَرَ مِنَ ٱلْهَدْيِ ۖ وَلَا تَحْلِقُواْ رُءُوسَكُمْ حَتَّىٰ يَبْلُغَ ٱلْهَدْىُ مَحِلَّهُۥ ۚ فَمَن كَانَ مِنكُم مَّرِيضًا أَوْ بِهِۦٓ أَذًى مِّن رَّأْسِهِۦ فَفِدْيَةٌ مِّن صِيَامٍ أَوْ صَدَقَةٍ أَوْ نُسُكٍ ۚ فَإِذَآ أَمِنتُمْ فَمَن تَمَتَّعَ بِٱلْعُمْرَةِ إِلَى ٱلْحَجِّ فَمَا ٱسْتَيْسَرَ مِنَ ٱلْهَدْيِ ۚ فَمَن لَّمْ يَجِدْ فَصِيَامُ ثَلَٰثَةِ أَيَّامٍ فِى ٱلْحَجِّ وَسَبْعَةٍ إِذَا رَجَعْتُمْ ۗ تِلْكَ عَشَرَةٌ كَامِلَةٌ ۗ ذَٰلِكَ لِمَن لَّمْ يَكُنْ أَهْلُهُۥ حَاضِرِى ٱلْمَسْجِدِ ٱلْحَرَامِ ۚ وَٱتَّقُواْ ٱللَّهَ وَٱعْلَمُوٓاْ أَنَّ ٱللَّهَ شَدِيدُ ٱلْعِقَابِ ﴾[1]، وما تبع ذلك آيات فى سورة البقرة وغيرها فى آيات سورة الحج التى تبين أنواع وأحكام الحج والعمرة والوقوف بعرفات والمشعر الحرام والطواف والسعى ورمى الجمرات ...

والمعـاملات[2] وهى تشمل :

المعاملات المدنية مثل : معاملات البيع والشراء والرهن والشركة والإجارة...

والأحوال الشخصية مثل : الزواج والطلاق والنفقة والعدة ...

والمعاملات هى من الأحكام التى تنظم علاقات الناس بعضهم ببعض.

والعلاقات وهى تشمل بالإضافة إلى ما سبق الإشارة إليه مما يتصل بعلاقة الإنسان بربه كالعبادات ، وما يتصل بعلاقة الإنسان بأسرته - وقد جاء ذكر ذلك فى آيات عديدة من القرآن الكريم - فإن العلاقات تشمل أيضا علاقة المسلمين بعضهم ببعض مثل : علاقة الرجل بالمرأة ، وعلاقة الزوج بزوجته وبأولاده، وعلاقة المسلم بذوى القربى والجار وأحكام ذلك .

(١) البقرة : ١٩٦ .
(٢) د.محمد عبد القادر الخطيب ، كتاب : دراسات فى تاريخ الحضارة الإسلامية ، مطبعة الحسين الإسلامية ، ١٤١١هـ/١٩٩١م .

وهناك أحكام نظمت العلاقة بين الحاكم والمحكوم وعلاقة المسلمين بغير المسلمين واحترام أديان ومعتقدات الآخرين وحرية الآخرين فى ممارسة عباداتهم ، كما أن هناك أحكاما شرعت للحرب والسلم ...

والعقوبات . وهى الحدود مثل : حد الزنا والسرقة والقتل والقذف والحرابة، وهى عقوبات قليلة، وبجانبها هناك باب واسع لنظام العقوبات فى الإسلام وهو « التعزير » .

وتحكيم الشريعة الإسلامية وتطبيقها فريضة من الله : **﴿ وَمَن لَّمْ يَحْكُم بِمَآ أَنزَلَ ٱللَّهُ فَأُو۟لَٰٓئِكَ هُمُ ٱلْكَٰفِرُونَ ﴾**(١) ، **﴿ وَمَن لَّمْ يَحْكُم بِمَآ أَنزَلَ ٱللَّهُ فَأُو۟لَٰٓئِكَ هُمُ ٱلظَّٰلِمُونَ ﴾**(٢) ، **﴿ وَمَن لَّمْ يَحْكُم بِمَآ أَنزَلَ ٱللَّهُ فَأُو۟لَٰٓئِكَ هُمُ ٱلْفَٰسِقُونَ ﴾**(٣) .

وتحكيم الشريعة الإسلامية وتطبيقها ملزمة للحاكم والمحكوم فى كل زمان ومكان ، وكل من آمن بالله ربا وبالإسلام دينا وبمحمد ﷺ نبيا ورسولا يلزمه أن يذعن بمقتضى إيمانه إلى ما حكم به الله ورسوله وإلا عليه أن يراجع إيمانه من جديد(٤)، يقول عز وجل: **﴿ إِنَّمَا كَانَ قَوْلَ ٱلْمُؤْمِنِينَ إِذَا دُعُوٓا۟ إِلَى ٱللَّهِ وَرَسُولِهِۦ لِيَحْكُمَ بَيْنَهُمْ أَن يَقُولُوا۟ سَمِعْنَا وَأَطَعْنَا ۚ وَأُو۟لَٰٓئِكَ هُمُ ٱلْمُفْلِحُونَ ﴾**(٥) .

وأحكام الشريعة الإسلامية منها أحكام تتغير بتغير الزمان والمكان ، وقد سكت عنها القرآن الكريم ، مثل شكل الحكم .

---

(١) المائدة : ٤٤ .
(٢) المائدة : ٤٥ .
(٣) المائدة : ٤٧ .
(٤) د.يوسف القرضاوى ، كتاب: كيف نتعامل مع القرآن العظيم؟ ، دار الشروق .
(٥) النور : ٥١ .

ومنها أحكام جاءت بطريقة كلية دون ذكر تفصيلاتها مثل نظام الشورى فى الحكم ، وهى تحتاج للرأى والاجتهاد لإبراز تفاصيلها ووسائل تطبيقها ، مثل : مجالس الشورى أو البرلمان أو الأحزاب ...

ومنها أحكام لا تتغير بتغير الزمان والمكان والأحوال، وقد جاءت مفصلة فى آيات القرآن الكريم، مثل أحكام الأسرة والزواج والطلاق والعدة والميراث والحدود .

و يقول الدكتور يوسف القرضاوى[1] : « صحيح أن هذه الأحكام الشرعية العملية التى جاء بها القرآن الكريم ليست كبيرة جدا ، ولكنها فى غاية الأهمية ، لأنها هى التى تميز أمة عن أمة ، وحضارة عن حضارة.

ففرضية الصلاة والزكاة والصيام والحج ، والأمر بالمعروف والنهى عن المنكر ، والدعوة إلى الله ، والجهاد فى سبيل الله ، وأداء الأمانات إلى أهلها ، والحكم بما أنزل الله، وتحريم الزنا والشذوذ الجنسى والربا ، وتحريم التبرج ، وتحريم السحر والكهانة وقتل النفس بغير حق ، والانتحار وشرب الخمر ، ولعب الميسر ، وأكل المال بالباطل، وبخس الناس أشياءهم والإفساد فى الأرض ، وعقوبة القاتل والسارق والقاذف ، ومن يحارب الله ورسوله ويسعى فى الأرض فسادا... كل ذلك مما يميز المجتمع المسلم ويجعل له شخصيته المتميزة بمقوماتها وخصائصها » .

ولهذا كان تحكيم هذه الشريعة وتطبيقها فريضة من الله لا يجوز التفريط فيها من راع ولا رعية سواء منها ما يتعلق بأحوال الأسرة ، أم بشئون المجتمع، أم بأمور الدولة ، فمن لم يحكم بحكم الله وقع فى حكم الجاهلية لا محالة : ﴿ **أَفَحُكْمَ ٱلْجَـٰهِلِيَّةِ يَبْغُونَ ۚ وَمَنْ أَحْسَنُ مِنَ ٱللَّهِ حُكْمًا لِّقَوْمٍ يُوقِنُونَ** ﴾[2] .

(١) د. يوسف القرضاوى ، كتاب : كيف نتعامل مع القرآن العظيم ؟ ، دار الشروق .
(٢) المائدة : ٥٠ .

ثالثا : الأخلاق فى القرآن الكريم

الأخلاق فى الإسلام ، إما أخلاق مأمور بها ، وإما أخلاق منهى عنها.

والأخلاق المأمور بها فى الإسلام تشمل :

« الأخلاق الربانية » و « الأخلاق الإنسانية » .

والأخلاق الربانية هى الأخلاق التى تجسد الصلة بالله سبحانه وتعالى، وتعمق الطاعات، وتجعل الإنسان يقظا يتذكر اللـه دائما فيعبده حق عبادته .

وهذه الأخلاق الربانية تسمى بالزهد ، وهى الأخلاق التى اهتم بها علم التصوف والسلوك .

ويقول الدكتور يوسف القرضاوى[1] عن الأخلاق فى القرآن الكريم: « فإن الأخلاق الربانية التى تجسد الصلة بالله سبحانه تعالى، وتعمق التقوى له مثل: الإخلاص لله والإنابة إليه والتوكل عليه والخوف منه والرجاء فى رحمته والحياء منه والخشية من عذابه والشكر على نعمائه والصبر على بلائه والرضى بقضائه والمحبة له والأنس به وإيثار الآخرة على الدنيا » . وهى التى عنى بها علم التصوف والسلوك .

وأما الأخلاق الإنسانية كالصدق والأمانة والكرم والرحمة والحلم والإيثار وبر الوالدين وصلة الأرحام وإكرام الجار والعطف على الضعيف.

وقد جعل القرآن الكريم « الأخلاق الربانية » و « الأخلاق الإنسانية» المأمور بها من تمام الإيمان والتقوى ، يقول تعالى : ﴿ **قَدْ أَفْلَحَ ٱلْمُؤْمِنُونَ ۝١ ٱلَّذِينَ هُمْ فِى صَلَاتِهِمْ خَٰشِعُونَ ۝٢ وَٱلَّذِينَ هُمْ عَنِ ٱللَّغْوِ مُعْرِضُونَ ۝٣ وَٱلَّذِينَ هُمْ لِلزَّكَوٰةِ فَٰعِلُونَ ۝٤ وَٱلَّذِينَ هُمْ لِفُرُوجِهِمْ حَٰفِظُونَ ۝٥ إِلَّا عَلَىٰٓ أَزْوَٰجِهِمْ أَوْ مَا مَلَكَتْ**

(١) يوسف القرضاوى ، كتاب : كيف نتعامل مع القرآن العظيم ؟ ، دار الشروق .

أَيْمَٰنُهُمْ فَإِنَّهُمْ غَيْرُ مَلُومِينَ ۝٦ فَمَنِ ٱبْتَغَىٰ وَرَآءَ ذَٰلِكَ فَأُو۟لَٰٓئِكَ هُمُ ٱلْعَادُونَ ۝٧ وَٱلَّذِينَ هُمْ لِأَمَٰنَٰتِهِمْ وَعَهْدِهِمْ رَٰعُونَ ۝٨ ﴾[1].

و اللـه سبحانه وتعالى يصف عباده الذين يحبهم، فيقول تعالى : ﴿ وَٱللَّهُ يُحِبُّ ٱلْمُحْسِنِينَ ﴾[2] ، ﴿ وَٱللَّهُ يُحِبُّ ٱلصَّٰبِرِينَ ﴾[3] ، ﴿ إِنَّ ٱللَّهَ يُحِبُّ ٱلتَّوَّٰبِينَ وَيُحِبُّ ٱلْمُتَطَهِّرِينَ ﴾[4] ، ﴿ إِنَّ ٱللَّهَ مَعَ ٱلَّذِينَ ٱتَّقَوا۟ وَّٱلَّذِينَ هُم مُّحْسِنُونَ ﴾[5] .

أما من كان على عكس هذه الصفات فهو محروم من محبة اللـه ، يقول تعالى: ﴿ إِنَّ ٱللَّهَ لَا يُحِبُّ ٱلْخَآئِنِينَ ﴾[6] ، ﴿ وَأَنَّ ٱللَّهَ لَا يَهْدِى كَيْدَ ٱلْخَآئِنِينَ ﴾[7] ، ﴿ وَٱللَّهُ لَا يُحِبُّ ٱلظَّٰلِمِينَ ﴾[8] ، ﴿ وَٱللَّهُ لَا يُحِبُّ ٱلْمُفْسِدِينَ ﴾[9] ، ﴿ إِنَّ ٱللَّهَ لَا يُحِبُّ كُلَّ مُخْتَالٍ فَخُورٍ ﴾[10].

وتلك هى الأخلاق المنهى عنها فى الإسلام فالخيانة والظلم والفساد والحسد والنفاق والرياء والشح كلها من الأخلاق المرذولة المنهى عنها فى الإسلام .

(١) المؤمنون : ١-٨ .
(٢) آل عمران : ١٤٨ .
(٣) آل عمران : ١٤٦ .
(٤) البقرة : ٢٢٢ .
(٥) النحل : ١٢٨ .
(٦) الأنفال : ٥٨ .
(٧) يوسف : ٥٢ .
(٨) آل عمران : ١٤٠ .
(٩) المائدة : ٦٤ .
(١٠) لقمان : ١٨ .

ويقول الإمام الأكبر جاد الحق على جاد الحق شيخ الأزهر السابق -رحمه الله[1]: « إن اتباع الأخلاق الحسنة والفضائل فى الإسلام فيه معنى خلقى ومعنى تعبدى أى أن التمسك بالأخلاق الحسنة والفضائل معناه التمسك بالأخلاق المحمودة والمفضلة والمقبولة ومعناه التقرب إلى الله سبحانه وتعالى بالتمسك بهذه الأخلاق الحميدة حتى ينال ثواب ذلك فى الحياة الآخرة ، وبالمثل تجنب الأخلاق السيئة والمرذولة فيه نفس المعنى الخلقى والتعبدى » .

ويقول الدكتور يوسف القرضاوى[2]. عن الأخلاق فى القرآن الكريم: « ولأهمية الأخلاق فى القرآن الكريم يعتبرها ثمرة أساسية للعبادات المفروضة مثل :

إقامة الصلاة : ﴿ وَأَقِمِ ٱلصَّلَوٰةَ إِنَّ ٱلصَّلَوٰةَ تَنْهَىٰ عَنِ ٱلْفَحْشَآءِ وَٱلْمُنكَرِ ﴾[3] .

وإيتاء الزكاة : ﴿ خُذْ مِنْ أَمْوَٰلِهِمْ صَدَقَةً تُطَهِّرُهُمْ وَتُزَكِّيهِم بِهَا ﴾[4] .

وصيام رمضان : ﴿ يَـٰٓأَيُّهَا ٱلَّذِينَ ءَامَنُوا۟ كُتِبَ عَلَيْكُمُ ٱلصِّيَامُ كَمَا كُتِبَ عَلَى ٱلَّذِينَ مِن قَبْلِكُمْ لَعَلَّكُمْ تَتَّقُونَ ﴾[5].

والرسل جميعا يهتمون بغرس الفضائل ومحاربة الرذائل ، وجاء ذلك فى آيات قرآنية عديدة والتى جاءت فى القصص القرآنى ، وقال عن خاتم الرسل سيدنا محمد ﷺ : ﴿ وَإِنَّكَ لَعَلَىٰ خُلُقٍ عَظِيمٍ ﴾[6].

---

(١) كتاب : دراسات فى الحضارة الإسلامية ، المجلد الثالث ، بحث فى الفقه الإسلامى للشيخ جاد الحق على جاد الحق شيخ الجامع الأزهر ، الهيئة المصرية العامة للكتاب ، ١٩٨٥م ، بمناسبة بداية القرن الخامس عشر الهجرى .
(٢) د. يوسف القرضاوى ، كتاب : كيف نتعامل مع القرآن العظيم ؟ ، دار الشروق .
(٣) العنكبوت : ٤٥ .
(٤) التوبة : ١٠٣ .
(٥) البقرة : ١٨٣ .
(٦) القلم : ٤ .

رابعا : بناء عقيدة الفرد والمجتمع المسلم فى بداية مبعث الرسول ﷺ .

ظل الرسول ﷺ ثلاثة عشر عاما فى مكة المكرمة يدعو إلى الإسلام، والقرآن يتنزل عليه فيرشد الناس إلى تعاليم الإسلام ويشرح لهم ما جاءت به الآيات الكريمة ويعلمهم ويرشدهم عمليا بما جاء فى هذه الآيات .

كما أن هذه الآيات القرآنية كانت بها تعاليم للرسول ﷺ فى مواقيت - ليست من اختيار الرسول ﷺ - بل من الله سبحانه وتعالى عن خطوات يتبعها ويأمر المسلمين باتباعها مثل الأمر الإلهى بالجهر بالدعوة : ﴿ وَأَنذِرْ عَشِيرَتَكَ ٱلْأَقْرَبِينَ ﴾ [١] .

والقرآن الكريم الذى تنزل مفرقا على رسول الله ﷺ فى مكة المكرمة أكثر من نصف القرآن الكريم ، [٢] .

والقرآن المكى الذى كان يتنزل على رسول الله ﷺ طوال الثلاثة عشر ـ عاما جاء ليقرر ويثبت قضية واحدة هى قضية العقيدة الإسلامية .

فالعقيدة هى القضية الكبرى والأساسية فى الدين الإسلامى ، فهى قضية الإنسان التى لا تتغير ، قضية وجوده ومصيره ، وقضية الكون من حوله وعلاقة الإنسان بالحياة والأحياء .

والقرآن الكريم الذى كان يتنزل على رسول الله ﷺ لم ينزل عليه جملة واحدة بل نزل مفرقا ، يقول تعالى : ﴿ وَقُرْءَانًا فَرَقْنَٰهُ لِتَقْرَأَهُۥ عَلَى ٱلنَّاسِ عَلَىٰ مُكْثٍ وَنَزَّلْنَٰهُ تَنزِيلًا ﴾ [٣] ، وذلك حتى يمكن استيعابه وفهمه وتنفيذ ما جاء به عمليا ، وحتى تخشع القلوب وتتمكن وتستقر فيها حقيقة الألوهية والعبودية لله سبحانه وتعالى .

(١) الشعراء : ٢١٤ .
(٢) د. عبد المنعم الحفنى ، كتاب : موسوعة القرآن العظيم ، مكتبة مدبولى .
(٣) الإسراء : ١٠٦ .

فقضية الألوهية هى القاعدة الرئيسية للعقيدة الإسلامية .

وبناء عقيدة الفرد المسلم، ومن ثم عقيدة الجماعة المسلمة والمجتمع المسلم من أسس الدعوة إلى الإسلام، ومن أسس رسالة الإسلام ، ولذلك جاء نزول القرآن الكريم مفرقا وليس جملة واحدة لتمام بناء العقيدة القوية .

ولقد جاءت آيات القرآن الكريم لتشير إلى ميثاق الله سبحانه وتعالى مع النبيين عامة ومع نبينا محمد ﷺ ونوح وإبراهيم وموسى وعيسى ابن مريم عليهم السلام - وهم أولو العزم من الرسل - ، يقول تعالى : ﴿ وَإِذْ أَخَذْنَا مِنَ ٱلنَّبِيِّـۧنَ مِيثَـٰقَهُمْ وَمِنكَ وَمِن نُّوحٍ وَإِبْرَٰهِيمَ وَمُوسَىٰ وَعِيسَى ٱبْنِ مَرْيَمَ ۖ وَأَخَذْنَا مِنْهُم مِّيثَـٰقًا غَلِيظًا ﴿٧﴾ لِّيَسْـَٔلَ ٱلصَّـٰدِقِينَ عَن صِدْقِهِمْ ۚ وَأَعَدَّ لِلْكَـٰفِرِينَ عَذَابًا أَلِيمًا ﴿٨﴾ ﴾[1].

وهذا الميثاق الذى أخذه الله سبحانه وتعالى من النبيين من أول سيدنا نوح إلى خاتم النبيين سيدنا محمد ﷺ هو حمل أمانة الرسالة وتبليغها للناس فى الأمم التى أرسلوا إليها ، وذلك حتى يتم تحقيق إيمان الفرد إيمانا صادقا وبناء عقيدته بناء قويا .

وبناء عقيدة الفرد المسلم والمجتمع المسلم يعنى بناؤها عند قيام رسالة الإسلام، حيث كانت الدعوة الإسلامية جديدة .

فرسالة الإسلام جاءت والناس فى حالة فوضى والتباس وتباين فى المعتقدات فهناك الكافر ، والمشرك ، والذى يعبد الله على ملة إبراهيم عليه السلام بعد أن حرفت عقيدة التوحيد التى أتى بها سيدنا إبراهيم ، وهناك اليهودى والمسيحى من أهل الكتاب الذين حرفت عقائدهم : ﴿ وَقَالَتِ ٱلْيَهُودُ عُزَيْرٌ ٱبْنُ ٱللَّهِ وَقَالَتِ ٱلنَّصَـٰرَى ٱلْمَسِيحُ ٱبْنُ ٱللَّهِ ۖ ذَٰلِكَ قَوْلُهُم بِأَفْوَٰهِهِمْ ۖ يُضَـٰهِـُٔونَ قَوْلَ ٱلَّذِينَ كَفَرُوا۟ مِن قَبْلُ ۚ قَـٰتَلَهُمُ ٱللَّهُ ۚ أَنَّىٰ يُؤْفَكُونَ ﴿٣٠﴾ ٱتَّخَذُوٓا۟ أَحْبَارَهُمْ وَرُهْبَـٰنَهُمْ أَرْبَابًا مِّن دُونِ ٱللَّهِ

(١) الأحزاب : ٧ ، ٨ .

وَٱلْمَسِيحَ ٱبْنَ مَرْيَمَ وَمَآ أُمِرُوٓاْ إِلَّا لِيَعْبُدُوٓاْ إِلَٰهًا وَٰحِدًا ۖ لَّآ إِلَٰهَ إِلَّا هُوَ ۚ سُبْحَٰنَهُۥ عَمَّا يُشْرِكُونَ ﴿٣١﴾ يُرِيدُونَ أَن يُطْفِـُٔواْ نُورَ ٱللَّهِ بِأَفْوَٰهِهِمْ وَيَأْبَى ٱللَّهُ إِلَّآ أَن يُتِمَّ نُورَهُۥ وَلَوْ كَرِهَ ٱلْكَٰفِرُونَ ﴿٣٢﴾ هُوَ ٱلَّذِىٓ أَرْسَلَ رَسُولَهُۥ بِٱلْهُدَىٰ وَدِينِ ٱلْحَقِّ لِيُظْهِرَهُۥ عَلَى ٱلدِّينِ كُلِّهِۦ وَلَوْ كَرِهَ ٱلْمُشْرِكُونَ ﴿٣٣﴾﴾[1].

وفى هذه الفوضى فى الاعتقاد التى كان عليها الناس فى الجزيرة العربية وغيرها من البلاد ، جاءت رسالة الإسلام لتهدم هذه المعتقدات الشركية والمنحرفة وتقيم عقيدة التوحيد .

وكان لابد لقيام العقيدة الإسلامية - وفى القلب منها عقيدة التوحيد - أن يكون بناء العقيدة فى عقل الإنسان وقلبه قويا راسخا صامدا أمام هذا الطوفان من العقائد المنحرفة وأمام جبروت أتباعها ، ومن ثم قيام عقيدة المجتمع المسلم وبنائها بناء راسخا قويا لا تزعزعه عاديات الزمن .

خامسا: بناء الأسس الفكرية الثقافية والحضارية للفرد المسلم والمجتمع المسلم

تعتبر السيرة النبوية هى التطبيق العملى للإسلام وهى الصورة المثلى لتبيان كيفية بناء الأسس والمفاهيم الإسلامية التى تشربتها عقول ونفوس وقلوب الأفراد الذين دخلوا فى الإسلام ، و هى أسس و مفاهيم شملت جميع شئون الحياة بما فيها الثقافة و الحضارة الإسلامية .

فالآيات القرآنية كانت تتنزل على رسول الله ﷺ ، فيقوم كتاب الوحى بكتابتها كما أنزلت ويقوم ﷺ بشرح وبيان ما فيها من حلال وحرام ومن أوامر ونواه وعقائد وشرائع ، ويقوم بالتطبيق العملى لذلك .

(١) التوبة : ٣٠ -٣٣ .

وكان رسول الله ﷺ يعلم أصحابه بطريقة عملية مبادئ الإسلام وما يتنزل عليه من الآيات القرآنية ، وكان الواحد منهم يحفظ الآية والآيتين فلا ينتقل إلى غيرهما حتى تكون حياته و سلوكه و أخلاقه ومعاملاته تبعا لما جاءت به.

وكان الصحابة رضوان الله عليهم يتأسون به و يسيرون على نهجه فى أقواله وأفعاله، وفى كل ما جاء به .

وعندما علم جبريل رسول الله ﷺ الوضوء والصلاة جاء رسول الله إلى خديجة فتوضأ لها ليرها كيف الطهور للصلاة كما أراه جبريل ، فتوضأت كما توضأ رسول الله ﷺ ، ثم صلى بها رسول الله عليه الصلاة والسلام كما صلى به جبريل ، فصلت بصلاته)[1].

والصحابة كانوا يؤمنون بكل ما جاء به ، و كانت كلمة الإيمان هى الكلمة التى جاء بها الاسلام للدلالة على العقيدة فالإيمان يباشر العقل والقلب معا ، ويربط الفكر بالوجدان ربطا محكما ، وآيات القرآن الكريم التى كانت تتنزل طوال الفترة المكية من بعثته صلى الله عليه وسلم كانت تعالج قضية العقيدة لما لها من أهمية كبرى، فالتخلى عن عقيدة الشرك وعبادة الأصنام واعتناق العقيدة الإسلامية وعبادة الله الواحد الأحد سبحانه وتعالى وجدت مقاومة كبيرة من مشركى مكة ، وكان الانتصار فى هذه القضية هو أول انتصار للإسلام كما أراده الله سبحانه وتعالى للناس جميعا .

وعندما نزل قوله تعالى: ﴿ وَأَنذِرْ عَشِيرَتَكَ ٱلْأَقْرَبِينَ ﴾[2]. و قوله تعالى:

﴿ فَٱصْدَعْ بِمَا تُؤْمَرُ وَأَعْرِضْ عَنِ ٱلْمُشْرِكِينَ ﴾[3].. كان ذلك إيذانا بالجهر بالدعوة بعد أن ظلت سرية ٣ سنوات .

(١) السيرة النبوية لابن هشام.
(٢) الشعراء : ٢١٤ .
(٣) الحجر : ٩٤ .

وبعد الجهر بالدعوة لاقى المسلمون عنتا كبيرا وقهرا وظلما وتعذيبا من مشركى مكة فصبروا وصمدوا فى وجه المحنة وواجهوا عنت قريش ولم يرتد أحد منهم عن دينه .

كان عدد الذين دخلوا الإسلام عند الجهر بالدعوة قليل و كانوا من المؤمنين الصادقين الذين يؤمنون بالواحد الأحد الذى لا شريك له .. آمنوا بـ (**لا إله إلا الله**) وتركوا عبادة الأصنام ، تخلوا عما كان يعبد آباؤهم وعشيرتهم .

تركوا عبادة الأصنام التى كانوا يعتقدون أنها تقربهم إلى الله وتشفع لديهم. يقول تعالى : ﴿ **مَا نَعْبُدُهُمْ إِلَّا لِيُقَرِّبُونَآ إِلَى ٱللَّهِ زُلْفَىٰٓ** ﴾[1] ، ويقول تعالى : ﴿ **مِن دُونِ ٱللَّهِ مَا لَا يَضُرُّهُمْ وَلَا يَنفَعُهُمْ وَيَقُولُونَ هَٰٓؤُلَآءِ شُفَعَٰٓؤُنَا عِندَ ٱللَّهِ** ﴾[2].

ومع تركهم لعبادة الأصنام تركوا ما كان يصاحبها من شعائر وعبادات وسلوكيات شركية ..

تركوا ما كانوا يقومون به من التقرب اليها و الحج إليها والطواف ..

تركوا ما كانوا يقومون به من الالتجاء إليها والاستغاثة بها ، وتركوا الذبح عندها والنحر باسمها ، وقد ذكر الله سبحانه و تعالى ذلك فى قوله تعالى : ﴿ **وَمَا ذُبِحَ عَلَى ٱلنُّصُبِ** ﴾[3] ، وقد ذكر تعالى : ﴿ **وَلَا تَأْكُلُواْ مِمَّا لَمْ يُذْكَرِ ٱسْمُ ٱللَّهِ عَلَيْهِ** ﴾[4] ، وتركوا الاستقسام بالأزلام ، وتركوا الإيمان بالعرافين و المنجمين ، و تركوا العادات

(١) الزمر : ٣ .
(٢) يونس : ١٨ .
(٣) المائدة : ٣ .
(٤) الأنعام : ١٢١ .

والتقاليد والسلوكيات الشركية والمفاهيم الشركية التى كان يؤمن بها المجتمع الجاهلى .. تخلوا عن ذلك كله وآمنوا بما جاء به الإسلام فى المجالات المختلفة .

ولأن إيمانهم كان صادقا وراسخا فى القلوب فقد صبروا على إيذاء قريش وتحملوا التعذيب والتجويع والإغراق الذى لاقوه بعد الجهر بالدعوة .

و كان هؤلاء المسلمين الأوائل هم الذين تكونت بهم النواة الأولى للمجتمع المسلم ، و كان منهم العشرة المبشرون بالجنة باستثناء عمر بن الخطاب، و كان اصطفاء الخلفاء منهم[1] .

و لكى نتبين عمق التغييرات الثقافية و الفكرية عند الأفراد الذين دخلوا فى الإسلام نذكر جانبا مما جاء على لسان جعفر بن أبي طالب أمام النجاشى ملك الحبشة عندما استدعاه ليسأله عن ذلك الدين الجديد ، و كانت قريش قد عزمت على استرداد المسلمين الذين هاجروا للحبشة فبعثت عبد الله بن أبي ربيعة و عمرو بن العاص و معهما هدايا للنجاشى ملك الحبشة وبطاركته حتى يسلماهما المسلمين الذين هاجروا للحبشة . و فى السيرة النبوية لابن هشام جاء فى حديث أم سلمة زوج رسول الله ﷺ ، قالت : ثم أرسل إلى أصحاب رسول الله ﷺ فدعاهم فلما جاءهم رسوله اجتمعوا ، ثم قال بعضهم لبعض: ما تقولون للرجل إذا جئتموه قالوا : نقول : و الله ما علمنا ، وما أمرنا به نبينا ﷺ كائنا فى ذلك ما هو كائن .

فلما جاءوا ، وقد دعا النجاشى أساقفته ، فنشروا صحائفهم حوله سألهم، فقال لهم : ما هذا الدين الذى قد فارقتم فيه قومكم ولم تدخلوا (به) فى دينى ، ولا فى دين أحد من هذه الملل ؟ قالت : فكان الذى كلمه جعفر بن أبي طالب (رضوان الله

(١) يمكن الرجوع لسيرة ابن هشام وكتب السيرة النبوبة الأخرى ، التى ذكرت أسماء الذين أسلموا عند الجهر بالدعوة ، وأسماء العشرة المبشرين بالجنة .

عليه) ، فقال له : أيها الملك كنا قوما أهل جاهلية نعبد الأصنام ونأكل الميتة ونأتي الفواحش ونقطع الأرحام ونسيء الجوار ويأكل القوى منا الضعيف ، فكنا على ذلك حتى بعث الله إلينا رسولا منا ، نعرف نسبه وصدقه وأمانته وعفافه ، فدعانا إلى الله لنوحده ونعبده ونخلع ما كنا نعبد نحن وآباؤنا من دونه من الحجارة والأوثان، وأمرنا بصدق الحديث وأداء الأمانة وصلة الرحم وحسن الجوار والكف عن المحارم والدماء ، ونهانا عن الفواحش وقول الزور وأكل مال اليتيم وقذف المحصنات ، وأمرنا أن نعبد الله وحده لا نشرك به شيئا ، وأمرنا بالصلاة والزكاة والصيام - قالت فعدد عليه أمور الإسلام - فصدقناه وآمنا به واتبعناه على ما جاء به من الله فعبدنا الله وحده فلم نشرك به شيئا ، وحرمنا ما حرم علينا ، وأحللنا ما أحل لنا ، فعدا علينا قومنا ، فعذبونا ، وفتنونا عن ديننا ، ليردونا إلى عبادة الأوثان من عبادة الله تعالى ، وأن نستحل ما كنا نستحل من الخبائث فلما قهرونا وظلمونا وضيقوا علينا ، وحالوا بيننا وبين ديننا ، خرجنا إلى بلادك ، واخترناك على من سواك ، ورغبنا في جوارك ، ورجونا أن لا نظلم عندك أيها الملك .

قالت فقال له النجاشي : هل معك مما جاء به عن الله من شيء ؟ قالت: فقال له جعفر : نعم ، فقال له النجاشي : فاقرأه علي ، قالت : فقرأ عليه صدرا من (كهيعص)، قالت : فبكى و الله النجاشي حتى اخضلت لحيته وبكت أساقفته حتى أخضلوا صحائفهم حين سمعوا ما تلا عليهم .

ثم قال (لهم) النجاشي : « إن هذا والذي جاء به عيسى ليخرج من مشكاة واحدة انطلقا ، فلا و الله لا أسلمهم إليكما ، ولا يكادون »[1] . ورد النجاشي الهدايا لعبد الله بن الربيعة وعمرو بن العاص .

---

(١) السيرة النبوية لابن هشام .

131

ازداد عدد الذين دخلوا فى الإسلام بمرور الوقت فطوال الفترة المكية كان الرسول ﷺ يقـوم بالدعوة متحملا هو و أصحابه عنت قريش و إيذاءها ، فكـان يعلـم أصحـابه و يـربيهم و يقرأ عليهم آيات القرآن الكريم التى تتنزل عليه، والتى كانت فى أغلبها تعالـج قضية العقيدة ، وظل البناء الفكرى الثقافى و الحضارى للأفراد الذين أسلموا يتنامى بنـزول المزيد مـن الآيات القرآنيـة بمرور الوقت .

وعندما هاجر الرسول ﷺ إلى المدينة المنورة هو وأصحابه قامت الدولة الإسلامية والمجتمع الإسلامى من المهاجرين والأنصار .

وبدأت تتضح مفاهيم و نظم و قواعد المجتمـع المسلـم ، وبـدأت تتكامـل المعطيـات و المفاهيم السياسية و الاقتصادية و الاجتماعية و الثقافية والحضارية الإسلامية – و هـى المعطيـات و المفاهيم التى تنطبق على الفرد المسلم و المجتمع المسلم – مع تتابع نـزول القرآن الكريم فى الفترة المدنية ، حيث كانت الآيات القرآنية التى تتنزل فى المدينة المنورة تعالج الشريعة الإسلامية بصورة أوسع .

وكان كل من يدخل فى الإسلام من عبدة الأصنام أو اليهـود أو النصـارى، أو عبـدة النـار مـن الفرس أو الروم أو غيرهم من أصحاب الديانات والمعتقدات الأخرى مثل الهندوس والبوذيين فيما بعد ، كان عليه أن يتخلى عن معتقداته الدينية وما يصاحبها مـن أفكار و معطيات و مفاهيم تتعلق بثقافته و حضارته، و يعتنق ما جاء به الإسلام فى شتى المجالات فى أمور العقيدة الإسلامية والشريعة الإسلامية ، ومـن المعطيـات والمفاهيـم السياسية والاقتصادية والاجتماعية والثقافية والحضارية الإسلامية .

وعند وفاة النبى ﷺ كان المجتمع المسلـم قـد اكتمـل بنـاؤه بقواعـده ونظمـه الاجتماعيـة الإسلامية ، ومفاهيمه ومعطياته الاجتماعية والسياسية والاقتصادية والثقافية و الحضارية ...

و بذلك كانت أفكار و مفاهيم و معطيات الثقافة و الحضارة الإسلامية التى يعتنقها الفرد المسلم و المجتمع الإسلامى قد اكتملت، وتشربتها العقول و القلوب، وأصبحت يقينية و مستقرة و تلقائية .

سادسا : العقيدة والشريعة هما الأساس الذى قام عليه المجتمع الإسلامى والأمة المسلمة والثقافة والحضارة الإسلامية .

رأينا فيما سبق قيام وثبات ورسوخ العقيدة الإسلامية فى قلوب الأفراد المؤمنين الصادقين الذين آمنوا بالله ربا وبالإسلام دينا وبمحمد ﷺ نبيا ورسولا .

ومن مجموع هؤلاء الأفراد الصادقين ، قامت عقيدة الجماعة المسلمة القليلة العدد من أصحاب رسول الله فى مكة المكرمة .

وقامت عقيدة المجتمع الإسلامى فى المدينة المنورة عندما هاجر الرسول ﷺ إليها ، وقام المجتمع الإسلامى من المهاجرين والأنصار .

وعقيدة الأمة الإسلامية كلها عندما دخل الناس فى دين الله أفواجا .

وعقيدة كل تجمع من المسلمين صغر أم كبر فى أى مكان على سطح الأرض .

وليس معنى ذلك أن عقيدة المجتمع هي عقيدة كل أفراد المجتمع ، بل هى عقيدة أغلبية أفراد المجتمع ، والمجتمع الإسلامى فيه أفراد غير مسلمين وأقليات دينية غير مسلمة ، ولكن أغلبية أفراد المجتمع مسلمين.

وعقيدة الأمة الإسلامية وشريعتها وتاريخها هى التى وحدت الأمة الإسلامية، فهى أمة واحدة ، يقول تعالى : ﴿ إِنَّ هَٰذِهِۦٓ أُمَّتُكُمۡ أُمَّةٗ وَٰحِدَةٗ وَأَنَا۠ رَبُّكُمۡ فَٱعۡبُدُونِ ﴾[1].

(١) الأنبياء : ٩٢ .

ويقول تعالى : ﴿ وَإِنَّ هَٰذِهِۦٓ أُمَّتُكُمۡ أُمَّةٗ وَٰحِدَةٗ وَأَنَا۠ رَبُّكُمۡ فَٱتَّقُونِ ﴾[1].

فهى أمة إسلامية واحدة ، ربها واحد هو الله، ونبيها واحد هو محمد بن عبد الله ﷺ ، وكتابها واحد هو القرآن الكريم وقبلتها واحدة هى الكعبة « بيت الله الحرام » وشريعتها واحدة هى شريعة الإسلام، ووطنها واحد هو « دار الإسلام » على اتساعها .

ولا يجوز فى تعبيرنا أن نقول الأمم الإسلامية بل الأمة الإسلامية فهى أمة واحدة ، كما أمر الله سبحانه وتعالى وليست أمما متفرقة كما أراد الاستعمار[2].

يقول تعالى : ﴿ وَٱعۡتَصِمُواْ بِحَبۡلِ ٱللَّهِ جَمِيعٗا وَلَا تَفَرَّقُواْۚ ﴾[3].

و قد دخل الإسلام أفرادا ومجتمعات من ديانات وحضارات مختلفة - الفارسية والهندوسية والبوذية والمسيحية واليهودية واللادينين - والعلمانيين فى عصرنا الراهن - فتخلوا عن دياناتهم ومعتقداته وثقافاتهم وحضاراتهم واعتنقوا الدين الإسلامى وثقافته وحضارته الإسلامية .

* * *

(١) المؤمنون: ٥٢ .
(٢) د. يوسف القرضاوى ، كتاب : كيف نتعامل مع القرآن العظيم ؟ ، دار الشروق .
(٣) آل عمران: ١٠٣ .

خلاصـــة

كتبنا فيما سبق عن العقيـدة الإسـلامية والشريعة الإسـلامية والأخـلاق الإسـلامية ، وبنـاء الأسس الفكرية الثقافية والحضارية للفرد المسلم والمجتمـع المسـلم، وهنـاك عـدة نتـائج يمكـن استنتاجها منها :

أولا : أن كل من كان يدخل فى الإسلام كان عليه أن يتخلى عن معتقداته الدينية السـابقة ، فالمشرك والكافر والمجوسى والصابئ والكتابى عندما يدخل فى الإسلام كان عليـه أن يـتخلى عـن دينه أو معتقداته الدينية التى كان يؤمن بها قبل دخوله فى دين الإسلام .

كان يتخلى عن معتقداته السابقة ويؤمن بما جاء به الإسلام بإرادته الحرة واختيـاره الحـر دون إكراه أو إجبار ، يقول تعالى : ﴿ لَآ إِكْرَاهَ فِي ٱلدِّينِ قَد تَّبَيَّنَ ٱلرُّشْدُ مِنَ ٱلْغَيِّ ﴾[1] .

كان يعلم ما ينتظره مـن شـقاء وعـذاب واضـطهاد وقهـر وتجويـع وإحـراق، بـل وأحيانـا الموت، ومع ذلك يؤمن بما جاء به الدين الإسلامى ويتخلى عن معتقداته السابقة .

وكان يعلم أيضا ما سوف يتعرض له من إعراض ونبذ وكراهية وتحد مـن أهلـه وعشـيرته ومجتمعه وأهل دينه عند ترك دين آبائه وعشيرته ويعتنق الإسلام .

مع كل ذلك كان يترك دينه ومعتقداته ويؤمن بما جاء به الإسلام .

وكانت قوة الإيمان والصبر على المكاره زاد يستمد منـه المسـلم المـؤمن القـوة فى مجابهـة عنت المشركين وجبروتهم وطغيانهم .

---

(١) البقرة: ٢٥٦ .

135

ثانيا : أن كل من كان يدخل فى الدين الإسلامى ويتخلى عن معتقداته السابقة كان أيضا يتخلى عن كل ما كان يصاحب معتقداته السابقة من شعائر وعبادات وسلوكيات ومفاهيم ثقافية تتعلق بمعتقداته السابقة وحضارته السابقة .. يتخلى عن كل ذلك ويعتنق ما جاء به الإسلام من عقيدة وشريعة وأخلاق ، ويعتنق كل ما جاء به الإسلام من أوامر ونواه وحلال وحرام ومقاصد للشريعة الإسلامية ، وما يصاحب ذلك من سلوكيات ومفاهيم ثقافية ومفاهيم تتعلق بحضارته الإسلامية ، وهو ما سوف نزيد إيضاحه فى الفصل الثانى .

ثالثا : أن الثقافات والحضارات قائمة على الاعتقاد الدينى سواء أكان هذا الاعتقاد دينا سماويا كالنصرانية واليهودية والإسلام أم دينا غير سماوى مثل : البوذية والهندوسية والعلمانية الغربية الحديثة ، وهو ما سوف نلقى الضوء على بعض جوانبه فى الفصول التالية بعد أن نناقش قيام المجتمع والحضارة الإسلامية .

رابعا : أن الحضارات القديمة التى انهارت وانقرضت - مثل الحضارة الفارسية التى انهارت عندما فتح المسلمون فارس فى عهد الخليفة أبى بكر الصديق وعهد أمير المؤمنين عمر بن الخطاب - لم تعد قائمة الآن ، ويرجع ذلك إلى عدم وجود مجتمع أو أمة تؤمن بمعتقداتها السابقة .

فالحضارة الفارسية انهارت واندثرت ولم تعد قائمة الآن - رغم وجود بعض الآثار التى تدل عليها - لأنه لم يعد هناك مجتمع أو أمة فارسية - تؤمن بالمعتقدات المجوسية القديمة - موجودة الآن .

كذلك المجتمع الجاهلى من عبدة الأصنام الذى كان قائما فى مكة والجزيرة العربية انقرض ، ولم يعد قائما بعد أن دخل المشركون عبدة الأصنام فى الإسلام .

خامسا : أن هناك أمورا كانت موجودة فى الجاهلية أقرها الإسلام ، وكانت هناك أمور فى الحضارة الفارسية - وغيرها من الحضارات الأخرى - انتقلت إلى

الحضـارة الإسـلامية ، فالرسـول ﷺ قـام بحفـر الخنـدق حـول المدينـة المنـورة فى غـزوة الأحزاب ، وهو ما أشار به سليمان الفارسى وهو ما كان موجودا فى الحضارة الفارسية .

وهذه الأمور - مثل الصناعات والتقنيات والعلوم - هو ما أطلقت عليه « ما هـو مشـترك عام بين الحضارات » ، وهو ما سوف نناقشه فى الفصول التالية .

* * *

الفصل الثاني

هل الحضارات الجديدة تقوم بقيام اعتقاد دينى جديد ؟..

وهل تنهار الحضارات بانهيار الاعتقاد الدينى الذى قامت عليه ؟

أولا : الذين اعتنقوا الإسلام كانوا يتخلون عن معتقداتهم الدينية السابقة وما كانت تفرضه عليهم : من قيم وسلوكيات وثقافات وحضارات، ويؤمنون بما جاء به الإسلام فى هذه المجالات .

ثانيا : كيف قامت الحضارة الإسلامية على الدين الإسلامى ؟

ثالثا : ما هو مشترك عام بين الحضارات يتناقل بينها .

رابعا : حضارات انهارت عندما اعتنقت شعوبها ومجتمعاتها الإسلام وتخلت عن معتقداتها السابقة ، ولم يعد هناك من يؤمن بمعتقداتها السابقة.

خامسا : حضارات انهارت وماتت ، وأخرى أعيد تفعيلها بعد انهيارها .

سادسا : استفادة المسلمين بما هو مشترك عام بين الحضارات .

- تطوير الإنتاج فى مجال الحضارة الإسلامية .

لقد رأينا فيما سبق أن الذين دخلوا فى الدين الإسلامى وآمنوا بالله ربا وبالإسلام دينا وبمحمد ﷺ نبيا ورسولا كانوا يتخلون عن معتقداتهم ودياناتهم

السابقة . فالمشركون من قريش الذين دخلوا فى الإسلام وكذلك من دخل فى الإسلام من أهل الكتاب تخلوا عن عباداتهم الشركية وتخلوا أيضا عن القيم والسلوكيات والثقافات الشركية ، وآمنوا بالإسلام وبعقائده وشرائعه وبكل ما جاء به .

وهناك أشياء مشتركة لا تتعارض مع الإسلام، ولا تتعارض مع ما جاء به أبقى عليها الرسول ﷺ ، وأمور أخرى ناقشناها تحت عنوان : ما هو مشترك بين الحضارات .

ومن هؤلاء الأفراد الذين دخلوا فى الدين الإسلامى تكون المجتمع الإسلامى والحكومات الإسلامية والأمة الإسلامية .

والحضارة الإسلامية قامت مع قيام هذا المجتمع الإسلامى، وهذه الأمة الإسلامية.

وعندما قامت الأمة الإسلامية التى تؤمن بالله ربا وبمحمد ﷺ نبيا ورسولا، وتؤمن بالرسل وبالكتب المنزلة ، والتى جاء القرآن الكريم جامعا مانعا محفوظا بعناية الله من أى تحريف أو تزييف ، فهو محفوظ منذ أنزله الله سبحانه وتعالى على سيدنا محمد ، والمولى عز وجل يقول : ﴿ إِنَّا نَحْنُ نَزَّلْنَا ٱلذِّكْرَ وَإِنَّا لَهُۥ لَحَـٰفِظُونَ ﴾ [1].

عندما قامت الأمة الإسلامية وقامت الحضارة الإسلامية كانت هناك ثقافات وحضارات انهارت واندثرت ، فثقافة المشركين فى مكة والجزيرة العربية انهارت، والحضارة الفارسية المجوسية انهارت واندثرت عندما دخل كل أتباعها فى الإسلام، وهذا ما سوف نتناوله فى هذا الفصل تحت العناوين التى ذكرناها سابقا .

(١) الحجر : ٩ .

أولا : الذين اعتنقوا الإسلام كانوا يتخلون عن معتقداتهم الدينية السابقة، وما كانت تفرضه عليهم من قيم وسلوكيات وثقافات وحضارات ، ويؤمنون بما جاء به الإسلام فى هذه المجالات :

فكل من دخل الإسلام سواء كان مشركا أو كان مجوسيا أو هندوسيا أو بوذيا أو كتابيا كان يتخلى عن دينه ومعتقداته الدينية - سواء كان هذا الدين دينا سماويا أو دينا غير سماوى أو اعتقادا ماديا لا دينى - وما يفرضه هذا الدين أو هذا الاعتقاد من قيم وسلوكيات وثقافات وحضارات ويؤمن بما جاء به الإسلام فى كل مجال من هذه المجالات، فالمشركون الذين كانوا يعبدون الأوثان تخلوا عن عبادتها، وما كان يصاحب هذه العبادات من عادات وسلوكيات وثقافات شركية، وآمنوا بما جاء به الإسلام فى كل نواحى الحياة .

وفى بادئ الأمر كانت معظم العرب تتبع دعوة سيدنا إبراهيم فكانت تعبد الله وتوحده وتدين بدينه حتى طال عليهم الأمد ونسوا حظا مما ذكروا به ، إلا أنهم بقى فيهم التوحيد وعدة شعائر من دين إبراهيم حتى جاء عمرو بن لحى رئيس خزاعة، وكان قد نشأ على حظ عظيم من المعروف والحرص على أمور الدين فأحبه الناس ودانوا له ظنا منهم أنه من أكابر العلماء وأفاضل الأولياء ، ثم سافر إلى الشام فرآهم يعبدون الأوثان فاستحسن ذلك وظنه حقا ، لأن الشام محل الرسل والكتب فقدم معه بهبل وجعله فى جوف الكعبة ، ودعا أهل مكة إلى الشرك بالله فأجابوه، ثم لم يلبث أهل الحجاز أن تبعوا أهل مكة لأنهم أهل البيت وأهل الحرم[1] .

ومن أقدم أصنام العرب مناة وكانت بالمشلل على ساحل البحر الأحمر بالقرب من قديد والعزى بوادى نخلة واللات بالطائف ، وهذه الأصنام الثلاثة من أكبر أصنامهم،

(١) صفى الرحمن المباركفورى ، الرحيق المختوم ، الجامعة السلفية بالهند ، البحث الفائز بالجائزة الأولى لمسابقة السيرة النبوية التى نظمتها رابطة العالم الإسلامى ، ١٣٩٨ هـ ، دار إحياء التراث .

يقول تعالى : ﴿ أَفَرَءَيْتُمُ ٱللَّٰتَ وَٱلْعُزَّىٰ ﴿١٩﴾ وَمَنَوٰةَ ٱلثَّالِثَةَ ٱلْأُخْرَىٰ ﴿٢٠﴾ ﴾[1] .

وكانت هناك أصنام يقال إنها أصنام قوم نوح جلبها إلى تهامة عمرو بن لحى ودفعها إلى القبائل فى موسم الحج - وهى : ودا وسواعا ويغوث ويعوق ونسرا - فانتشرت بين العرب .

وانتشرت الأصنام فى كل البقاع حيث يسكن العرب فكانت بكل بقعة من بقاع الحجاز ، وكان لكل قبيلة وفى كل بيت صنم ، وبعد فتح مكة وجد حول الكعبة ثلاثمائة وستون صنما .

وكانت لهم تقاليد فى عبادة الأصنام ، وكانوا يعكفون عليها ويلتجئون إليها ويهتفون بها ويستغيثون بها فى الشدائد ويدعونها لحاجاتهم معتقدين أنها تقربهم إلى الله، وتحقق لهم ما يريدون، يقول تعالى: ﴿ مَا نَعْبُدُهُمْ إِلَّا لِيُقَرِّبُونَآ إِلَى ٱللَّهِ زُلْفَىٰٓ ﴾[2] .

وكانوا يحجون إليها ويطوفون حولها ويتذللون عندها ويسجدون لها.

وكانوا يتقربون للأصنام بقرابين فكانوا يذبحون وينحرون لها وبأسمائها ، وقد ذكر القرآن الكريم ذلك فى قوله تعالى : ﴿ وَمَا ذُبِحَ عَلَى ٱلنُّصُبِ ﴾[3] . وفى قوله تعالى : ﴿ وَلَا تَأْكُلُوا۟ مِمَّا لَمْ يُذْكَرِ ٱسْمُ ٱللَّهِ عَلَيْهِ ﴾[4] .

وكانت العرب تعتقد أن هذه الأصنام تشفع لهم عند الله . يقول تعالى : ﴿ وَيَعْبُدُونَ مِن دُونِ ٱللَّهِ مَا لَا يَضُرُّهُمْ وَلَا يَنفَعُهُمْ وَيَقُولُونَ هَٰٓؤُلَآءِ شُفَعَٰٓؤُنَا عِندَ ٱللَّهِ ﴾[5] .

---

(١) النجم : ١٩ ، ٢٠ .

(٢) الزمر : ٣ .

(٣) المائدة : ٣ .

(٤) الأنعام : ١٢١ .

(٥) يونس : ١٨ .

وكانوا يستقسمون بالأزلام ويضربون القداح فى مجالات عديدة من حياتهم ، وكانوا يؤمنون بالكهنة والعرافين ، وكانت فيهم الطيرة والتشاؤم ومن يدعى معرفة الغيب .

كان ذلك بعضا من أحوال الجاهلية مع بقايا من دين إبراهيم فلم يتركوه كله ، مثل:تعظيم البيت والطواف به والحج والعمرة والوقوف بعرفة والمزدلفة[1] .

وكانت جماعة منهم يطلق عليها الحمس ، وكانوا يقولون نحن بنو إبراهيم وأهل الحرم وولاة البيت وقاطنو مكة ، فلا ينبغى لنا أن نخرج من الحرم إلى الحل فكانوا لا يقفون بعرفة ولا يفيضون منها ، ويفيضون من المزدلفة ، وفيهم نزل قوله تعالى : ﴿ ثُمَّ أَفِيضُواْ مِنْ حَيْثُ أَفَاضَ ٱلنَّاسُ ﴾[2] .

وكانوا يأمرون أهل الحل أن لا يطوفوا بالبيت إلا فى ثياب الحمس[3] فإن لم يجدوا شيئا فكان الرجال يطوفون عراة ، وكانت المرأة تضع ثيابها إلا درعا مفرجا تطوف به ، وتقول :

اليوم يبدو بعضه أو كله و ما بدا منه فلا أحله

ونزل فى ذلك[4] . قوله تعالى : ﴿ يَٰبَنِيٓ ءَادَمَ خُذُواْ زِينَتَكُمۡ عِندَ كُلِّ مَسۡجِدٖ ﴾[5] .

وفى الحقيقة فإن إعلان عقيدة التوحيد وإعلان العقيدة الإسلامية وإعلان زيف عبادة الأصنام ، كان بمثابة ثورة زلزلت أركان المجتمع الجاهلى القائم على هذه المعتقدات الشركية الزائفة التى كانت تمثل النظم والقواعد التى يقوم عليها هذا المجتمع ، وتمثل الأسس والمفاهيم الثقافية والاقتصادية والسياسية والسلوكية والحضارية لهذا المجتمع الجاهلى .

(١) صفى الرحمن المباركفورى ، الرحيق المختوم .
(٢) البقرة ١٩٩ .
(٣) الحمس : جمع أحمس . والأحمس : المشتد الصلب فى الدين ، وسميت قريش حمسا لزعمهم بأنهم اشتدوا فى الدين وكانوا قد ذهبوا فى ذلك مذهب التزهد والتأله وكانت نساؤهم لا ينسجن الشعر ولا الوبر ، ابن هشام ، ص 199 ، الجزء الأول : السيرة النبوية لابن هشام .
(٤) الرحيق المختوم ، والظلال ، وتفسير الجلالين .
(٥) الأعراف : ٣١ .

وبالنسبة لأهل الكتاب يقول تعالى : ﴿ قُلْ يَٰٓأَهْلَ ٱلْكِتَٰبِ تَعَالَوْا۟ إِلَىٰ كَلِمَةٍ سَوَآءٍۭ بَيْنَنَا وَبَيْنَكُمْ أَلَّا نَعْبُدَ إِلَّا ٱللَّهَ وَلَا نُشْرِكَ بِهِۦ شَيْـًٔا وَلَا يَتَّخِذَ بَعْضُنَا بَعْضًا أَرْبَابًا مِّن دُونِ ٱللَّهِ ۚ ﴾ (١).

كان الرسول ﷺ يختتم دعوته إلى الملوك والأمراء من أهل الكتاب بهذه الآية عندما كان ﷺ يكتب إليهم لدعوتهم للإسلام ، وهى دعوة إلى التوحيد ، والقرآن كله من أوله لآخره دعوة للتوحيد ، وقد أصلح القرآن الكريم ما أفسدته العقائد الوثنية والكتابية المحرفة .

فاليهودية جعلت الرب أشبه بالمخلوقين ، فهو يعتب ويندم ويخاف ويحسد ويصارع إسرائيل فيصرعه إسرائيل ، ولا يتمكن من الإفلات منه إلا بوعد منه بمباركة نسله ، فأطلق سراحه !

والنصرانية تأثرت بوثنية روما ، وطغت عليها الوثنية حتى امتلأت الكنائس بالصور والتماثيل ، وأخذت عقيدة التثليث والفداء من عقيدة الهنود فى « كرشنة » ، كل ما فعلوه أنهم حذفوا اسم كرشنة ووضعوا اسم « يسوع » (٢).

وكما أسلفنا فإن دعوة أهل الكتاب إلى الدين الحق كانت فى نفس الوقت دعوة لترك ما يعتنقوه من معتقدات وعبادات شركية أدخلوها بعد أن انحرفوا بكتبهم ودينهم عن الدين الحق وهو الإسلام ، وكل الرسل كانوا يدعون إلى الإسلام دين التوحيد الخالص ، ولكن أتباع هذه الديانات انحرفوا بها بعد أن طال عليهم الأمد ، والمولى عز وجل يقول : ﴿ إِنَّ ٱلدِّينَ عِندَ ٱللَّهِ ٱلْإِسْلَٰمُ ۗ ﴾ (٣).

(١) آل عمران : ٦٤ .

(٢) د . يوسف القرضاوى ، كتاب : كيف نتعامل مع القرآن العظيم ؟ ، دار الشروق .

(٣) آل عمران : ١٩ .

وكذلك أهل الحضارات الأخرى مثل المجوس أهل فارس، والبوذيون فى الصين والهندوس فى الهند .. كانوا يتخلون عن معتقداتهم وثقافاتهم وحضاراتهم عندما يدخلون فى الدين الإسلامى .

ثانيا : كيف قامت الثقافة والحضارة الإسلامية على الدين الإسلامى ؟ :

1- بناء المجتمع الإسلامى وتطبيق أحكام الشريعة الإسلامية :

رأينا فيما سبق كيف تم قيام عقيدة الفرد المسلم، وعقيدة الجماعة المسلمة من صحابة رسول الله ﷺ فى مكة المكرمة، وعقيدة المجتمع المسلم .

وكيف كانت العقيدة الصحيحة القوية ، والإيمان الصادق عاصما للمسلمين من الانهيار والخضوع لمشركى قريش ، عندما كانوا يسومونهم التعذيب والاضطهاد، وظلوا محتفظين بدينهم وعقيدتهم .

وقد كانت هذه الجماعة المسلمة من صحابة رسول الله ﷺ هى القلب الذى قام عليه المجتمع الإسلامى فى المدينة المنورة ، عندما هاجر الرسول ﷺ إليها ، وأقام فيها المجتمع الإسلامى والحكومة المسلمة والأمة المسلمة ، وطبق أحكام الشريعة الإسلامية التى كانت تتنزل عليه فى آيات القرآن الكريم .

قبل الهجرة ، وبعد بيعة العقبة الأولى أرسل النبى ﷺ مصعب بن عمير إلى المدينة ليعلم المسلمين فيها شرائع الإسلام ويفقههم فى الدين، ويقوم بنشر الإسلام بين الذين لا يزالون على الشرك .

وقد نزل مصعب بن عمير العبدرى على أسعد بن زرارة وأخذا معا يبثان الإسلام فى أهل يثرب بحماس وجد ، حتى لم تبق دار من دور الأنصار إلا فيها رجال ونساء مسلمون[1] .

كما أن بعض المسلمين قد بدأوا الهجرة إلى المدينة المنورة، وذلك قبل أن يقوم رسول الله ﷺ بالهجرة إليها، وبعضهم هاجر إليها قبل عام من الهجرة .

(1) صفى الرحمن المباركفورى ، الرحيق المختوم ، الجامعة السلفية بالهند ، البحث الفائز بالجائزة الأولى لمسابقة السيرة النبوية التى نظمتها رابطة العالم الإسلامى ، ١٣٩٨ هـ ، دار إحياء التراث .

وعندما هاجر الرسول ﷺ إلى المدينة المنورة واستقر بها أخذ فى بناء مسجده ، وكان المسجد بجانب أنه للعبادة والصلاة كان أيضا جامعة يتلقى المسلمون مـن مهـاجرين وأنصار أمور دينهم فيه ويتدارسونه مع النبى ﷺ ، وهو ملتقى القبائل المتنافرة للتصالح والوئام ، وهو مجلس للشورى والدعوة إلى الـلـه ، ومأوى للفقراء الذين لا مأوى لهم .

وقد قام رسول اللـه ﷺ بالمؤاخاة بين المهاجرين والأنصار وهـو مـن أروع الأعـمـال الـتـى قام بها رسول الـلـه ﷺ فى بناء المجتمع الإسلامى على الحب فى الـلـه ، وعلى تذويب عصبيات الجاهلية فلا حمية إلا للإسلام ، وأن تسقط فوارق النسب واللـون والـوطن فـلا يتقـدم أحـد أو يتأخر إلا بمروءته وتقواه(١).

وقد جعل رسول الـلـه ﷺ هذه الأخوة عقدا نافذا لا لفظا فارغا ، وعملا يـرتبط بالـدماء والأموال ، لا لفظة تثرثر بها الألسنة ولا تقوم لها أثر .

وقد روى البخارى(٢) أن رسول الـلـه ﷺ آخى بين عبد الـرحمن بـن عـوف وسعد ابـن الربيع ، فقال لعبد الرحمن : إنى أكثر الأنصار مـالا ، فأقسم مـالى نصفين ، ولى امرأتان فانظر أعجبهما إليك فسمها لى أطلقها ، فإذا انقضت عدتها تزوجتها ، قال : بـارك الـلـه لـك فى أهلك ومالك وأين سوقكم ، فدلوه على بنى قينقاع ، فما انقلب إلا ومعه فضل من إقط وسمن ، ثم تابع الغدو ، ثم جاء يوما وبه أثر صفرة ، فقال النبى ﷺ: مهيم(٣) ؟ قال : تزوجت ، قال : كم سقت إليها ؟ قال : نواة من ذهب.

---

(١) الرحيق المختوم للمباركفورى .

(٢) صحيح البخارى ، باب إخاء النبى ﷺ بين المهاجرين والأنصار .

(٣) مهيم : بمعنى كيف حالك ، ما الخبر ؟ وهى كلمة عربية .

وقد قام النبى ﷺ بكتابة عقد تحالف ومؤاخاة بين المسلمين لينهى الصراع الذى كان دائرا بين القبائل وينهى تقاليد الجاهلية ونزاعاتها والتقاليد القبلية الجاهلية ، وقد جاءت بنود هذا العقد تحت عنوان :

« هذا كتاب محمد النبى ﷺ بين المؤمنين والمسلمين من قريش ويثرب ومن تبعهم فلحق بهم وجاهد معهم »[1].

ثم يعدد هذا التحالف أو هذا الميثاق البنود التى تجعل من المؤمنين أمة واحدة دون الناس ، وهو أول بند من هذا الميثاق ، ثم تأتى البنود الأخرى التى تقضى على أخلاق ونزاعات وحزازات الجاهلية .

ثم قام النبى ﷺ بوضع بنود المعاهدة مع اليهود لتنظيم العلاقة بينهم وبين المسلمين،وهى بنود تنظم علاقات المسلمين بغير المسلمين .

وكان النبى ﷺ يتعهد أصحابه بالتعليم والتربية وتزكية النفوس والحث على مكارم الأخلاق ، ويعلمهم العبادة والطاعة ويعلمهم ما خفى عليهم من آيات القرآن الكريم، وكان ﷺ يبلغ أصحابه آيات القرآن الكريم عندما تنزل عليه ، وكان الصحابة بطبيعتهم العربية يفهمون أساليب القرآن الكريم ومراميه ، وإذا التبس شيء فى فهمه سألوا رسول الله ﷺ ، وفى الصحيحين عن ابن مسعود لما نزلت : ﴿ **ٱلَّذِينَ ءَامَنُواْ وَلَمۡ يَلۡبِسُوٓاْ إِيمَٰنَهُم بِظُلۡمٍ** ﴾[2].

شق ذلك على أصحاب رسول الله ﷺ وقالوا : أينا لا يظلم نفسه ؟ فقال رسول الله ﷺ : **ليس هو كما تظنون إنما هو كما قال لقمان لابنه : ﴿ وَإِذۡ قَالَ لُقۡمَٰنُ لِٱبۡنِهِۦ وَهُوَ يَعِظُهُۥ يَٰبُنَيَّ لَا تُشۡرِكۡ بِٱللَّهِۖ إِنَّ ٱلشِّرۡكَ لَظُلۡمٌ عَظِيمٌ ﴾**[3].

(١) الرحيق المختوم للمباركفورى ، والسيرة النبوية لابن هشام .

(٢) الأنعام : ٨٢ .

(٣) لقمان : 13 .

وكان الرسول ﷺ بأقواله وأفعاله وسلوكه قدوة للمسلمين يعلمهم الرحمة والتراحم فيما بينهم، ويعلمهم دين الله وأهمية الدعوة إلى الله ، وكان ﷺ يؤدب أصحابه ويعلمهم بأقواله وسنته ، يقول ﷺ : لا يدخل الجنة من لا يأمن جاره بوائقه(١).

ويقول ﷺ : المسلم من سلم المسلمون من لسانه ويده(٢).

ويقول ﷺ : ليس المؤمن بالذى يشبع وجاره جائع إلى جانبه(٣).

ويقول ﷺ : سباب المؤمن فسوق وقتاله كفر(٤).

وغير ذلك من الأحاديث الصحيحة التى كانت من أسس ومكونات المجتمع الإسلامى .

وكانت آيات القرآن الكريم تتنزل على رسول الله ﷺ ويعلمها لأصحابه .. هى لبنات تكون منها المجتمع الإسلامى، وهى الأعمدة الصلبة التى رسخت وثبتت المجتمع الإسلامى فى مواجهة الأعاصير التى هبت على المسلمين ، والتى حاولت اقتلاع الإسلام من بنيان المجتمع الإسلامى .

ولم تفلح هذه الأعاصير المستمرة فى زحزحة المجتمعات الإسلامية عن دينهم الإسلامى منذ إعلان الدعوة وحتى الآن .

يقول تعالى فى الأمر بالمعروف والنهى عن المنكر ، وأن الخير فى الأمة الإسلامية، ما دامت تأمر بالمعروف وتنهى عن المنكر وتؤمن بالله : ﴿ **كُنتُمْ خَيْرَ أُمَّةٍ أُخْرِجَتْ لِلنَّاسِ تَأْمُرُونَ بِالْمَعْرُوفِ وَتَنْهَوْنَ عَنِ الْمُنكَرِ وَتُؤْمِنُونَ بِاللَّهِ** ﴾(٥).

---

(١) رواه مسلم .

(٢) رواه البخارى .

(٣) رواه البيهقى فى شعب الإيمان ، مشكاة المصابيح .

(٤) رواه البخارى .

(٥) آل عمران : ١١٠ .

ويقـــول تعـــالى : ﴿ وَٱلۡمُؤۡمِنُونَ وَٱلۡمُؤۡمِنَٰتُ بَعۡضُهُمۡ أَوۡلِيَآءُ بَعۡضٖۚ يَأۡمُرُونَ بِٱلۡمَعۡرُوفِ وَيَنۡهَوۡنَ عَنِ ٱلۡمُنكَرِ وَيُقِيمُونَ ٱلصَّلَوٰةَ وَيُؤۡتُونَ ٱلزَّكَوٰةَ وَيُطِيعُونَ ٱللَّهَ وَرَسُولَهُۥٓۚ أُوْلَٰٓئِكَ سَيَرۡحَمُهُمُ ٱللَّهُۗ إِنَّ ٱللَّهَ عَزِيزٌ حَكِيمٞ ﴾ (١).

ويقــول تعـالى : ﴿ وَلۡتَكُن مِّنكُمۡ أُمَّةٞ يَدۡعُونَ إِلَى ٱلۡخَيۡرِ وَيَأۡمُرُونَ بِٱلۡمَعۡرُوفِ وَيَنۡهَوۡنَ عَنِ ٱلۡمُنكَرِۚ وَأُوْلَٰٓئِكَ هُمُ ٱلۡمُفۡلِحُونَ ﴾ (٢).

ويقول تعالى عن الكيل والميزان وعدم الغش فيهما والعدل بين الناس : ﴿ وَأَوۡفُواْ ٱلۡكَيۡلَ وَٱلۡمِيزَانَ بِٱلۡقِسۡطِۖ لَا نُكَلِّفُ نَفۡسًا إِلَّا وُسۡعَهَاۖ وَإِذَا قُلۡتُمۡ فَٱعۡدِلُواْ وَلَوۡ كَانَ ذَا قُرۡبَىٰۖ وَبِعَهۡدِ ٱللَّهِ أَوۡفُواْۚ ذَٰلِكُمۡ وَصَّىٰكُم بِهِۦ لَعَلَّكُمۡ تَذَكَّرُونَ ﴾ (٣).

ويقول تعـالى عـن الشـهادة بالقسـط : ﴿ يَٰٓأَيُّهَا ٱلَّذِينَ ءَامَنُواْ كُونُواْ قَوَّٰمِينَ لِلَّهِ شُهَدَآءَ بِٱلۡقِسۡطِۖ وَلَا يَجۡرِمَنَّكُمۡ شَنَـَٔانُ قَوۡمٍ عَلَىٰٓ أَلَّا تَعۡدِلُواْۚ ٱعۡدِلُواْ هُوَ أَقۡرَبُ لِلتَّقۡوَىٰۖ وَٱتَّقُواْ ٱللَّهَۚ إِنَّ ٱللَّهَ خَبِيرُۢ بِمَا تَعۡمَلُونَ ﴾ (٤).

وغير ذلك آيات قرآنية كثيرة يقوم عليها بناء المجتمع الإسلامى الذى يتمسك بكل ما جاء به القرآن الكريم من عقيدة وشريعة .

وأحكام الشريعة الإسلامية بعضها كان مطبقا منذ بدايات الرسالة فى مكة المكرمة مثل: أحكام الصلاة والوضوء، وبعضها الآخر طبق عند قيام الدولة والمجتمع الإسلامى فى المدينة المنورة .

(١) التوبة : ٧١ .

(٢) آل عمران : ١٠٤ .

(٣) الأنعام : ١٥٢ .

(٤) المائدة : ٨ .

وكانت آيات القرآن الكريم تتنزل بأحكام الشريعة الإسلامية، ويقوم الرسول ﷺ بتطبيقها عمليا على الفرد والمجتمع والدولة بمؤسساتها وهيئاتها ونظمها، والأحكام التى تستلزم وجود الدولة أو ولى الأمر مثل الحدود طبقت بعد نزولها، وكان ذلك فى المدينة المنورة .

وقد قام الرسول ﷺ بتطبيق أحكام العبادات كما أنزلها الله سبحانه وتعالى فى القرآن الكريم والسنة المطهرة ، وهى الصلاة وصوم رمضان والزكاة وحج بيت الله الحرام.

وطبقت أحكام الأسرة مثل: الزواج والطلاق والعدة والنفقة .

وأحكام المعاملات مثل : الشركة والإجارة .

وطبقت أحكام علاقات الراعى بالرعية والرعية بالراعى، وعلاقات الجوار، وعلاقات الدول بعضها ببعض، وعلاقات المسلمين بغير المسلمين، وعلاقات الحرب والسلم .

وطبقت أحكام الحدود، وهى العقوبات مثل : حد السرقة والقتل وشرب الخمر والزنى والحرابة .

يقول تعالى : ﴿ وَلَا تَقْتُلُوا۟ ٱلنَّفْسَ ٱلَّتِى حَرَّمَ ٱللَّهُ إِلَّا بِٱلْحَقِّ ﴾ [1]. ويقول تعالى : ﴿ يَـٰٓأَيُّهَا ٱلَّذِينَ ءَامَنُوا۟ كُتِبَ عَلَيْكُمُ ٱلْقِصَاصُ فِى ٱلْقَتْلَى ۖ ٱلْحُرُّ بِٱلْحُرِّ وَٱلْعَبْدُ بِٱلْعَبْدِ وَٱلْأُنثَىٰ بِٱلْأُنثَىٰ ۚ فَمَنْ عُفِىَ لَهُۥ مِنْ أَخِيهِ شَىْءٌ فَٱتِّبَاعٌۢ بِٱلْمَعْرُوفِ وَأَدَآءٌ إِلَيْهِ بِإِحْسَـٰنٍ ۗ ذَٰلِكَ تَخْفِيفٌ مِّن رَّبِّكُمْ وَرَحْمَةٌ ۗ فَمَنِ ٱعْتَدَىٰ بَعْدَ ذَٰلِكَ فَلَهُۥ عَذَابٌ أَلِيمٌ ﴿١٧٨﴾ وَلَكُمْ فِى ٱلْقِصَاصِ حَيَوٰةٌ يَـٰٓأُو۟لِى ٱلْأَلْبَـٰبِ لَعَلَّكُمْ تَتَّقُونَ ﴿١٧٩﴾ ﴾ [2].

---

(١) الإسراء : ٣٣ .

(٢) البقرة : ١٧٨ ، ١٧٩ .

وعن الخمر والميسر يقول تعالى : ﴿يَٰٓأَيُّهَا ٱلَّذِينَ ءَامَنُوٓاْ إِنَّمَا ٱلۡخَمۡرُ وَٱلۡمَيۡسِرُ وَٱلۡأَنصَابُ وَٱلۡأَزۡلَٰمُ رِجۡسٞ مِّنۡ عَمَلِ ٱلشَّيۡطَٰنِ فَٱجۡتَنِبُوهُ لَعَلَّكُمۡ تُفۡلِحُونَ ٩٠ إِنَّمَا يُرِيدُ ٱلشَّيۡطَٰنُ أَن يُوقِعَ بَيۡنَكُمُ ٱلۡعَدَٰوَةَ وَٱلۡبَغۡضَآءَ فِي ٱلۡخَمۡرِ وَٱلۡمَيۡسِرِ وَيَصُدَّكُمۡ عَن ذِكۡرِ ٱللَّهِ وَعَنِ ٱلصَّلَوٰةِۖ فَهَلۡ أَنتُم مُّنتَهُونَ ٩١﴾[1].

وعن الزنى يقول تعالى : ﴿ٱلزَّانِيَةُ وَٱلزَّانِي فَٱجۡلِدُواْ كُلَّ وَٰحِدٖ مِّنۡهُمَا مِاْئَةَ جَلۡدَةٖۖ وَلَا تَأۡخُذۡكُم بِهِمَا رَأۡفَةٞ فِي دِينِ ٱللَّهِ إِن كُنتُمۡ تُؤۡمِنُونَ بِٱللَّهِ وَٱلۡيَوۡمِ ٱلۡأٓخِرِۖ وَلۡيَشۡهَدۡ عَذَابَهُمَا طَآئِفَةٞ مِّنَ ٱلۡمُؤۡمِنِينَ ٢ ٱلزَّانِي لَا يَنكِحُ إِلَّا زَانِيَةً أَوۡ مُشۡرِكَةٗ وَٱلزَّانِيَةُ لَا يَنكِحُهَآ إِلَّا زَانٍ أَوۡ مُشۡرِكٞۚ وَحُرِّمَ ذَٰلِكَ عَلَى ٱلۡمُؤۡمِنِينَ ٣﴾[2].

وعن السرقة يقول تعالى : ﴿وَٱلسَّارِقُ وَٱلسَّارِقَةُ فَٱقۡطَعُوٓاْ أَيۡدِيَهُمَا جَزَآءَۢ بِمَا كَسَبَا نَكَٰلٗا مِّنَ ٱللَّهِۗ وَٱللَّهُ عَزِيزٌ حَكِيمٞ﴾[3].

وعن الذين يحاربون الله ورسوله ويسعون فى الأرض فسادا ، يقول تعالى : ﴿إِنَّمَا جَزَٰٓؤُاْ ٱلَّذِينَ يُحَارِبُونَ ٱللَّهَ وَرَسُولَهُۥ وَيَسۡعَوۡنَ فِي ٱلۡأَرۡضِ فَسَادًا أَن يُقَتَّلُوٓاْ أَوۡ يُصَلَّبُوٓاْ أَوۡ تُقَطَّعَ أَيۡدِيهِمۡ وَأَرۡجُلُهُم مِّنۡ خِلَٰفٍ أَوۡ يُنفَوۡاْ مِنَ ٱلۡأَرۡضِۚ ذَٰلِكَ لَهُمۡ خِزۡيٞ فِي ٱلدُّنۡيَاۖ وَلَهُمۡ فِي ٱلۡأٓخِرَةِ عَذَابٌ عَظِيمٌ﴾[4].

وهذه العقوبات التى جاءت فى آيات القرآن الكريم عددها قليل ، وهى عقوبات رادعة مانعة من الوقوع فيها .

وقد أحصى أحدهم عدد الذين قطعت أيديهم فى الحرب اللبنانية فوجدها تفوق من قطعت أيديهم طوال التاريخ الإسلامى كله عددا كما جاء فى وسائل الإعلام إبان

(١) المائدة : ٩٠ ، ٩١ .
(٢) النور : ٢ ، ٣ .
(٣) المائدة : ٣٨ .
(٤) المائدة : ٣٣ .

الحرب اللبنانية الأخيرة . فالمجتمع الإسلامى يقوم على الخيرية ، والرحمة ويقوم على الحق والعدل وحفظ الأموال والأنفس وحفظ الدين وحفظ الأعراض واحترام حقوق الأقليات الدينية والعرقية، ويقوم على الشورى فى كل المجالات ، ويقوم على حرية الإنسان المدنية والسياسية واحترام حقوق الإنسان بجميع أنواعها .

2 - أساس الثقافة والحضارة الإسلامية القرآن الكريم والسنة النبوية :

كانت آيات القرآن الكريم تتنزل على رسول الله ﷺ ، وكانت هذه الآيات المباركة تثبت وتترسخ فى عقول وقلوب وأرواح صحابة رسول الله ﷺ ، وكانت عقولهم وأرواحهم ووجداناتهم تتشكل تشكيلا جديدا تبعا لما جاءت به هذه الآيات .

فنشأ الفرد المسلم، والمجتمع المسلم يحمل كل ما جاء به القرآن الكريم فى جميع المجالات الاقتصادية والسياسية والثقافية والحضارية، وجميع جوانب الحياة .

وقد جاءت الآيات القرآنية لتبين أسس التكليف التى كلف الله عباده بها وهى: عبادة الله سبحانه وتعالى ، يقول تعالى : ﴿ وَمَا خَلَقْتُ ٱلْجِنَّ وَٱلْإِنسَ إِلَّا لِيَعْبُدُونِ ﴿٥٦﴾ مَآ أُرِيدُ مِنْهُم مِّن رِّزْقٍ وَمَآ أُرِيدُ أَن يُطْعِمُونِ ﴿٥٧﴾ إِنَّ ٱللَّهَ هُوَ ٱلرَّزَّاقُ ذُو ٱلْقُوَّةِ ٱلْمَتِينُ ﴿٥٨﴾ ﴾(١).

وتزكية النفس .. يقول تعالى : ﴿ قَدْ أَفْلَحَ مَن زَكَّىٰهَا ﴿٩﴾ وَقَدْ خَابَ مَن دَسَّىٰهَا ﴿١٠﴾ ﴾(٢).

وعمارة الأرض ، يقول تعالى : ﴿ هُوَ أَنشَأَكُم مِّنَ ٱلْأَرْضِ وَٱسْتَعْمَرَكُمْ فِيهَا ﴾(٣)، ويقول تعالى : ﴿ وَلَا تَعْثَوْا۟ فِى ٱلْأَرْضِ مُفْسِدِينَ ﴾(٤).

---

(١) الذاريات : ٥٦ - ٥٨ .

(٢) الشمس : ٩ ، ١٠ .

(٣) هود : ٦١ .

(٤) البقرة : ٦٠ .

وعمارة الأرض وحضارتها من أسس التكليف التي ترسخت في عقل وروح ووجدان الفرد والمجتمع المسلم ، فهي أسس موجودة في القرآن الكريم وموجودة في عقول ووجدان الفرد المسلم والمجتمع المسلم .

والدين الإسلامي هو الرسالة الخاتمة ، وقد جاء ليشمل جميع جوانب الحياة، ومنها جوانب الثقافة الإسلامية والحضارة الإسلامية .

ومع انتصار الإسلام والقضاء على العقائد الشركية ، تغيرت المفاهيم الاقتصادية والثقافية والاجتماعية والسياسية الشركية ، وأصبحت لها مفاهيمها الإسلامية المميزة لها .

فأسس الحضارة الإسلامية موجودة في آيات القرآن الكريم والسنة النبوية الشريفة، كما أنها موجودة في عقل وقلب وروح الفرد المسلم والمجتمع المسلم الذي يؤمن بالله وملائكته وكتبه ورسله وباليوم الآخر والقدر خيره وشره ، فكان طبيعيا أن يكون الإنتاج في مجال الحضارة والإنتاج الثقافي الذي يبدعه الفرد المسلم - قصائد الشعر مثلا- يحمل الصفات والمفاهيم المميزة للثقافة والحضارة الإسلامية ، فقصائد الشعر التي يبدعها شعراء مسلمون تختلف عن تلك التي يبدعها شعراء يمثلون العصر الجاهلي وثقافته ، وفي الوقت الذي كان يقول فيه امرؤ القيس القصائد محتوية على جنس صريح، بما فيه وصف الأعضاء التناسلية للمرأة ، فإن الشعراء المسلمين مثل: حسان بن ثابت كانوا يعفون في شعرهم عن كل ما يخالف الإسلام .

والشعر والإنتاج الثقافي في مجال : القصة والمسرحية والسينما والمسرح والفنون التشكيلية وفنون العمارة والزخرفة يجب أن يحمل مفاهيم الثقافة الإسلامية .

والإنتاج الثقافي الإسلامي دائما يخدم غرضا يقبله المجتمع الإسلامي، سواء كان دعوة إلى الإسلام ، أو مناقشة أي قضية من وجهة نظر إسلامية .

والإنتاج الثقافى بصفة عامة له شقان : الشق الأول شق جمالى فنى ، وهو شق مشترك بين الثقافات المختلفة والحضارات المختلفة .

الشق الثانى : شق ثقافى، وهو يتعلق بالثقافة التى ينتمى إليها .

والشق الفنى الجمالى فى العمل الأدبى أو الفنى شق مشترك بين الثقافات والمسابقات الدولية ،تكون على أساس الناحية الجمالية فى العمل وليس على أساس الناحية الثقافية ، وقد رأينا أعمالا فنية إسلامية تدخل المسابقات الدولية وتفوز بالجوائز الأولى على أساس ما تحويه من إبداع جمالى وليس ما تحويه من مفاهيم ثقافية، ومثال على ذلك الأفلام الإيرانية التى تنتجها جمهورية إيران الإسلامية الآن وتفوز فى المسابقات الدولية رغم أنها تحمل مفاهيم الثقافة الإسلامية[١] . والإنتاج فى مجال الحضارة الإسلامية يشمل الإنتاج فى مجال الثقافة الإسلامية والمجالات السياسية: والاجتماعية والاقتصادية الإسلامية ، وقد تغير أيضا الإنتاج فى مجال الحضارة ليحمل المضامين الإسلامية ، فهناك الاقتصاد الإسلامي، وهناك نظم وقواعد اجتماعية إسلامية تختلف عن تلك النظم والقواعد الاجتماعية فى الحضارات الأخرى .

والحضارة الإسلامية تتصف بسمات خاصة تميزها عن الحضارات الأخرى مثل الروح الدينية القوية ، فقد اهتمت ببناء المساجد وأول شىء فعله رسول الله ﷺ بعد الهجرة هو بناء المسجد ، فقد قام ببناء مسجد قباء ثم ببناء مسجده ﷺ فى المدينة المنورة.. والمجتمع الإسلامى يتصف بكثرة المؤسسات الدينية، وهناك طابع إسلامى تتصف به العمارة وتخطيط المدن ،كما أنه هناك نوع الأطعمة والملابس ومظاهر الاحتفالات التى لها طابعها الإسلامى الخاص، كما أن الحضارة الإسلامية تهتم بالأعياد الدينية واختيار الأسماء ، فالحياة الدينية تصبغ الحياة اليومية للمسلم .

(١) د . محمد الجوهرى حمد الجوهرى ، العولمة والثقافة الإسلامية ، دار الأمين ، ٢٠٠٢ م .

كما أن الحضارة الإسلامية تهتم بعمارة الدنيا، سواء ما يتعلق بالإنسان وعمله أو بالنواحى المادية فى الحياة.

كما تهتم الحضارة الإسلامية بالتكافل والتراحم وتهتم بالتسامح بين الديانات المختلفة[1].

كما أن العدل من أهم سمات الحضارة الإسلامية، يقول تعالى : ﴿ يَـٰٓأَيُّهَا ٱلَّذِينَ ءَامَنُوا۟ كُونُوا۟ قَوَّٰمِينَ لِلَّهِ شُهَدَآءَ بِٱلْقِسْطِ ۖ وَلَا يَجْرِمَنَّكُمْ شَنَـَٔانُ قَوْمٍ عَلَىٰٓ أَلَّا تَعْدِلُوا۟ ۚ ٱعْدِلُوا۟ هُوَ أَقْرَبُ لِلتَّقْوَىٰ ۖ وَٱتَّقُوا۟ ٱللَّهَ ۚ إِنَّ ٱللَّهَ خَبِيرٌۢ بِمَا تَعْمَلُونَ ﴾[2].

كما أن من سمات حضارتنا الإسلامية الاهتمام بسنن الله الكثيرة المنبثة فى الكون مثل سنة التوازن ، يقول تعالى : ﴿ وَأَنۢبَتْنَا فِيهَا مِن كُلِّ شَىْءٍ مَّوْزُونٍ ﴾[3]. ومن هذه السنة كان اهتمام الحضارة الإسلامية بالبيئة والحفاظ عليها .

ثالثا : ما هو مشترك عام بين الحضارات يتناقل بينها :

شهد رسول الله ﷺ قبل الإسلام حلف الفضول، وهو حلف تداعت إليه قبائل قريش فتعاهدوا وتعاقدوا على ألا يجدوا فى مكة مظلوما إلا قاموا معه ، وقال رسول الله ﷺ عن هذا الحلف بعد أن أكرمه الله بالرسالة : « لقد شاهدت فى دار عبد الله بن جدعان حلفا ما أحب أن لى به حمر النعم ، ولو ادعى به فى الإسلام لأجبت »[4].

(١) د. محمد محمد عبد القادر الخطيب ، لمزيد من التفاصيل كتاب : دراسات فى تاريخ الحضارة الإسلامية ، مطبعة الحسين .
(٢) المائدة : ٨.
(٣) الحجر : ١٩.
(٤) السيرة النبوية لابن هشام ، والرحيق المختوم للمباركفورى .

وكان العرب قبل الإسلام فيهم بعض الصفات والأخلاق التى أقرها الإسلام مثل: الكرم والوفاء بالعهد وعزة النفس والإباء عن قبول الخسف والضيم ومضاء العزم .

وكانت فيهم بقية من دين سيدنا إبراهيم عليه السلام فأبقاها الإسلام ، فقد جاء الإسلام بصحيح الدين وهو الإسلام ، وهو دين سيدنا إبراهيم والأنبياء من قبله ومن بعده.

وتعتبر العلوم الطبيعية مثل : الجبر والهندسة والحساب والكيمياء والفيزياء وبقية العلوم من المشترك العام بين الحضارات ، فالجبر من العلوم الإسلامية التى ابتكرها الخوارزمى وانتقلت إلى الحضارات الأخرى، وليس معنى أن الجبر مخترعه العالم المسلم الخوارزمى أن هذا العلم يختص بالحضارة الإسلامية دون بقية الحضارات .

فعلوم الفلك والجغرافيا كان للمسلمين إسهامات مميزة فيها ، ولكنها علوم مشتركة بين الحضارات تتناقلها الحضارات اللاحقة عن السابقة أو الحضارات المعاصرة عن بعضها البعض، وتلك تضيف إليها وهذه تضيف إليها، ولكنها لا تعتبر لها خصائص حضارية تخص حضارة من الحضارات .

كما أن التقدم والتخلف فى العلوم الطبيعية والصناعة والتقنية ترجع إلى الإدارة وليس له علاقة بحضارة بعينها ، إذ إن هذه العلوم تعتبر مما هو مشترك عام بين الحضارات .

وقد رأينا فى عصرنا الراهن دول النمور الآسيوية تنهض بسرعة فى عقد أو عقدين، على الرغم من أن هذه الدول منها ما ينتمى إلى الحضارة الإسلامية مثل ماليزيا، ومنها ما ينتمى إلى الحضارات الأخرى الصينية والهندوسية والغربية العلمانية .

وهناك نماذج عديدة من عصور التاريخ، فصناعة الزجاج انتقلت من الحضارة المصرية القديمة إلى الحضارة اليونانية ، ثم انتقلت إلى الحضارة الإسلامية ، وما حدث أن الرسومات على الزجاج فقط هى التى تغيرت لتحمل مفهوم الحضارة التى تنتمى إليها ، حتى أنه فى البحث عن الآثار إن وجد مرسوم على بقايا قطع الزجاج الزخارف النباتية اعتبرت من الحضارة الإسلامية ، وإذا كان عجل أبيس كان من الحضارة الفرعونية ، وإذا كان رسم لأفروديت أو غيره كان من الحضارة اليونانية .

ومسرح العرائس الموجود الآن يرجع إلى العصر العباسى ، فقد عرف لأول مرة فى بغداد عاصمة الخلافة العباسية ، ومنها انتشر فى بقية الأقاليم مثل : مصر والشام والمغرب والأندلس، ويرجح أن مصدر هذه اللعبة الهند القديمة، ويرى أحمد تيمور أنها نشأت فى الشرق الأقصى- وانتقلت للهند[1] .

ومسرح العرائس كان يعرف حين ذاك باسم شخوص خيال الظل أو ظل الخيال أو الخيال أو مسرح الدمى .

ويرجح أن الشعوب الهندية التى دخلت فى الإسلام هى التى جاءت بهذا الفن، فتم استعماله حيث استخدم الإنتاج الثقافى الإسلامى فى هذا الفن ، ويوجد فى متحف برلين فى القسم الإسلامى بعض العرائس المخرمة المصنوعة من الجلد تنسب للعصر- المملوكي، وأحدها يمثل فارس بيديه صقر (الصيد بالصقور) ، وقد عثر المستشرق (بول كاله) سنة ١٩٠٩م على مجموعة من المخطوطات بالقاهرة، ومن بين هذه المخطوطات بعض تمثيليات خيال الظل فى مصر أثناء الحروب الصليبية، ففى تمثيلية (حرب العجم) أو (لعبة النار) نجد تمثيلية عن الحروب الصليبية فيها

(١) د . أحمد عبد الرازق أحمد ، كتاب : دراسات فى الحضارة الإسلامية ، المجلد الأول : التسلية عند المسلمين.

شحذ للهمم والكفاح وحب الظفر بالنصر والتغنى به والدعوة للجهاد ، وكذلك توجد تمثيلية عن (لعبة التمساح) وغيرها من مخطوطات خيال الظل[1].

و تذكر بعض المصادر إنه كان لأحد طهاة الخليفة المأمون ابن يسمى عبادة ، وكان خفيف الظل لطيف المعشر حاضر البديهة ، فقال له الشاعر دعبل يوما : و الله لأهجونك، قال : و الله لإن فعلت لأخرجن أمك فى الخيال[2]. (أى فى مسرح العرائس).

وهكذا نجد أن مسرح العرائس انتقل من الحضارة الهندية إلى الحضارة الإسلامية فتم تطويره ، ومورست من خلاله الثقافة الإسلامية والمتمثلة فى إنتاج ثقافى هو التمثيليات ، وانتقل إلى الحضارة الغربية الحديثة بعد ذلك .

ومن المهم أن نعرف أن المخترعات الحديثة التى نراها الآن ليست نتيجة لخصائص مميزة فى الحضارة الغربية الحديثة، ولكنها مما يعتبر من المشترك العام بين الحضارات فى أغلبها ، ومن المهم استغلالها والبناء عليها حتى تنطلق الشعوب الإسلامية فى التقدم والنهضة وتنافس الآخرين .

وإذا كانت أوروبا وأمريكا قد تقدمتا فى العلوم الطبيعية تقدما كبيرا عن بقية البلاد الأخرى ، فليس معنى ذلك أن الحضارة الغربية المعاصرة أصبحت متميزة أو فيها ميزات عن الحضارات المعاصرة - كالحضارة الهندية والحضارة الصينية والحضارة الإسلامية-ولكن هذه العلوم الطبيعية مشتركة بين الحضارات، وتخلف أصحاب هذه الحضارات عن أصحاب الحضارة الغربية الأوروبية الأمريكية العلمانية المعاصرة يرجع إلى أصحاب هذه الحضارات أنفسهم .

(١) د . نعمات أحمد فؤاد ، كتاب : دراسات فى الحضارة الإسلامية ، المجلد الثانى : دور مصر فى الحضارة الإسلامية .

(٢) د . أحمد عبد الرازق أحمد ، كتاب : دراسات فى الحضارة الإسلامية ، المجلد الأول : التسلية عند المسلمين.

ولو كانت هناك إدارة جيدة مثلما يحدث في الصين والهند حاليا لنهض أصحاب الحضارة الإسلامية مثل الآخرين ، فالعلوم الطبيعية والتقنية والصناعات تعتبر مما هو مشترك عام بين الحضارات، ويمكن نقله واكتسابه من الحضارات الأخرى والتفوق فيه في مدة وجيزة .

وقد قام العلماء المسلمون في عصور الإسلام المختلفة بإسهامات عديدة في المجالات المختلفة. هذا بالإضافة إلى أنهم قاموا بوضع أسس علوم جديدة ، وذلك قبل النهضة الأوروبية بقرون ، فعلم الجبر قام بوضع أساسه محمد بن موسى الخوارزمي الذى كان معاصرا للخليفة المأمون ، وعلم الاجتماع كان أول من وضع أسسه هو ابن خلدون كما جاء في كتابه (المقدمة)، وسماه علم العمران البشرى أو العمران أو الاجتماع الإنساني[١].

ويقول ابن خلدون مبينا أن علم العمران البشرى علم جديد لم يعرفه أحد قبله : « واعلم أن الكلام في هذا الغرض مستحدث الصنعة ، غريب النزعة، غزير الفائدة ، أعثر عليه البحث ، وأدى إليه الغوص . ولعمري لم أقف على الكلام في منحاه لأحد من الخليقة »[٢].

ويضيف ابن خلدون : « ونحن ألهمنا الله إلى ذلك إلهاما وأعثرنا على علم جعلنا بين نكرة وجهينة خبره ، فإن كنت قد استوفيت مسائله ، وميزت عن سائر الصنائع أنظاره وأنحاؤه فتوفيق من الله وهداية ، وإن فاتنى شيء في إحصائه واشتبهت بغيره فللناظر المحقق إصلاحه ، ولى الفضل لأني نهجت لهم السبيل وأوضحت له الطريق ، و الله يهدى لنوره من يشاء »[٣].

---

(١) عبد الرحمن بن خلدون ، كتاب : مقدمة ابن خلدون ، مكتبة الهلال ، بيروت .

(٢) المصدر السابق .

(٣) المصدر السابق .

وكما توقع ابن خلدون فقد قام الأوربيون إبان عصر النهضة بترجمة المقدمة عدة مرات، وقاموا بتطوير علم الاجتماع والإضافة إليه، ولكن استخدموه ليعالج مشاكل مجتمعاتهم ويحمل مفاهيم حضارتهم الغربية العلمانية .

فعلم الاجتماع وجميع العلوم تعتبر مما هو مشترك عام بين الحضارات، ويمكن نقلها واستخدامها والبناء عليها، ولكن لتحمل مفاهيم حضارتنا الإسلامية، وتعالج مشكلات مجتمعاتنا الإسلامية .

وكما رأينا فالعلوم الإنسانية مثل علم الاجتماع يمكن أن تنتقل بين الحضارات، ولكن لتحمل مفاهيم الحضارة التى تنتقل إليها، والتى تعالج مشاكل مجتمعاتها .

وكان المسلمون فى العصر الأموى والعباسى عندما قاموا بترجمة علوم اليونان وإنتاجهم فى مجالات الثقافة اليونانية ومجالات الحضارة اليونانية القديمة ، وبترجمة علوم فارس والهند، فإنهم لم يقوموا بتطبيقها فى مجتمعاتهم الإسلامية كما هى ، بل قاموا باستخدام ما ينفعهم بعد اكتساب المفاهيم الإسلامية .

فالعلوم بصفة عامة - سواء العلوم الطبيعية والعلوم الإنسانية - من المشترك العام بين الحضارات ، مع الأخذ بأن بعض العلوم يحتاج لإكسابه - وتغيير تطبيقاته - المفاهيم الخاصة بالحضارة التى ينتقل إليها .

وفى العصر الذى نعيشه هناك قيم كثيرة أخرى تعتبر من المشترك العام بين الثقافات والحضارات، منها : بعض القيم الأخلاقية مثل: الصدق والكذب والغش والخداع والعدل والظلم . وبعض القيم الإنسانية مثل : حقوق الإنسان ، والحقوق المدنية، والحقوق السياسية ، والحريات العامة ، والحريات السياسية .

وهناك جانب مهم فى الإنتاج الثقافى يعتبر من المشترك العام بين الثقافات والحضارات، وهذا الجانب - وإن كان ليس جديدا بالضبط - إلا أننى أزعم أننى

أول من أبرزته بوضوح تام وضربت له الأمثلة من الثقافات المختلفة كما جاء فى أحد كتبى[1] .

وملخص ذلك فيما يلى :

أن العمل الثقافى الأدبى أو الفنى أو ... له جانبان أو شقان : الشق الجمالى الفنى والشق الثقافى ، وهذان الجانبان مختلفان - سواء أكان المؤلف أم المبدع للعمل يدرك أو لا يدرك ذلك - ويمكن رصدهما وتمييزهما للناقد أو المثقف الذى له اهتمام بالثقافات المختلفة :

الشق الأول : وهو الشق الجمالى الفنى فى العمل، وهذا الشق هو الذى قامت الأعمال الأدبية والفنية أساسا من أجل إبرازه وإبداعه ، والعمل الذى يخلو من الإبداع الجمالى يعتبر ساقطا . وهذا الشق الجمالى يعتبر مما هو مشترك عام بين الثقافات والحضارات .

والمسابقات الدولية فى المجالات المختلفة مثل: مسابقات الأفلام السينمائية الدولية، ومثل: مسابقات الأعمال الأدبية ... تكون على أساس هذا الشق الجمالى فقط وليس الشق الثقافى .

الشق الثانى : وهو الشق الثقافى وهو الذى يتعلق بالثقافة التى ينتمى إليها هذا العمل، فالثقافات المختلفة تختلف فى أساسيات كثيرة، وكان هذا الشق بارزا واضحا فى الإنتاج الثقافى للجيل السابق والأجيال التى قبل، ولكن باختلاط الثقافات وعدم الوعى أصبح ذلك غير واضح .

والإنتاج الثقافى يجب أن يحمل مفاهيم الثقافة التى ينتمى إليها ، والمعول على ذلك يرجع إلى الفنان أو الأديب أو المبدع الذى أبدع هذا العمل الثقافى ، خاصة

---

(1) د . محمد الجوهرى حمد الجوهرى : كتاب العولمة والثقافة الإسلامية ، دار الأمين ، طبعة أولى ، ٢٠٠٢ ، وأعيد طبعه ٢٠٠٤ م .

وأن الاختلافات بين الثقافات والحضارات أصبحت متداولة بين وسائل الإعلام بصورة كبيرة - وتزداد وضوحا بمرور الوقت - فالأديب أو الفنان يجب أن يستشرف مفاهيم ثقافة مجتمعه ومفاهيم حضارة مجتمعه وأمته، ويعبر عنها بصدق أخلاقى وصدق فنى .

ومن الأمثلة التى تؤكد ذلك فى مجال الأفلام السينمائية، وفى المهرجانات الدولية للأفلام السينمائية، نجد أن كثيرا من الأفلام السينمائية التى تنتجها جمهورية إيران الإسلامية تفوز بالجوائز الأولى - فى الإخراج أو التمثيل أو قصة الفيلم - رغم أن هذه الأفلام تمثل المفاهيم الإسلامية فى السينما خير تمثيل سواء فى قصة الفيلم التى تعالج أى قضية من منظور لا يخالف الإسلام - أو فى السيناريو أو التمثيل أو الإخراج ، وفوز هذه الأفلام السينمائية الإيرانية فى المهرجانات الدولية قد تم على أساس ما تحمله من الجانب الجمالى فقط - الذى هو مشترك عام بين الثقافات والحضارات - وليس على أساس ما تحمله من مفاهيم ثقافية ومفاهيم حضارية تتعلق بثقافتها وحضارتها الإسلامية .

مثال آخر : هو الاتهامات التى كثيرا ما توجه إلى الفائزين بجوائز نوبل للأدب من غير الغربيين ، بأنهم قد تم اختيارهم لأن أعمالهم التى تقدموا بها تمثل ثقافة الغربيين ، وليس لأنها جيدة جدا من الناحية الفنية الجمالية .

و معنى ذلك أن معيار المفاضلة بين الأعمال المتقدمة للفوز بجائزة نوبل يجب أن يكون الناحية الجمالية الفنية فقط - التى تعتبر مما هو مشترك عام بين الثقافات والحضارات - وليس على ما تحمله من مفاهيم الثقافة الغربية .

رابعـا : حضـارات انهـارت عنـدما اعتنقـت شـعوبها ومجتمعاتهـا الإسـلام وتخلـت عـن معتقداتها السابقة ولم يعد هناك من يؤمن بمعتقداتها :

عندما دخل المشركون فى الدين الإسلامى وتخلوا عن عبادة الأوثان ، تخلوا أيضا عـما كـان يصاحب عبادة الأوثان من طقوس وعـادات وسـلوكيات شركيـة ، وتخلـوا عـما كانـت تمثـل مـن ثقافات شركية، فالدعارة وشرب الخمر والمجون والسفاح كانت منتشرة بين بعـض الأوسـاط غـير الأشراف[١] فى الجزيرة العربية ، وكان هناك من يئد البنـات، وكـان هنـاك نكـاح البغايـا ونكـاح الاستبضاع، حيث كان الرجل يرسل زوجته لتستبضع من رجل آخر ، وغير ذلك من الأنكحة التى حرمها الإسلام ، وكان الشعراء يفخرون بشرب الخمر والمعلقات الشعرية للشـعراء قبـل الإسـلام مثل: امرؤ القيس وعمرو بن كلثوم وغيرهما بها معانى تعبر عـن ثقافـة المشركين التـى اختفـت عندما ساد الإسلام كل الجزيرة العربية ، مثل قول عمرو بن كلثوم :

ونشرب إن وردنا الماء صفوا ويشرب غيرنا كدرا وطينا
بغاة ظالمين وما ظلمنا ولكنا سنبدأ ظالمينا
وأحيانا على بكر أخينا إذا ما لم نجد إلا أخانا

وعندما قام رسول اللـه ﷺ بفتح مكة هدم الأصنام الموجودة حول الكعبة، وأرسـل مـن يهـدم الأصنام الموجودة خارج مكة، ودخل الناس فى دين اللـه أفواجا ، وجاءت وفود القبائل العربيـة من أنحاء الجزيرة العربية يدخلون فى دين اللـه ، وقد سرد أهل المغازى مـا يزيـد عـن سـبعين وفدا من وفود القبائل مثل: وفد قبيلة عبد قـيس وقبيلـة دوس ووفـد بـلى ووفـد عـذرة ووفـد ثقيف ، وجاء الشاعر المشهور كعب بن زهير بن أبى سلمى وأسلم وقال قصيدته المشـهورة بـين يدى رسول اللـه ﷺ ويمدح فيها الرسول ﷺ ومطلعها:

(١) كتاب : الرحيق المختوم للمباركفورى .

بانت سعاد فقلبى اليوم متبول　　　متيم أثرها لم يغد مكبول

وتزايد عدد الذين يدخلون فى الإسلام من المشركين والكفار والمجوس وبعض أهل الكتاب .

نتيجة لذلك تناقصت أعداد المشركين عبدة الأوثان تدريجيا حتى تقلصت عبادة الأوثان وما تمثله من عقائد وثقافة وحضارة شركية جاهلية حتى اختفت تماما بعد انتشار وسيطرة وسيادة الإسلام على الجزيرة العربية .

وبذلك سقطت ديانة وثقافة وحضارة الشرك والمشركين ، وقام الدين الإسلامى وثقافته وحضارته لتحل محلها فى كل الجزيرة العربية .

سقطت وانهارت حضارة الأوثان والشرك بقيام الإسلام وحضارته الإسلامية.

انهارت الإمبراطورية الفارسية والإمبراطورية الرومانية أقوى إمبراطوريتين فى ذلك الوقت، والتى كانت الحرب بينهما تقع كثيرا ، يقول سبحانه و تعالى : ﴿ غُلِبَتِ ٱلرُّومُ ۝٢ فِيٓ أَدْنَى ٱلْأَرْضِ وَهُم مِّنۢ بَعْدِ غَلَبِهِمْ سَيَغْلِبُونَ ۝٣ فِي بِضْعِ سِنِينَ ۗ لِلَّهِ ٱلْأَمْرُ مِن قَبْلُ وَمِنۢ بَعْدُ ۚ وَيَوْمَئِذٍ يَفْرَحُ ٱلْمُؤْمِنُونَ ۝٤ ﴾[١].

الفرس كانوا مجوسا يعبدون النار والروم كانوا يعتنقون المسيحية[٢].

بعد هزيمة المرتدين وانتصار أبي بكر الصديق والمسلمين عليهم ، أمر أبو بكر الصديق خالد بن الوليد - وكان يقيم باليمامة بعد أن فرغ من حرب المرتدين - أن يسير إلى العراق حتى يدخلها ، وكان ذلك سنة اثنتى عشرة من الهجرة ، وكانت العراق تابعة للفرس[٣].

(١) الروم : ٢-٤ .
(٢) تفسير ابن كثير .
(٣) تاريخ الطبرى ، ص ٣٠٧ ، المجلد الثانى .

وجاء فى تاريخ الطبرى : لما قفل أبو بكر الصديق من الحج سنة اثنتى عشرة مـن الهجـرة جهز الجيوش إلى الشام فبعث عمرو بن العاص قبل فلسطين ، وبعث يزيد بـن أبى سـفيان وأبا عبيدة بن الجراح وشرحبيل بن حسنة وأمرهم أن يسلكوا التبوكية على البلقاء من علياء الشام . ثم وجه الجنود إلى الشام أول سنة ثلاث عشرة مـن الهجـرة[1]. فقرار أبى بكر الصـديق كـان مواجهة الإمبراطورية الفارسية والرومية معا .

وبعد وفاة سيدنا أبى بكر الصديق سار سيدنا عمر بن الخطاب فى ردع الجـبروت المعتـدى - والمتمثل فى الفرس والروم - ، حيث انهزم الفرس والروم أمام جيوش المسلمين.

سقطت الدولة الفارسية، وبمرور الزمن اعتنـق أهـل فـارس الـدين الإسلامى وتخلـوا عـن المجوسية وعبادة النار .

اختفت المجوسية وعبادة النار فى فارس ، واختفت معها الثقافة والحضارة الفارسية لتحـل محلها الحضارة والثقافة الإسلامية، وذلك لأن أهل فارس وغيرهم لم يعودوا يعتنقون المجوسية .

بينما الروم رغم هزيمتهم ودخول كثير من أهالى البلاد المسيحية فى الـدين الإسلامى ، إلا إن المسيحية والثقافة والحضارة المسيحية - حينذاك - استمرت، وذلك لأن هناك مجتمعـات أخرى كانت لا تزال تعتنق المسيحية والثقافة والحضارة المسيحية .

---

(١) المصدر السابق ، ص ٣٣١ ، المجلد الثانى .

خامسا : حضارات انهارت وماتت وأخرى أعيد تفعيلها بعد انهيارها :

حضارة عاد وحضارة ثمود كانت آثـار كل منهما معروفة في زمن النبوة، وأشار النبـى ﷺ إلى ذلك في حديثه، وأيضا القرآن الكريم كما يأتي فيما بعد .

وقبل القرن العشرين لم يكن معروفا من الحضارات القديمة سـوى حضارة عـاد وحضارة ثمود والحضارة المصرية القديمة والحضارة اليونانية والحضارة الرومانية والحضارة الآشورية .

وفي أوائل القرن العشرين تم اكتشاف آثار الحضارة السومرية والحضارة المنيوية Monoan ، وهى حضارة خاصة بجزيرة كريت، وهـى سـابقة للحضارة اليونانيـة (٣٠٠٠ - ١٠٠٠ سـنة قبـل الميلاد) [1].

وتم اكتشاف الآثار الدالة على حضارة الشانج Shang بـوادى هـوانج هـو بشمال الصـين (١٦٠٠ سنة قبل الميلاد)، وذلك خلال التنقيب في هذا الوادى سنة ١٩٢٠ م .

في عام ١٩٢٥ م تم اكتشاف الآثار الدالة على حضارة الأنـد INDUS (سنة ٢٣٠٠-١٧٠٠ قبـل الميلاد) بواسطة العالم الأثرى البريطاني جون مارشال ، وكذلك اكتشفت الآثار الدالة على حضارة ميزو ومنطقة الأندين ANDEEN في جنوب أمريكا (كلاهما في ١٢٠٠ قبـل الميلاد) وتم اكتشاف آثار حضارة عاد في الربع الخالي جنوب الجزيرة العربية في الآونة الأخيرة كما سـيأتي فيما بعد ، وقد عد الفيلسوف الألماني أزولد شبنجلر آثار ثماني حضارات قديمة في التاريخ، وقد عـدها عـالم التاريخ البريطاني أرنولد توينبى ستا وعشرين حضارة قديمة [2].

وآثار حضارة عاد وآثار حضارة ثمود كانتا معروفتين وموجودتين في زمن النبوة، وجاء ذكر ذلك في آيات القرآن الكريم وحديث النبى ﷺ كما سيأتي فيما بعد.

(1) Grolier Academic Encyclopedia. Civilization.

(٢) المصدر السابق .

وكل عدة سنوات يتم اكتشاف آثار حضارة من الحضارات القديمة، مثلما حدث مؤخرا عندما اكتشفت آثار حضارة عاد فى الربع الخالى جنوب الجزيرة العربية كما سيأتى فيما بعد .

وكل تلك الحضارات التى ذكرناها سابقا انهارت وماتت ، ولم يبق إلا الآثار الدالة عليها، ما عدا حضارة واحدة هى الحضارة اليونانية .

وبمعنى آخر أن الحضارات التى ماتت، هى تلك الحضارات التى لم يعد هناك مجتمعات تؤمن بنفس المعتقدات الدينية التى قامت عليها تلك الحضارات الميتة .

فالحضارة السومرية مثلا حضارة ميتة ، لأنه لم يعد هناك مجتمع من المجتمعات له نفس المعتقدات الدينية الخاصة بالحضارة السومرية .

أما الحضارة اليونانية القديمة (الحضارة اليونانية الرومانية) كانت قد انهارت وماتت بعد مجيء الدين المسيحى ، وإيمان جميع المجتمعات الأوروبية بالدين المسيحى فى العصور الوسطى حتى أن أوروبا لم تكن تعرف عن الكتب والمؤلفات اليونانية والرومانية شيئا، وكانت تعتبر المعتقدات الدينية اليونانية والرومانية كافرة وضد المسيحية.

وبعد تحول أوربا إلى العلمانية ، وسيطرة المفاهيم المادية على فكر الأفراد والمجتمعات الأوربية والأمريكية ، تم إحياء كثير من الأفكار اليونانية القديمة .

سادسا : استفادة المسلمين بما هو مشترك عام بين الثقافات والحضارات :

تطور الإنتاج فى مجال الحضارة الإسلامية :

لقد تطور الإنتاج فى مجـال الحضـارة الإسـلامية عـبر العصـور الإسـلامية المختلفـة. ولقـد استخدم المسلمون ما هو مشترك عام بين الحضارات فى التطور المسـتمر فى المجـالات المختلفـة ، فكانت البلاد التى فتحها المسلمون مثل: مصر والمغرب العربى وفارس والشـام والهنـد والصـين، كانت بها بعض الصناعات المتنوعة فكان الخليفة يرسل إلى ولاة الأقاليم فيبعثـون إلى عاصـمة الخلافة بالمهرة من العمال والمخترعين وكل صاحب موهبة أو صناعة أو علم ومعه ما اخترعه أو صنعه ، وكانت تصطبغ الصناعات بالمفاهيم الإسلامية، وتطور هذه الصناعات ويعاد إرسـالها إلى جميع الأقاليم والأمصار.

وبذلك يستفاد من الصناعات والعلوم والتقنيات المختلفـة فى الحضـارات المختلفـة- وهـو يعتبر من المشترك العام بين الحضارات - بعد صبغها بالمفاهيم الإسلامية .

ولقـد تطـور الإنتـاج فى مجـال الحضـارة الإسـلامية ليشـمل الإنتـاج: الثقـافى والاقتصـادى والسياسى والاجتماعى و... إلخ .

ففى مجال الإنتاج الثقافى ، فقد تطور الإنتاج فى المجال الثقافى مثل: مجال الأدب والفنون السمعية والفنون البصرية .

ففى مجال الفنون التشكيلية (الفنون البصرـية) مثل: فنـون العـمارة الإسـلامية وفنـون الزخرفة وفنون النحت وفنون الحفر على الخشب وفنون التصوير الإسلامى، فقد تطورت هـذه الفنون تطورا رائعا .

فلقد برع المسلمون فى فنون العمارة والفنون الزخرفية إلى درجة بهرت العالم ، وكانت مثار الإعجاب عبر العصور المختلفة .

وتميزت فنون العمارة الإسلامية بتفردها وخصوصيتها ، فهى تميل لتجميل الطبيعة والانسجام معها، وتعتمد على الهندسة ، كما تعتمد مواد البناء على الكيمياء التى برع فيها المسلمون مثل جابر بن حيان .

وكان للتقدم الذى بلغه المسلمون فى العلوم الطبيعية ، أثره الواضح فى تقدم فنون العمارة .

وكانت مواد البناء عند المسلمين تتغير حسب جيولوجيا المكان ، فتم استخدام الطوب فى بناء مسجد ابن طولون . أما مسجد الحاكم بأمر الله فقد بنى من الأحجار ، وفى إسبانيا استخدموا الأسمنت المكون من الجير والرمل والطفلة أو مادة الكاولين .

والفنون الزخرفية التى تعتبر من بدائع الفن الإسلامى قد استخدمت فى نواح عديدة صناعية ومعمارية وفنية ، وقد ظهرت روعتها وجمالها فى صناعة النسيج بأنواعه، وفى فنون الخزف والفخار وصناعة الأثاث الخشبى ، وفى صناعة المعادن، وفى السجاد، وفى الحفر على الخشب .

كما أن أشكال الخط العربى قد استخدمت فى مجالات عديدة مثل: المساجد والتكايا والدور.

والفنون الزخرفية الإسلامية يطلق عليها الأوروبيون أرابيك أو أرابيسك ، وقد قام الأوروبيون بتقليد هذه الفنون فنقلوا الزخرفة الإسلامية والخط العربى فى العصر الوسيط ، وقد عثر على زخارف بخطوط عربية على كنيسة فى ميلانو(١) .

(١) مانويل جوميث وتورينو، كتاب : الفن الإسلامى فى إسبانيا ، ترجمة د . لطفى عبد البديع ود . السيد محمود سالم .

وتعتبر سيرة ابن إسحاق - التى كتبت فى القرن الثانى الهجرى - أول سيرة أوترجمة حياة مطولة كاملة تكتب فى تاريخ علم التاريخ فى الدنيا ، فلم يكتب الفرس أو الهنود أو الإغريق أو الرومان سيرة مطولة كاملة لرجل من رجالهم، ولا فعل ذلك المؤرخون المسيحيون مع حياة السيد المسيح عليه السلام .

والدقة والضبط والصدق التى كتبت بها هذه السيرة ترجع إلى الدقة والضبط والصدق التى تميز بها المسلمون ، والتى اكتسبوها من تدوين القرآن الكريم والسنة النبوية الشريفة .

والمقامات الأدبية التى ألفها بديع الزمان الهمذانى فى القرن الرابع الهجرى والتى نشرت فى كتابه ، وكذلك المقامات التى كتبها الحريرى فى كتابه مقامات الحريرى من بعده ، هذه المقامات تجد فيها : القصة القصيرة والطويلة والحوار والملح الأدبية والقصائد الشعرية بأسلوب عربى ثرى ، يدل على ثراء اللغة العربية الفصحى التى لم نستعمل إلا أقل القليل منها.

والمعاجم العربية التى تطورت عبر التاريخ الإسلامى على يد العلماء أمثال : الثعالبي، والبقلاني، وإسماعيل بن حماد الجوهرى المتوفى سنة ١٠٩٩م ، وله قاموس اسمه « صحاح الجوهرى » ، والفيروز بادى فى قاموسه « القاموس » والزبيدى فى قاموسه « تاج العروس » الذى وضعه فى القرن الثامن الميلادى ، والذى ما زال يستخدم حتى الآن والذى يقارن بقاموس إكسفورد الإنجليزى الحديث فى وظيفته[١] .

وفى مجال الصناعة قامت فى بلاد العالم الإسلامى صناعات عديدة وتطورت واستفادت بما هو مشترك عام بين الحضارات ، فكانت هناك صناعة الحديد وصناعة الورق

(١) بيتر جران ، كتاب : الجذور الإسلامية للرأسمالية فى مصر، (١٧٦٠-١٨٤٠م) ، ترجمة محروس سليمان ، مراجعة رؤوف عباس ، دار الفكر للدراسات والنشر .

وصناعة السكر من قصب السكر، وصناعة العطور وصناعة النحاس الأصفر وصناعة الذهب والفضة وصناعة الزجاج والخزف وصناعة المنسوجات وصناعة السجاد.

كما كانت هناك عناية خاصة باستخراج المعادن من المصادر الطبيعية ومعالجة بعض المعادن المستخرجة ، فقد قاموا باستخراج: الذهب والفضة والحديد والنحاس والرصاص والفحم والزئبق واللؤلؤ والمرجان والعقيق والزبرجد والعاج والشب وملح النشادر وغيرها .

وكان الورق والزجاج من الصناعات التي بلغت درجة عظيمة من التقدم ، وكثير منها كان يصدر إلى الدولة الرومانية وغيرها ، وقد ذكر الرحالة ناصر خسرو، وكان من بلاد فارس، والذي زار القاهرة ، أن التجار المصريين كانوا يستعملون الورق في لف البضائع ، ذلك في الوقت الذي لم تكن فيه أوروبا تعرف صناعة الورق .

وكانت صناعة المنسوجات والبسط والطرز من الصناعات المنتشرة في معظم بلاد العالم الإسلامي، وكانت مختلفة ومتنوعة وتناسب كل الأذواق ، وكانت تتمثل فيها القاعدة الاقتصادية التي تناسب الفطرة السليمة ، وهي التي تقول إنتاج كثير التنوع وليس إنتاج كثير الكمية من نوع واحد .

وكانت المنسوجات تصنع من القطن والكتان والصوف والحرير ، وكانت من هذه المنسوجات الدبيقي وكان يصنع من الكتان في مصر ، والبدنة وهو قماش خاص بعلية القوم والخلفاء ، والقصب وهو قماش رقيق ملون ، والبوقلمون وهو قماش يتغير لونه بتغير ساعات النهار ، وكان هناك الديباج وهو نسيج يصنع من الحرير المزركش بالذهب والفضة ، وكذلك القطن الذي استخدم في صناعة المنسوجات القطنية الدقيقة والتي اشتهرت به الهند ، وشجع هذه الصناعة أباطرة المغول في العصر الإسلامي في الهند وفرضوا عليها رقابة حكومية .

وفى العصور الوسطى أطلق بعض الأوروبيين أسماء بعض المدن العربية على المنسوجات المصنوعة فى تلك البلاد ، فكان هناك الدمشقى نسبة لدمشق والموسلين نسبة إلى الموصل ، وكان هناك الإيرانى والتركى والمملوكى والهندى والأندلسى والأيوبى نسبة إلى الأقطار والعصور التاريخية الإسلامية ، وكان هناك الشطوى نسبة إلى بلدة شطا بدمياط والصعيدى نسبة إلى صعيد مصر[1] ، وكان هناك صناعة السجاد بأنواعه وزخارفه الرائعة المتنوعة.

وللمسلمين فضل كبير فى عمارة الدنيا فقاموا بتطوير المجالات المختلفة التى تتعلق بعمارة الأرض ، مثل: الزراعة والتقنية الصناعية والزراعية وتطوير وسائل الرى وإصلاح الأراضى الزراعية وإنشاء السدود .

ففى عصر الخليفة العباسى أبو جعفر المنصور (١٣٦-١٥٨هـ) شقت كثير من الترع والجداول حتى غطت أجزاء كثيرة من العراق ، وأمكن رى الأراضى الممتدة بين الصحراء الغربية وجبال كردستان وتحويلها إلى جنات وارفة عامرة بالزرع والنماء .

وفى مرو شرق فارس كان هناك جهاز متخصص للرى ، يسمى ديوان الماء يعمل به عشرة آلاف عامل يرأسهم صاحب ديوان الماء .

وأقام المسلمون القناطر والسدود لحجز الماء وتوفيره للرى مثل السدود التى أقيمت فى مصر وفى بلاد ما وراء النهر وفى اليمن والأندلس، وأقاموا عليها المقاييس لمعرفة منسوب الماء فى النهر ، وكانت السدود تبنى من الحجر مثل سدود فارس وخوزستان، أو تبنى من الخشب مثل سد بخارى وقد بنى عضد الدولة البويهى

(١) د. سعاد ماهر ، دراسات فى الحضارة الإسلامية بمناسبة القرن الخامس عشر الهجرى (٣ مجلدات بواسطة نخبة من العلماء) ، المجلد الأول : الفنون عند المسلمين ، الهيئة المصرية العامة للكتاب ، ١٩٨٥م.

(٣٦٧-٣٧٢هـ) «سكرا» عظيما على نهر الكر بين شيراز واصطخر ، وكان السكر عبارة عن حائط عظيم أساسه من الرصاص بناه فى عرض النهر فتبحر الماء خلفه وارتفع ، فجعل عليه من الجانبين عشر دوليب ، وتحف كل دولاب رحى ، وأجرى ماءه فى قنوات تسقى ثلاثمائة قرية[١] .

وكان على نهر النيل فى مصر سدان الأول هو سد أمير المؤمنين وكان يقام قبل زيادة النهر بعين شمس، فإذا جاء الفيضان وارتفع الماء انساب فى الترع والقنوات ورويت الأراضى والضياع . أما السد الآخر فكان عظيم البناء ويقع فى سردوس أسفل عين شمس،وكان مقياس النيل عمودا طويلا عليه الأذرع والأصابع يوضع فى بركة يحاط بها الماء، وأهم المقاييس فى مصر كان مقياس الروضة[٢] .

وقد اعتنى المسلمون بالزراعة عناية كبيرة واستخدموا أنواعا مختلفة من السماد، ولكل نوع من النبات السماد الصالح له ، واستخدموا التلقيح وتطعيم بعض الأشجار مثل: الكروم بفلسطين والتين فى المغرب العربى ، كما قام المسلمون بزراعة كل أنواع الحبوب فى كل أنحاء العالم الإسلامى ، وانتقلت وسائل الزراعة والرى من إقليم إلى آخر فزرعوا القمح والشعير والذرة والأرز، كما زرعوا الحمص والعدس واللوبية والبسلة والسمسم والقرطم وقصب السكر ، كما زرعوا القطن والأزهار والرياحين مثل: الورد والبنفسج والياسمين والنرجس والآس والنسرين والنينوفر والتمرحناء والرياحين وزهر الليمون والبرتقال ، ومن الفواكه زرعوا: البلح الرطب والعنب والتين والرمان والخوخ والمشمش والبرقوق والتفاح والقراصية والكمثرى والسفرجل والموز والجوز والبطيخ والزيتون والأترج والليمون، وكان كل نوع من هذه الأنواع يزرع فى أماكن عديدة فى العالم الإسلامى.

(١) د . محمد محمد عبد القادر الخطيب ، أستاذ التاريخ والحضارة الإسلامية المساعد بجامعة الأزهر ، دراسات فى تاريخ الحضارة الإسلامية ، مطبعة الحسين ، ١٤١١ هـ - ١٩٩١ م .

(٢) المصدر السابق.

كما اعتنى المسلمون بتربية الحيوان مثل: تربية الإبل والبقر والجاموس والخيول والبغال والحمير ، وتربية الطيور كالبط والإوز والدجاج والحمام ، وقاموا بتربية دود القز واستخراج الحرير واستخدامه فى الصناعة ، وكذلك قاموا بصيد الأسماك وغير ذلك من استخراج اللؤلؤ والمرجان من بعض الشواطئ .

والمسلمون كانوا يهتمون بثقافتهم وحضارتهم الإسلامية، ويحموها من تأثير وغزو الثقافات والحضارات الأخرى .

ففى خلافة هارون الرشيد رأى فى بعض الأوراق طرازا يحمل علامات مغايرة للثقافة الإسلامية ، فسأل عن مصدر هذا الطراز، فقيل له إنه من مصر وإنه يصدر إلى الدولة الرومانية ، وأنهم صنعوا هذا الطراز ليوافق رغبة الدولة الرومانية ، فاستنكر ذلك وأرسل إلى والى مصر ليغير هذا الطراز - الذى يصدر إلى الدولة الرومانية - إلى طراز إسلامى ، وكتب إلى جميع الولاة بأنه يجب أن تحمل الطرز على الملابس والأوراق وما شابهها المفاهيم الإسلامية .

استفادة المسلمين من الحضارات الأخرى

وقد استفاد المسلمون من الحضارات السابقة لحضارتهم والحضارات المعاصرة لها مثل: الحضارة البيزنطية والهندية والفارسية والصينية والمصرية القديمة واليونانية، ونقلوا عنها كثيرا مما هو مشترك عام بين الحضارات .

ففى مجال العلوم، مثل : الحساب والهندسة والكيمياء والصيدلة والطب وعلم الفلك والجغرافيا والفيزياء .. نقل المسلمون كثيرا من الحضارات الأخرى وأضافوا إليه ، ففى مجال الرياضيات نقلوا عن الهند الأشكال التى تدل على الأعداد وكونوا منها سلسلتين هما : السلسلة الهندية التى نستعملها الآن فى الترقيم ، والسلسلة الغبارية التى انتشر استعمالها فى الأندلس ، ودخلت منها إلى أوربا ، وعرفت باسم

الأرقام العربية، بينما نطلق عليها نحن خطأ الأرقام الإفرنجية[1]. (د. محمد جمال الفندى).

والسلسلة الغبارية هذه مرتبة على أساس الزوايا : الرقم١ فيه زاوية واحدة ، والرقم٢ فيه زاويتان، والرقم ٣ فيه ثلاث زوايا ....

وقد أدخل على هذه الأرقام التعديل ، مما جعلها تبدو على الشكل الذى نعرفه[2].

ونقل المسلمون عن اليونان علم الهندسة ، حيث كان اليونانيون قد بلغوا شأنا عظيما فيها على يد أمثال إقليدس التى لا تزال هندسته تدرس حتى الآن ، إلا أن المسلمين أضافوا إليها الشيء الوفير حتى توصلوا إلى حسابات الفلك الكروى التى تعتبر خطوة حقيقية نقلت علم الفلك إلى علم حديث غير مفاهيم أرسطو ونحوه عن العالم والكون والأرض . وتوصل المسلمون إلى النسبة التقريبية ط ، حيث بينوا طريقة إيجاد نسبة محيط الدائرة إلى قطرها ، وقد ذكر الخوارزمى- الذى ابتكر علم الجبر لأول مرة فى التاريخ - فى كتابه الجبر والمقابلة أن هذه النسبة٢٢ على٧ ، وهى نسبة سليمة إلى أكبر حد [3].

كان أول قياس علمى سليم لنصف قطر الأرض على يد العالم المصرى اراتوستينس من مدرسة الإسكندرية القديمة ، ويعتبر قياس ثابت بن قرة ٨٣٦ - ٩٠١م ثانى قياس علمى سليم لنصف قطر الأرض ، حيث أعطت هذه القياسات رقما سليما لطول محيط الأرض بدقة متناهية ،مما دفع المستكشفين فى الغرب بعد ذلك أمثال كولومبس إلى المغامرة بالإبحار غربا فى عرض المحيط الأطلنطى، وهم على

---

(١) د . محمد جمال الدين الفندى ، تراث المسلمين فى مجال العلوم ، دراسات فى الحضارة الإسلامية بمناسبة القرن الخامس عشر الهجرى ، المجلد الثانى ، الهيئة المصرية العامة للكتاب ، ١٩٨٥م .

(٢) المصدر السابق .

(٣) المصدر السابق .

يقين من أنهم سوف يعودون إلى نقطة الابتداء[1]. وبذلك انتقلت الفكرة العلمية لقياس قطر الأرض من الحضارة المصرية القديمة إلى الحضارة الإسلامية إلى الحضارة الغربية الحديثة ، وعلى أساسها تم استكشاف القارة الأمريكية .

ويعتبر أبو بكر الرازى المولود ٨٥٤ م مؤسس علم الكيمياء الحديثة، وقد تضمن كتابه المعروف باسم «سر الأسرار» منهجه فى الأخذ بمبدأ التجربة .

ومن المعروف أن أصل كلمة كيمياء هو الكمى ، حيث اشتق لفظ كمى من أسماء مصر وهو يعنى الأرض السوداء، وفى الغالب يشير الاسم إلى تلك المنطقة المنزرعة على جانبى شاطئ النيل بعد أن غمرها النهر مرارا وميزها عن بقية الصحراء الجرداء ورمالها الصفراء ، وأمدها بكثير من عناصر الأرض، وهناك البعض يعتبر أن أصل الكلمة يونانى قديم[2].

ولقد كان لحركة الترجمة التى بدأت فى العصر الأموى فضل كبير فى استفادة المسلمين من الحضارات الأخرى، وقد شجع عليها الخلفاء والأمراء، وكان اقتناء أشهر المؤلفات وجمع نفائس المخطوطات والحرص عليها من الهوايات التى حرص عليها الخلفاء والأمراء . وحرص الخليفة المأمون على توثيق علاقاته بالروم وأتحفهم بالهدايا الثمينة، وطلب منهم أن يمدوه بما كان عندهم من كتب الإغريق فبعثوا إليه بالكثير من مؤلفات افلاطون وارسطو وسقراط وجالينوس واقليدس وارشميدس وبطليموس[3]. وقد ترجم كتاب بطليموس فى الفلك فى عصر المأمون وأطلق عليه

(١) د . محمد جمال الدين الفندى ، تراث المسلمين فى مجال العلوم ، دراسات فى الحضارة الإسلامية بمناسبة القرن الخامس عشر الهجرى ، المجلد الثانى ، الهيئة المصرية العامة للكتاب ، ١٩٨٥م .

(٢) المصدر السابق .

(٣) المصدر السابق .

المجسطى. وفى عام ٢١٥ هـ / ٨٢٠ م أنشأ المأمون فى بغداد بيت الحكمة ، وأمده بمكتبة ضمت آلاف المخطوطات فى شتى العلوم والفنون[١].

ونقل المسلمون عن الهند كثيرا من الفنون مثل مسرح خيال الظل، أى مسرح العرائس الذى انتشر من بغداد إلى بقية العالم الإسلامى ويوجد فى متحف برلين القسم الإسلامى بعض العرائس المخرمة ، والتى تنسب للعصر المملوكى[٢].

وقد نقل المسلمون عن الحضارات الأخرى مما هو مشترك عام كثير من الصناعات ، مثل: السكر والورق وصناعة الزجاج والنسيج ، مثل القباطى : التى انتقلت من مصر ـ إلى بقية العالم الإسلامى، ومثل: الشطوى، وهو نوع من النسيج ينسب إلى مدينة شطا بدمياط بمصر ـ ونسيج القباطى هونسيج مصرى مشهور ينسب إلى مصر القبطية قبل دخول الإسلام إلى مصر ـ[٣]. وكانت القباطى تصنع فى خراسان بإيران ، وتستخدم فى كساء الكعبة كما ذكر ذلك ابن عبد ربه فى العقد الفريد.

وكان الذين دخلوا فى الإسلام من أبناء الحضارات الأخرى ، ينقلون ما كانوا يجيدونه أو يعرفونه من الصناعات أو التقنيات أو العلوم أو الفنون المختلفة أو الحرف المختلفة إلى حضارتهم الإسلامية مادام لا يتعارض مع المفاهيم الإسلامية . فعندما ترجم المسلمون علوم اليونان لم يترجموا الإلياذة والأودسا لهوميروس لأنهم وجدوا فيهما ما يتعارض مع المفاهيم الإسلامية .

* * *

---

(١) د . أحمد عبد الرازق أحمد ، دراسات فى الحضارة الإسلامية ، بمناسبة بداية القرن الخامس عشر ـ الهجرى (٣ مجلدات) المجلد الأول: التسلية عند المسلمين. الهيئة المصرية العامة للكتاب ، ١٩٨٥م .

(٢) د . سعاد ماهر ، الفنون عند المسلمين ، دراسات فى الحضارة الإسلامية المجلد الأول. الهيئة المصرية العامة للكتاب ، ١٩٨٥م .

(٣) المصدر السابق .

خلاصـــة

فى هذا الفصل يمكن أن نلاحظ النتائج التالية :

أولا : عندما أراد المولى عز وجل أن يعز العرب والمسلمين بالإسلام وأرسل إليهم محمدا بن عبد الله النبى الأمى وأنزل عليه القرآن الكريم ليكون للعالمين نذيرا، انتشر الإسلام فى ربوع الجزيرة العربية ، وقامت دولة الإسلام وقام المجتمع الإسلامى والثقافة الإسلامية والحضارة الإسلامية ، كل ذلك كان متزامنا مع مجىء الإسلام وانتشاره .

فالإسلام .. هذا الدين الجديد جاء معه بثقافة جديدة ، هى الثقافة الإسلامية، وحضارة جديدة هى الحضارة الإسلامية .

ومن ذلك يتضح أن أى حضارة جديدة لابد وأن تقوم على اعتقاد جديد ، سواء كان هذا الاعتقاد دينا سماويا أو اعتقادا غير سماوى .. اعتقادا ماديا لا دينى.. لا يؤمن بالغيب، ويؤمن فقط بما تدركه الحواس الخمس .

ثانيا : عندما ينهار المعتقد الدينى لمجتمع من المجتمعات تنهار الثقافة والحضارة التى قامت على هذا المعتقد، إذا لم يكن هناك مجتمع آخر يؤمن بهذا المعتقد.

فالمجتمع الجاهلى الذى عبد الأصنام عندما دخل أفراده فى الدين الإسلامى تدريجيا، وتركوا عبادة الأصنام انهارت ثقافته الشركية ،إذ لم يكن هناك مجتمع آخر ظل محتفظا بعبادة الأصنام.

وأهل فارس عندما تحول مجتمعهم المجوسى من عبادة النار إلى الإسلام، ولم يعد هناك مجتمعات أخرى تؤمن بالمجوسية انهارت الحضارة والثقافة المجوسية الفارسية .

أما الروم عندما هزمهم المسلمون - فى الوقت نفسه مع الفرس - ودخلت

الشام كلها فى الدين الإسلامى وأجزاء أخرى كثيرة من الإمبراطورية الرومانية، فإن حضارة الروم لم تنهار ولا انهارت ثقافتهم، وذلك لأن هناك مجتمعات أخرى فى أوروبا ظلت محتفظة بعقيدتها المسيحية .

ثالثا : الحضارة مثل الكائن الحى تقوم فى مجتمع أوأمة يؤمن أفرادها بالمعتقد الدينى الذى قامت عليه الحضارة .

أما الحضارة الميتة أو المندثرة ، فهى الحضارة التى لم يعد هناك مجتمعات تؤمن بالمعتقد الدينى الذى قامت عليه .

والغرب أعاد إحياء مفاهيم الثقافة اليونانية والحضارة اليونانية والفكر اليونانى بعد أن تحول إلى المعتقدات العلمانية بديلا عن المسيحية .

رابعا : هناك أشياء كثيرة جدا مشتركة بين الحضارات، وهو ما أطلقت عليه (المشترك العام بين الحضارات)، وهذه الأمور المشتركة بين الحضارات أغلبها مفيد جدا فى مجال التقدم العلمى والاقتصادى والصناعى والتقنى و...إلخ .

ولكن الخلط الفكرى والثقافى وعدم وضوح المفاهيم أدى إلى عدم الاستفادة من الحضارات الأخرى . إن بعض المسلمين تركوا ما هو مشترك عام بين الحضارات - مثل العلوم الطبيعية والصناعات والتقنيات الحديثة - وقاموا بنقل مفاهيم الثقافة العلمانية الغربية فى مجالات كثيرة مثل الفنون .

*   *   *

الباب الرابع
عوامل قيام الحضارات وانهيارها فى القرآن الكريم

الفصل الأول
الكفر والفساد والبغى وانهيار الحضارات .

الفصل الثاني
السنن الإلهية والحفاظ على الحضارات .

الفصل الثالث
التغيير فى الدين والتحريف فى الكتب المقدسة وسقوط الحضارات .

الفصل الرابع
العلـم والحضـارة .

الفصل الأول

الكفر والفساد والبغى وانهيار الحضارات

إن الشرك والكفر والبغى والفساد والطغيان من عوامل انهيار الحضارات ، لأنها لو استمرت دون رادع أو مانع فقد يحدث اختلال عظيم وتصبح الأرض غير صالحة للحياة فتنهار الحضارة بسبب ذلك الاختلال .

فالاختلال البيئى الخطير مثل الارتفاع المستمر فى حرارة الأرض - مثلا الاحتباس الحرارى - بسبب الإفساد الذى تحدثه الحضارة الغربية الحديثة للبيئة قد يؤدى إلى إغراق مناطق شاسعة من الأرض وإهلاك الحضارة فيها .

والاختلال الذى قد ينتج عن الهندسة الوراثية واللعب فى الخريطة الجينية دون ضوابط ، والاختلال الناتج عن استنزاف الموارد الطبيعية على الأرض دون ضوابط .. كل ذلك ينتج عن الفساد والكفر اللذين يعملان على هدم الحضارات وانهيارها .

وهو ما سوف نناقشه ونوضحه فى هذا الفصل .

أولا : حضارات انهارت بسبب الشرك والكفر والفساد والطغيان والبغى واكتشفت الآثار الدالة عليها :

جاء فى القرآن الكريم أن هناك أمما وحضارات هلكت وانهارت وكان الشرك والكفر والفساد والطغيان والبغى سبب هلاكها وانهيارها ، ومن تلك الأمم والحضارات عاد وثمود وفرعون ، وهذه الحضارات تركت الآثار الدالة عليها ، وبعضها تم اكتشاف آثارها فى الفترة الأخيرة مثل حضارة عاد .

يقول تعالى : ﴿ أَلَمْ تَرَ كَيْفَ فَعَلَ رَبُّكَ بِعَادٍ ۝ إِرَمَ ذَاتِ الْعِمَادِ ۝ الَّتِي لَمْ يُخْلَقْ مِثْلُهَا فِي الْبِلَادِ ۝ وَثَمُودَ الَّذِينَ جَابُوا الصَّخْرَ بِالْوَادِ ۝ وَفِرْعَوْنَ ذِي الْأَوْتَادِ ۝ الَّذِينَ طَغَوْا فِي الْبِلَادِ ۝ فَأَكْثَرُوا فِيهَا الْفَسَادَ ۝ فَصَبَّ عَلَيْهِمْ رَبُّكَ سَوْطَ عَذَابٍ ۝ إِنَّ رَبَّكَ لَبِالْمِرْصَادِ ﴾[1] .

1- عاد وحضارتهم :

اسم عاد «عاد إرم» نسبة إلى عاد بن إرم بن سام بن نوح أو نسبة إلى قبيلة إرم وعاد إحدى بطونها[2] .

وكان قوم عاد إرم عمالقة طوال القامة وجبابرة وكانت لهم أبنية عالية لتناسبهم ، أحجارها ضخمة ، فكانت قراهم لذلك فريدة ليس لها مثيل ، وكانوا يسكنون بالأحقاف ، يقول تعالى : ﴿ وَاذْكُرْ أَخَا عَادٍ إِذْ أَنذَرَ قَوْمَهُ بِالْأَحْقَافِ وَقَدْ خَلَتِ النُّذُرُ مِن بَيْنِ يَدَيْهِ وَمِنْ خَلْفِهِ أَلَّا تَعْبُدُوا إِلَّا اللَّهَ إِنِّي أَخَافُ عَلَيْكُمْ عَذَابَ يَوْمٍ عَظِيمٍ ﴾[3] .

والأحقاف جمع حقف ، وهو ما استطال من الرمل ، ولم يبلغ أن يكون جبلا ، وتقع جنوب الجزيرة العربية وهى من حضرموت بلاد اليمن[4] .

وفى الفترة الأخيرة جاء فى وسائل الإعلام المقروءة أن بعثة من رجال الآثار قامت بالبحث عن آثار قوم عاد فى الربع الخالى جنوب الجزيرة العربية بعد أن حددت وسائل الاستشعار عن بعد أماكن وجود تلك الآثار تحت الرمال . وقد نشرت وسائل الإعلام مع هذا الخبر بعض الصور المكتشفة لآثار حضارة عاد ، وهى صور لآثار ضخمة تدل على هذه الحضارة .

(1) الفجر : 6 - 14 .
(2) د. عبد المنعم الحفنى ، موسوعة القرآن العظيم ، الطبعة الأولى، 2004م ، مكتبة مدبولى ، القاهرة .
(3) الأحقاف : 21 .
(4) تفسير ابن كثير .

يقول تعالى : ﴿ كَذَّبَتْ عَادٌ ٱلْمُرْسَلِينَ ﴿١٢٣﴾ إِذْ قَالَ لَهُمْ أَخُوهُمْ هُودٌ أَلَا تَتَّقُونَ ﴿١٢٤﴾ إِنِّى لَكُمْ رَسُولٌ أَمِينٌ ﴿١٢٥﴾ فَٱتَّقُوا۟ ٱللَّهَ وَأَطِيعُونِ ﴿١٢٦﴾ وَمَآ أَسْـَٔلُكُمْ عَلَيْهِ مِنْ أَجْرٍ ۖ إِنْ أَجْرِىَ إِلَّا عَلَىٰ رَبِّ ٱلْعَٰلَمِينَ ﴿١٢٧﴾ أَتَبْنُونَ بِكُلِّ رِيعٍ ءَايَةً تَعْبَثُونَ ﴿١٢٨﴾ وَتَتَّخِذُونَ مَصَانِعَ لَعَلَّكُمْ تَخْلُدُونَ ﴿١٢٩﴾ وَإِذَا بَطَشْتُم بَطَشْتُمْ جَبَّارِينَ ﴿١٣٠﴾ فَٱتَّقُوا۟ ٱللَّهَ وَأَطِيعُونِ ﴿١٣١﴾ وَٱتَّقُوا۟ ٱلَّذِىٓ أَمَدَّكُم بِمَا تَعْلَمُونَ ﴿١٣٢﴾ أَمَدَّكُم بِأَنْعَٰمٍ وَبَنِينَ ﴿١٣٣﴾ وَجَنَّٰتٍ وَعُيُونٍ ﴿١٣٤﴾ إِنِّىٓ أَخَافُ عَلَيْكُمْ عَذَابَ يَوْمٍ عَظِيمٍ ﴿١٣٥﴾ قَالُوا۟ سَوَآءٌ عَلَيْنَآ أَوَعَظْتَ أَمْ لَمْ تَكُن مِّنَ ٱلْوَٰعِظِينَ ﴿١٣٦﴾ إِنْ هَٰذَآ إِلَّا خُلُقُ ٱلْأَوَّلِينَ ﴿١٣٧﴾ وَمَا نَحْنُ بِمُعَذَّبِينَ ﴿١٣٨﴾ فَكَذَّبُوهُ فَأَهْلَكْنَٰهُمْ ۗ إِنَّ فِى ذَٰلِكَ لَءَايَةً ۖ وَمَا كَانَ أَكْثَرُهُم مُّؤْمِنِينَ ﴿١٣٩﴾ وَإِنَّ رَبَّكَ لَهُوَ ٱلْعَزِيزُ ٱلرَّحِيمُ ﴾[1] .

فهم كانوا فى رغد من العيش وكانوا جبابرة ، استمرأوا الطغيان والبغى والبطش، فكذبوا نبيهم هودا لما جاءهم برسالة التوحيد وكذبوا بعذاب الآخرة .

وفى سورة العنكبوت تذكر أن مساكن قوم عاد وثمود كانت آثارها موجودة أيام النبى ﷺ يراها العرب فى رواحهم ومجيئهم ، وأن مشاهد هذه المساكن تؤكد أنهم كانوا قوما على دراية وعلم وهو معنى ﴿ مُسْتَبْصِرِينَ ﴾ كما سنرى .. وصفوا كذلك لأنهم لم يكونوا حمقى ليكفروا ، المسألة عندهم أنهم صدوا عن السبيل[2] . يقول تعالى : ﴿ وَعَادًا وَثَمُودَا۟ وَقَد تَّبَيَّنَ لَكُم مِّن مَّسَٰكِنِهِمْ ۖ وَزَيَّنَ لَهُمُ ٱلشَّيْطَٰنُ أَعْمَٰلَهُمْ فَصَدَّهُمْ عَنِ ٱلسَّبِيلِ وَكَانُوا۟ مُسْتَبْصِرِينَ ﴾[3] .

(1) الشعراء : 123 - 140 .
(2) د. عبد المنعم الحفنى ، موسوعة القرآن العظيم ، طبعة 2004م ، مكتبة مدبولى .
(3) العنكبوت : 38 .

وقوم عاد كانوا من البناة ، وكانت بناياتهم إما مصانع فى مختلف الصناعات والحرف ، وإما منازل للسكنى يختارون لها الهضاب ويعلون فى البناء ، وإما قصورا مشيدة ، وإما دورا للهو والعبث ، وكانوا قوما جبارين يبنون للخلود ﴾(1) .

وقد دعاهم نبيهم هود إلى عبادة الله الواحد الذى لا إله غيره ، وقد ذكرهم بنعم الله عليهم إذ زادهم بسطة فى الخلق وبسطة فى العيش ، فكذبوه. واتهموه بالسفاهة وظلوا متمسكين بشركهم وكفرهم ، يقول تعالى : ﴿ وَإِلَىٰ عَادٍ أَخَاهُمْ هُودًا ۗ قَالَ يَٰقَوْمِ ٱعْبُدُوا۟ ٱللَّهَ مَا لَكُم مِّنْ إِلَٰهٍ غَيْرُهُۥٓ ۚ أَفَلَا تَتَّقُونَ ﴿٦٥﴾ قَالَ ٱلْمَلَأُ ٱلَّذِينَ كَفَرُوا۟ مِن قَوْمِهِۦٓ إِنَّا لَنَرَىٰكَ فِى سَفَاهَةٍ وَإِنَّا لَنَظُنُّكَ مِنَ ٱلْكَٰذِبِينَ ﴿٦٦﴾ قَالَ يَٰقَوْمِ لَيْسَ بِى سَفَاهَةٌ وَلَٰكِنِّى رَسُولٌ مِّن رَّبِّ ٱلْعَٰلَمِينَ ﴿٦٧﴾ أُبَلِّغُكُمْ رِسَٰلَٰتِ رَبِّى وَأَنَا۠ لَكُمْ نَاصِحٌ أَمِينٌ ﴿٦٨﴾ أَوَعَجِبْتُمْ أَن جَآءَكُمْ ذِكْرٌ مِّن رَّبِّكُمْ عَلَىٰ رَجُلٍ مِّنكُمْ لِيُنذِرَكُمْ ۚ وَٱذْكُرُوٓا۟ إِذْ جَعَلَكُمْ خُلَفَآءَ مِنۢ بَعْدِ قَوْمِ نُوحٍ وَزَادَكُمْ فِى ٱلْخَلْقِ بَصْۜطَةً ۖ فَٱذْكُرُوٓا۟ ءَالَآءَ ٱللَّهِ لَعَلَّكُمْ تُفْلِحُونَ ﴿٦٩﴾ قَالُوٓا۟ أَجِئْتَنَا لِنَعْبُدَ ٱللَّهَ وَحْدَهُۥ وَنَذَرَ مَا كَانَ يَعْبُدُ ءَابَآؤُنَا ۖ فَأْتِنَا بِمَا تَعِدُنَآ إِن كُنتَ مِنَ ٱلصَّٰدِقِينَ ﴿٧٠﴾ قَالَ قَدْ وَقَعَ عَلَيْكُم مِّن رَّبِّكُمْ رِجْسٌ وَغَضَبٌ ۖ أَتُجَٰدِلُونَنِى فِىٓ أَسْمَآءٍ سَمَّيْتُمُوهَآ أَنتُمْ وَءَابَآؤُكُم مَّا نَزَّلَ ٱللَّهُ بِهَا مِن سُلْطَٰنٍ ۚ فَٱنتَظِرُوٓا۟ إِنِّى مَعَكُم مِّنَ ٱلْمُنتَظِرِينَ ﴿٧١﴾ فَأَنجَيْنَٰهُ وَٱلَّذِينَ مَعَهُۥ بِرَحْمَةٍ مِّنَّا وَقَطَعْنَا دَابِرَ ٱلَّذِينَ كَذَّبُوا۟ بِـَٔايَٰتِنَا ۖ وَمَا كَانُوا۟ مُؤْمِنِينَ ﴾(2) .

وقد أهلكهم الله ﴿ بِرِيحٍ صَرْصَرٍ عَاتِيَةٍ ﴾ ، قال تعالى : ﴿ وَأَمَّا عَادٌ فَأُهْلِكُوا۟ بِرِيحٍ صَرْصَرٍ عَاتِيَةٍ ﴿٦﴾ سَخَّرَهَا عَلَيْهِمْ سَبْعَ لَيَالٍ وَثَمَٰنِيَةَ أَيَّامٍ حُسُومًا فَتَرَى

(1) د. عبد المنعم الحفنى ، موسوعة القرآن العظيم ، طبعة 2004م ، مكتبة مدبولى .
(2) الأعراف : 65 - 72 .

ٱلْقَوْمَ فِيهَا صَرْعَىٰ كَأَنَّهُمْ أَعْجَازُ نَخْلٍ خَاوِيَةٍ ۝٧ فَهَلْ تَرَىٰ لَهُم مِّنۢ بَاقِيَةٍ ﴾[1] .

وجاء فى سورة القمر قوله تعالى : ﴿ كَذَّبَتْ عَادٌ فَكَيْفَ كَانَ عَذَابِى وَنُذُرِ ۝١٨ إِنَّآ أَرْسَلْنَا عَلَيْهِمْ رِيحًا صَرْصَرًا فِى يَوْمِ نَحْسٍ مُّسْتَمِرٍّ ۝١٩ تَنزِعُ ٱلنَّاسَ كَأَنَّهُمْ أَعْجَازُ نَخْلٍ مُّنقَعِرٍ ۝٢٠ فَكَيْفَ كَانَ عَذَابِى وَنُذُرِ ۝٢١ ﴾[2] .

أهلك اللـه سبحانه وتعالى قوم عاد بريح شـديدة البـرد وقيـل شـديدة الصـوت[3] . وانهـارت حضارتهم بظلمهم وفسادهم وكفرهم وإفسادهم فى الأرض وبغيهم وجبروتهم .

2- ثمود وحضارتهم :

ثمود كانوا يسكنون الحجر بين وادى القرى وبلاد الشام ونبيهم هو صالح # ، وقد كذبوا بجميع المرسلين ، يقول تعالى : ﴿ وَلَقَدْ كَذَّبَ أَصْحَٰبُ ٱلْحِجْرِ ٱلْمُرْسَلِينَ ۝٨٠ ﴾[4] .

وذكر اللـه سبحانه وتعالى أنهم كانوا ينحتون من الجبال بيوتا آمنين من غير خوف ولا احتياج إليها ، يقول تعالى : ﴿ وَءَاتَيْنَٰهُمْ ءَايَٰتِنَا فَكَانُوا۟ عَنْهَا مُعْرِضِينَ ۝٨١ وَكَانُوا۟ يَنْحِتُونَ مِنَ ٱلْجِبَالِ بُيُوتًا ءَامِنِينَ ۝٨٢ فَأَخَذَتْهُمُ ٱلصَّيْحَةُ مُصْبِحِينَ ۝٨٣ فَمَآ أَغْنَىٰ عَنْهُم مَّا كَانُوا۟ يَكْسِبُونَ ۝٨٤ ﴾[5] .

وقد مر رسول اللـه ﷺ بمساكنهم بوادى حجر وهو ذاهب إلى تبوك فقنع رأسه

---

(1) الحاقة : 6 - 8 .
(2) القمر : 18 - 21 .
(٣) تفسير القرطبى ، وفى الجلالين : شديدة الصوت ، وفى تفسير ابن كثير : شديدة البرد .
(4) الحجر : 80.
(5) الحجر : 81 - 84.

وأسرع دابته ، وقال لأصحابه : لا تدخلوا بيوت القوم المعذبين إلا أن تكونوا باكين ، فإن لم تكونوا فتباكوا خشية أن يصيبكم ما أصابهم[(١)] .

ويقول تعالى : ﴿ وَثَمُودَ ٱلَّذِينَ جَابُوا۟ ٱلصَّخْرَ بِٱلْوَادِ ﴾[(٢)] . فهم كانوا جبابرة يبنون بيوتهم بالصخور يقطعونها من الوادى ، وقد أرسل الله إليهم نبيه صالحا يقول تعالى : ﴿ وَإِلَىٰ ثَمُودَ أَخَاهُمْ صَٰلِحًا ۗ قَالَ يَٰقَوْمِ ٱعْبُدُوا۟ ٱللَّهَ مَا لَكُم مِّنْ إِلَٰهٍ غَيْرُهُۥ ۖ قَدْ جَآءَتْكُم بَيِّنَةٌ مِّن رَّبِّكُمْ ۖ هَٰذِهِۦ نَاقَةُ ٱللَّهِ لَكُمْ ءَايَةً ۖ فَذَرُوهَا تَأْكُلْ فِىٓ أَرْضِ ٱللَّهِ ۖ وَلَا تَمَسُّوهَا بِسُوٓءٍ فَيَأْخُذَكُمْ عَذَابٌ أَلِيمٌ ﴿٧٣﴾ وَٱذْكُرُوٓا۟ إِذْ جَعَلَكُمْ خُلَفَآءَ مِنۢ بَعْدِ عَادٍ وَبَوَّأَكُمْ فِى ٱلْأَرْضِ تَتَّخِذُونَ مِن سُهُولِهَا قُصُورًا وَتَنْحِتُونَ ٱلْجِبَالَ بُيُوتًا ۖ فَٱذْكُرُوٓا۟ ءَالَآءَ ٱللَّهِ وَلَا تَعْثَوْا۟ فِى ٱلْأَرْضِ مُفْسِدِينَ ﴿٧٤﴾ قَالَ ٱلْمَلَأُ ٱلَّذِينَ ٱسْتَكْبَرُوا۟ مِن قَوْمِهِۦ لِلَّذِينَ ٱسْتُضْعِفُوا۟ لِمَنْ ءَامَنَ مِنْهُمْ أَتَعْلَمُونَ أَنَّ صَٰلِحًا مُّرْسَلٌ مِّن رَّبِّهِۦ ۚ قَالُوٓا۟ إِنَّا بِمَآ أُرْسِلَ بِهِۦ مُؤْمِنُونَ ﴿٧٥﴾ قَالَ ٱلَّذِينَ ٱسْتَكْبَرُوٓا۟ إِنَّا بِٱلَّذِىٓ ءَامَنتُم بِهِۦ كَٰفِرُونَ ﴿٧٦﴾ فَعَقَرُوا۟ ٱلنَّاقَةَ وَعَتَوْا۟ عَنْ أَمْرِ رَبِّهِمْ وَقَالُوا۟ يَٰصَٰلِحُ ٱئْتِنَا بِمَا تَعِدُنَآ إِن كُنتَ مِنَ ٱلْمُرْسَلِينَ ﴿٧٧﴾ فَأَخَذَتْهُمُ ٱلرَّجْفَةُ فَأَصْبَحُوا۟ فِى دَارِهِمْ جَٰثِمِينَ ﴿٧٨﴾ فَتَوَلَّىٰ عَنْهُمْ وَقَالَ يَٰقَوْمِ لَقَدْ أَبْلَغْتُكُمْ رِسَالَةَ رَبِّى وَنَصَحْتُ لَكُمْ وَلَٰكِن لَّا تُحِبُّونَ ٱلنَّٰصِحِينَ ﴿٧٩﴾ ﴾[(٣)] .

إن صالحا كان أخا لهم يعنى من ثمود نفسها ودعوته كانت التوحيد وبينته كانت الناقة جعلت آية ومعجزة ، وتركت حرة تأكل فى أرض الله ، تدر لبنها على من يطلبه .

(١) تفسير ابن كثير .
(٢) الفجر : 9 .
(3) الأعراف : 73 - 79 .

وجاء قوله تعالى : ﴿ وَلَقَدْ أَرْسَلْنَآ إِلَىٰ ثَمُودَ أَخَاهُمْ صَٰلِحًا أَنِ ٱعْبُدُوا۟ ٱللَّهَ فَإِذَا هُمْ فَرِيقَانِ يَخْتَصِمُونَ ﴿٤٥﴾ قَالَ يَٰقَوْمِ لِمَ تَسْتَعْجِلُونَ بِٱلسَّيِّئَةِ قَبْلَ ٱلْحَسَنَةِ ۖ لَوْلَا تَسْتَغْفِرُونَ ٱللَّهَ لَعَلَّكُمْ تُرْحَمُونَ ﴿٤٦﴾ قَالُوا۟ ٱطَّيَّرْنَا بِكَ وَبِمَن مَّعَكَ ۚ قَالَ طَٰٓئِرُكُمْ عِندَ ٱللَّهِ ۖ بَلْ أَنتُمْ قَوْمٌ تُفْتَنُونَ ﴿٤٧﴾ وَكَانَ فِى ٱلْمَدِينَةِ تِسْعَةُ رَهْطٍ يُفْسِدُونَ فِى ٱلْأَرْضِ وَلَا يُصْلِحُونَ ﴿٤٨﴾ قَالُوا۟ تَقَاسَمُوا۟ بِٱللَّهِ لَنُبَيِّتَنَّهُۥ وَأَهْلَهُۥ ثُمَّ لَنَقُولَنَّ لِوَلِيِّهِۦ مَا شَهِدْنَا مَهْلِكَ أَهْلِهِۦ وَإِنَّا لَصَٰدِقُونَ ﴿٤٩﴾ وَمَكَرُوا۟ مَكْرًا وَمَكَرْنَا مَكْرًا وَهُمْ لَا يَشْعُرُونَ ﴿٥٠﴾ فَٱنظُرْ كَيْفَ كَانَ عَٰقِبَةُ مَكْرِهِمْ أَنَّا دَمَّرْنَٰهُمْ وَقَوْمَهُمْ أَجْمَعِينَ ﴿٥١﴾ فَتِلْكَ بُيُوتُهُمْ خَاوِيَةًۢ بِمَا ظَلَمُوٓا۟ ۗ إِنَّ فِى ذَٰلِكَ لَءَايَةً لِّقَوْمٍ يَعْلَمُونَ ﴿٥٢﴾ وَأَنجَيْنَا ٱلَّذِينَ ءَامَنُوا۟ وَكَانُوا۟ يَتَّقُونَ ﴿٥٣﴾ ﴾[1] . وهكذا تآمر قادتهم وكبراؤهم الذين أفسدوا فى الأرض ولم يصلحوها على نبيهم الذى أرسل إليهم ، فدمرهم الله أجمعين .

دمرهم الله عز وجل بالصاعقة ، يقول تعالى : ﴿ وَفِى ثَمُودَ إِذْ قِيلَ لَهُمْ تَمَتَّعُوا۟ حَتَّىٰ حِينٍ ﴿٤٣﴾ فَعَتَوْا۟ عَنْ أَمْرِ رَبِّهِمْ فَأَخَذَتْهُمُ ٱلصَّٰعِقَةُ وَهُمْ يَنظُرُونَ ﴿٤٤﴾ ﴾[2] .

دمر الله سبحانه وتعالى ثمود الطغاة المكذبين لفسادهم وظلمهم وجبروتهم وتكبرهم ومحاولة قتل نبيهم ورفضهم عقيدة التوحيد ورفض ما جاء به نبيهم صالح ، وانهارت حضارتهم ولم يبق إلا الآثار الدالة عليها .

وقد جاء فى التاريخ ذكر لقوم ثمود فى كتابات سرجون (نحو 715ق.م) ، ومؤلفات أرسطو وبطليموس وبللينى ، وأنهم كانوا من الشعوب أو الأقوام البائدة[3] .

(١) النمل : 45 - 53 .
(٢) الذاريات : 43 - 45 .
(3) د. عبد المنعم الحفنى ، موسوعة القرآن العظيم ، الطبعة الأولى ، 2004م ، مكتبة مدبولى .

ثانيا : أمم وأقوام وحضارات أخرى هلكت بسبب الكفر والفساد والطغيان والبغى :

وقد جاءت آيات قرآنية كريمة تتحدث عن هلاك أمم وأقوام وحضارات سابقة كثيرة :

● قوم نوح الذين أرسل الله عليهم الطوفان فأغرق الكافرين الظالمين المفسدين ، يقول تعالى : ﴿ فَأَوْحَيْنَآ إِلَيْهِ أَنِ ٱصْنَعِ ٱلْفُلْكَ بِأَعْيُنِنَا وَوَحْيِنَا فَإِذَا جَآءَ أَمْرُنَا وَفَارَ ٱلتَّنُّورُ فَٱسْلُكْ فِيهَا مِن كُلٍّ زَوْجَيْنِ ٱثْنَيْنِ وَأَهْلَكَ إِلَّا مَن سَبَقَ عَلَيْهِ ٱلْقَوْلُ مِنْهُمْ وَلَا تُخَٰطِبْنِى فِى ٱلَّذِينَ ظَلَمُوٓا۟ إِنَّهُم مُّغْرَقُونَ ﴿٢٧﴾ ﴾[1] .

● وهلاك قوم لوط بأن قلب المولى - سبحانه وتعالى - عليهم الأرض وأمطر عليهم حجارة من سجيل منضود ، يقول تعالى : ﴿ وَأَمْطَرْنَا عَلَيْهِم مَّطَرًا فَٱنظُرْ كَيْفَ كَانَ عَٰقِبَةُ ٱلْمُجْرِمِينَ ﴾[2] .

ويقول تعالى : ﴿ فَلَمَّا جَآءَ أَمْرُنَا جَعَلْنَا عَٰلِيَهَا سَافِلَهَا وَأَمْطَرْنَا عَلَيْهَا حِجَارَةً مِّن سِجِّيلٍ مَّنضُودٍ ﴿٨٢﴾ مُّسَوَّمَةً عِندَ رَبِّكَ وَمَا هِىَ مِنَ ٱلظَّٰلِمِينَ بِبَعِيدٍ ﴾[3] .

وذلك لأنهم كانوا يأتون الفاحشة فيأتون الرجال شهوة دون النساء ، يقول تعالى : ﴿ إِنَّكُمْ لَتَأْتُونَ ٱلرِّجَالَ شَهْوَةً مِّن دُونِ ٱلنِّسَآءِ ۚ بَلْ أَنتُمْ قَوْمٌ مُّسْرِفُونَ ﴾[4] .

● وفرعون وقارون وهامان ، المتغطرسون المكذبون المستكبرون ، يقول تعالى : ﴿ وَقَٰرُونَ وَفِرْعَوْنَ وَهَٰمَٰنَ ۖ وَلَقَدْ جَآءَهُم مُّوسَىٰ بِٱلْبَيِّنَٰتِ فَٱسْتَكْبَرُوا۟ فِى ٱلْأَرْضِ وَمَا كَانُوا۟ سَٰبِقِينَ ﴿٣٩﴾ فَكُلًّا أَخَذْنَا بِذَنۢبِهِۦ ۖ فَمِنْهُم مَّنْ أَرْسَلْنَا عَلَيْهِ

(١) المؤمنون : 45 - 53 .
(٢) الأعراف : 84.
(٣) هود : ٨٢ ، ٨٣.
(٤) الأعراف : 81.

حَاصِبًا وَمِنْهُم مَّنْ أَخَذَتْهُ ٱلصَّيْحَةُ وَمِنْهُم مَّنْ خَسَفْنَا بِهِ ٱلْأَرْضَ وَمِنْهُم مَّنْ أَغْرَقْنَا ۚ وَمَا كَانَ ٱللَّهُ لِيَظْلِمَهُمْ وَلَٰكِن كَانُوٓا۟ أَنفُسَهُمْ يَظْلِمُونَ ﴿٤٠﴾ ﴾(1) .

وفي تفسير ابن كثير لهاتين الآيتين الكريمتين : ﴿ فَكُلًّا أَخَذْنَا بِذَنۢبِهِۦ ﴾ كان عقوبته بما يناسبه ، ﴿ فَمِنْهُم مَّنْ أَرْسَلْنَا عَلَيْهِ حَاصِبًا ﴾ وهم عاد ، وذلك أنهم قالوا من أشد منا فجاءتهم ريح صرصر باردة شديدة البرد .. شديدة الهبوب جدا ، تحمل عليهم حصباء الأرض فتلقيها عليهم وتقتلعهم من الأرض ، فترفع الرجل منهم إلى السماء ثم تنكسه على أم رأسه فتشدخه فيبقى بدنا بلا رأس ، كأنهم أعجاز نخل منقعر .

﴿ وَمِنْهُم مَّنْ خَسَفْنَا بِهِ ٱلْأَرْضَ ﴾ وهم ثمود .

﴿ وَمِنْهُم مَّنْ أَغْرَقْنَا ﴾ وهو فرعون وقومه معه .

ويقول تعالى : ﴿ كَدَأْبِ ءَالِ فِرْعَوْنَ ۙ وَٱلَّذِينَ مِن قَبْلِهِمْ ۚ كَفَرُوا۟ بِـَٔايَٰتِ ٱللَّهِ فَأَخَذَهُمُ ٱللَّهُ بِذُنُوبِهِمْ ۗ إِنَّ ٱللَّهَ قَوِىٌّ شَدِيدُ ٱلْعِقَابِ ﴿٥٢﴾ ذَٰلِكَ بِأَنَّ ٱللَّهَ لَمْ يَكُ مُغَيِّرًا نِّعْمَةً أَنْعَمَهَا عَلَىٰ قَوْمٍ حَتَّىٰ يُغَيِّرُوا۟ مَا بِأَنفُسِهِمْ ۙ وَأَنَّ ٱللَّهَ سَمِيعٌ عَلِيمٌ ﴿٥٣﴾ كَدَأْبِ ءَالِ فِرْعَوْنَ ۙ وَٱلَّذِينَ مِن قَبْلِهِمْ ۚ كَذَّبُوا۟ بِـَٔايَٰتِ رَبِّهِمْ فَأَهْلَكْنَٰهُم بِذُنُوبِهِمْ وَأَغْرَقْنَآ ءَالَ فِرْعَوْنَ ۚ وَكُلٌّ كَانُوا۟ ظَٰلِمِينَ ﴿٥٤﴾ ﴾(2) .

- وقوم تبع الذين أهلكهم الله :

يقول تعالى : ﴿ أَهُمْ خَيْرٌ أَمْ قَوْمُ تُبَّعٍ وَٱلَّذِينَ مِن قَبْلِهِمْ ۚ أَهْلَكْنَٰهُمْ ۖ إِنَّهُمْ كَانُوا۟ مُجْرِمِينَ ﴾(3) . ويقول تعالى : ﴿ وَأَصْحَٰبُ ٱلْأَيْكَةِ وَقَوْمُ تُبَّعٍ ۚ كُلٌّ كَذَّبَ ٱلرُّسُلَ فَحَقَّ وَعِيدِ ﴾(4) .

---

(١) العنكبوت : ٣٩ ، 40.
(٢) الأنفال : 52 - 54.
(٣) الدخان : 37.
(٤) ق : 14.

• وأصحاب القرية الظالمة :

يقول تعالى : ﴿ وَكَمْ قَصَمْنَا مِن قَرْيَةٍ كَانَتْ ظَالِمَةً وَأَنشَأْنَا بَعْدَهَا قَوْمًا ءَاخَرِينَ ﴿١١﴾ فَلَمَّآ أَحَسُّواْ بَأْسَنَآ إِذَا هُم مِّنْهَا يَرْكُضُونَ ﴿١٢﴾ لَا تَرْكُضُواْ وَٱرْجِعُوٓاْ إِلَىٰ مَآ أُتْرِفْتُمْ فِيهِ وَمَسَٰكِنِكُمْ لَعَلَّكُمْ تُسْـَٔلُونَ ﴿١٣﴾ قَالُواْ يَٰوَيْلَنَآ إِنَّا كُنَّا ظَٰلِمِينَ ﴿١٤﴾ فَمَا زَالَت تِّلْكَ دَعْوَىٰهُمْ حَتَّىٰ جَعَلْنَٰهُمْ حَصِيدًا خَٰمِدِينَ ﴿١٥﴾ ﴾[1] .

وفى تفسير الجلالين : ﴿ وَكَمْ قَصَمْنَا ﴾ أهلكنا ﴿ مِن قَرْيَةٍ ﴾ أى أهلها ﴿ كَانَتْ ظَالِمَةً ﴾ كافرة ﴿ وَأَنشَأْنَا بَعْدَهَا قَوْمًا ءَاخَرِينَ ﴾ .

• وهناك أمم وحضارات أخرى كثيرة هلكت وانهارت ، بسبب كفر أهلها وفسادهم وبغيهم وطغيانهم .

ثالثا : الإصلاح وعدم الفساد وعدم الطغيان والبغى وانهيار الحضارات :

يقول تعالى : ﴿ فَلَوْلَا كَانَ مِنَ ٱلْقُرُونِ مِن قَبْلِكُمْ أُوْلُواْ بَقِيَّةٍ يَنْهَوْنَ عَنِ ٱلْفَسَادِ فِى ٱلْأَرْضِ إِلَّا قَلِيلًا مِّمَّنْ أَنجَيْنَا مِنْهُمْ ۗ وَٱتَّبَعَ ٱلَّذِينَ ظَلَمُواْ مَآ أُتْرِفُواْ فِيهِ وَكَانُواْ مُجْرِمِينَ ﴿١١٦﴾ وَمَا كَانَ رَبُّكَ لِيُهْلِكَ ٱلْقُرَىٰ بِظُلْمٍ وَأَهْلُهَا مُصْلِحُونَ ﴿١١٧﴾ ﴾[2] .

إن اللـه سبحانه وتعالى البر الرحيم لا يهلك الحضارات بكفر أهلها إذا أصلحوا ولم يعملوا على الإفساد فى الأرض ، ولم يعملوا على ظلم بعضهم لبعض ، وبغى بعضهم على بعض ، ولم يعملوا الخبائث والفسق والفجور والطغيان ، والمولى عز وجل الرحيم

(١) الأنبياء : 11 - 15.
(٢) هود : ١١٦ ، ١١٧.

بخلقه لا يهلك القرى إلا بعد إرسال الرسل وإنذار أهلها ، يقول تعالى : ﴿ وَمَآ أَهۡلَكۡنَا مِن قَرۡيَةٍ إِلَّا لَهَا مُنذِرُونَ ﴾[١] .

واقتران الكفر والشرك بالفساد والبغى وبظلم الناس بعضهم لبعض من أهم العوامل فى انهيار الحضارات ، يقول تعالى : ﴿ وَمَا كَانَ رَبُّكَ لِيُهۡلِكَ ٱلۡقُرَىٰ بِظُلۡمٍ وَأَهۡلُهَا مُصۡلِحُونَ ﴾[٢] .

ومعنى ﴿ بِظُلۡمٍ ﴾ فى هذه الآية الكريمة بشرك كما جاء فى معظم كتب التفسير ، ومنها: الطبرى ، وابن كثير ، وتفسير الجلالين ، وفى فتح الرحمن فى تفسير القرآن للدكتور عبد المنعم تعليب ، وفى موسوعة القرآن العظيم للدكتور عبد المنعم الحفنى ... وغيرهم .

وفى الصحيحين عن ابن مسعود لما نزلت : ﴿ ٱلَّذِينَ ءَامَنُواْ وَلَمۡ يَلۡبِسُوٓاْ إِيمَٰنَهُم بِظُلۡمٍ ﴾[٣] شق ذلك على أصحاب رسول الله ﷺ وقالوا : أينا لم يظلم نفسه؟ فقال رسول الله ﷺ : ليس هو كما تظنون إنما هو كما قال لقمان لابنه : ﴿ وَإِذۡ قَالَ لُقۡمَٰنُ لِٱبۡنِهِۦ وَهُوَ يَعِظُهُۥ يَٰبُنَيَّ لَا تُشۡرِكۡ بِٱللَّهِۖ إِنَّ ٱلشِّرۡكَ لَظُلۡمٌ عَظِيمٞ ﴾[٤] .

وفى تفسير الآيتين 116 و 117 من سورة هود ونصهما : ﴿ فَلَوۡلَا كَانَ مِنَ ٱلۡقُرُونِ مِن قَبۡلِكُمۡ أُوْلُواْ بَقِيَّةٖ يَنۡهَوۡنَ عَنِ ٱلۡفَسَادِ فِي ٱلۡأَرۡضِ إِلَّا قَلِيلٗا مِّمَّنۡ أَنجَيۡنَا مِنۡهُمۡۗ وَٱتَّبَعَ ٱلَّذِينَ ظَلَمُواْ مَآ أُتۡرِفُواْ فِيهِ وَكَانُواْ مُجۡرِمِينَ ﴿١١٦﴾ وَمَا كَانَ رَبُّكَ لِيُهۡلِكَ ٱلۡقُرَىٰ بِظُلۡمٖ وَأَهۡلُهَا مُصۡلِحُونَ ﴿١١٧﴾ ﴾[٥] .

---

(١) الشعراء : 208 .
(٢) هود : 117.
(٣) الأنعام : 82.
(٤) لقمان : 13.
(٥) هود : ١١٦ ، ١١٧.

سوف نورد بعض ما كتب المفسرون لهاتين الآيتين الكريمتين فى تفسير القرطبى وابن كثير ، وعبد المنعم تعليب والرازى وابن تيمية .

جاء فى تفسير الإمام الرازى لقوله تعالى : ﴿ وَمَا كَانَ رَبُّكَ لِيُهْلِكَ ٱلْقُرَىٰ بِظُلْمٍ وَأَهْلُهَا مُصْلِحُونَ ﴾ :

«إن المراد من الظلم فى هذه الآية الشرك ، والمعنى أن الله تعالى لا يهلك أهل القرى بمجرد كونهم مشركين ، إذا كانوا مصلحين فى المعاملات فيما بينهم يعامل بعضهم بعضا على الصلاح وعدم الفساد»[1] .

قال ابن تيمية فى هلاك الدولة الظالمة وإن كانت مسلمة :

«وأمور الناس إنما تستقيم مع العدل الذى يكون فيه الاشتراك فى بعض أنواع الإثم أكثر مما تستقيم مع الظلم فى الحقوق وإن لم تشترك فى الإثم ، ولهذا قيل : إن الله يقيم الدولة العادلة وإن كانت كافرة ، ولا يقيم الظالمة وإن كانت مسلمة ، ويقال : الدنيا تدوم مع العدل والكفر ولا تدوم مع الظلم والإسلام . وذلك أن العدل نظام كل شىء ، فإذا أقيم أمر الدنيا بالعدل قامت ، وإن لم تقم بالعدل لم تقم ، وإن كان لصاحبها من الإيمان ما يجزى به فى الآخرة»[2] .

وفى تفسير القرطبى لهاتين الآيتين : ﴿ فَلَوْلَا كَانَ ﴾ أى فهلا كان ﴿ مِنَ ٱلْقُرُونِ مِن قَبْلِكُمْ ﴾ أى من الأمم التى قبلكم ﴿ أُو۟لُوا۟ بَقِيَّةٍ ﴾ أى أصحاب طاعة ودين وعقل وبصر ﴿ يَنْهَوْنَ ﴾ قومهم ﴿ عَنِ ٱلْفَسَادِ فِى ٱلْأَرْضِ ﴾ لما أعطاهم الله تعالى من العقول وأراهم من الآيات ، وهذا توبيخ للكفار ، وقيل : لولا هنا للنفى ، أى ما

---

(١) تفسير الرازى ، كتاب الدولة العثمانية عوامل النهوض وأسباب السقوط ، على محمد الصلابى ، دار التوزيع والنشر الإسلامية .

(٢) ابن تيمية ، رسالة الأمر بالمعروف والنهى عن المنكر .

كان من قبلكم، كقوله: ﴿ فَلَوْلَا كَانَتْ قَرْيَةٌ ءَامَنَتْ ﴾[1]، أي ما كانت ﴿ إِلَّا قَلِيلًا ﴾ استثناء منقطع أي لكن قليلا ﴿ مِّمَّنْ أَنجَيْنَا مِنْهُمْ ﴾ نهوا عن الفساد فى الأرض. قيل: هم قوم يونس لقوله: ﴿ إِلَّا قَوْمَ يُونُسَ ﴾[2]. وقيل هم أتباع الأنبياء وأهل الحق، ﴿ مَآ أُتْرِفُواْ فِيهِ ﴾ أى أشركوا وعصوا ﴿ مِّمَّنْ أَنجَيْنَا مِنْهُمْ ﴾ أى من الاشتغال بالمال واللذات وإيثار ذلك على الآخرة ﴿ وَكَانُواْ مُجْرِمِينَ ﴾.

﴿ لِيُهْلِكَ ٱلْقُرَىٰ ﴾ أى أهل القرى ﴿ بِظُلْمٍ ﴾ أى بشرك وكفر ﴿ وَأَهْلُهَا مُصْلِحُونَ ﴾ فيما بينهم فى تعاطى الحقوق. ومعنى الآية:

إن الله لم يكن ليهلكهم بالكفر وحده حتى ينضاف إليه الفساد، كما أهلك قوم شعيب ببخس المكيال والميزان وقوم لوط باللواط، ودل هذا على أن المعاصى أقرب إلى عذاب الاستئصال فى الدنيا من الشرك، وإن كان عذاب الشرك فى الآخرة أصعب. وفى صحيح الترمذى من حديث أبى بكر الصديق > : «إن الناس إذا رأوا الظالم فلم يأخذوا على يديه أوشك أن يعمهم الله بعقاب من عنده»، وقد تقدم وقيل: المعنى وما كان ربك ليهلك القرى بظلم وأهلها مسلمون، فإنه يكون ذلك ظلما لهم ونقصا من حقهم أى ما أهلك قوم إلا بعد إعذار وإنذار. وقال الزجاج: يجوز أن يكون المعنى ما كان ربك ليهلك أحدا وهو يظلمه وإن كان على نهاية الصلاح، لأنه تصرف فى ملكه دليل قوله: ﴿ إِنَّ ٱللَّهَ لَا يَظْلِمُ ٱلنَّاسَ شَيْـًٔا ﴾[3].

وقيل: «المعنى وما كان الله ليهلكهم بذنوبهم وهم مصلحون، أى مخلصون فى الإيمان». انتهى تفسير القرطبى.

(١) يونس: 98.
(٢) يونس: 98.
(٣) يونس: 44.

وفى (فتح الرحمن فى تفسير القرآن)[(١)] للدكتور عبد المنعم تعيلب : فى تفسير قوله تعالى : ﴿ وَمَا كَانَ رَبُّكَ لِيُهْلِكَ ٱلْقُرَىٰ بِظُلْمٍ وَأَهْلُهَا مُصْلِحُونَ ﴾[(٢)] :

«ليس من سنن البر الرحيم أن يدمر المدن بكفر أهلها إذا لم يقرنوا بكفرهم فسادا وبغيا ، فإنه - تبارك اسمه - أهلك مدين بكفر أهلها وتطفيفهم ، وقلب مدائن أهل لوط بكفرهم وإتيانهم الذكران ، وقوم نوح ضموا إلى عبادة الأصنام ، تحقير أهل الإيمان : ﴿ ... وَمَا نَرَىٰكَ ٱتَّبَعَكَ إِلَّا ٱلَّذِينَ هُمْ أَرَاذِلُنَا ... ﴾[(٣)] . ﴿ ... أَنُؤْمِنُ لَكَ وَٱتَّبَعَكَ ٱلْأَرْذَلُونَ ﴾[(٤)] . وكذبوا نبيهم وقالوا : ﴿ ... لَئِن لَّمْ تَنتَهِ يَـٰنُوحُ لَتَكُونَنَّ مِنَ ٱلْمَرْجُومِينَ ﴾[(٥)]. ولقد قدم القرآن لوقوع البطشة بهم ونجاة نبيهم والمؤمنين بالآيات المباركة : ﴿ كَذَّبَتْ قَبْلَهُمْ قَوْمُ نُوحٍ فَكَذَّبُوا۟ عَبْدَنَا وَقَالُوا۟ مَجْنُونٌ وَٱزْدُجِرَ ۝٩ فَدَعَا رَبَّهُۥٓ أَنِّى مَغْلُوبٌ فَٱنتَصِرْ ۝١٠ فَفَتَحْنَآ أَبْوَٰبَ ٱلسَّمَآءِ بِمَآءٍ مُّنْهَمِرٍ ۝١١ وَفَجَّرْنَا ٱلْأَرْضَ عُيُونًا فَٱلْتَقَى ٱلْمَآءُ عَلَىٰٓ أَمْرٍ قَدْ قُدِرَ ۝١٢ وَحَمَلْنَـٰهُ عَلَىٰ ذَاتِ أَلْوَٰحٍ وَدُسُرٍ ۝١٣ تَجْرِى بِأَعْيُنِنَا جَزَآءً لِّمَن كَانَ كُفِرَ ۝١٤ ﴾[(٦)] . انتهى فتح الرحمن فى تفسير القرآن.

وفى تفسير ابن كثير لهاتين الآيتين : «يقول تعالى فهلا وجد من القرون الماضية بقايا من أهل الخير ينهون عما كان يقع بينهم من الشرور والمنكرات والفساد فى الأرض وقوله ﴿ إِلَّا قَلِيلًا ﴾ أى قد وجد منهم من هذا الضرب قليل لم يكونوا كثيرا وهم الذين أنجاهم الله عند حلول غضبه وفجأة نقمته ، ولهذا أمر الله تعالى هذه الأمة الشريفة أن

(١) د. عبد المنعم أحمد تعيلب ، كتاب : فتح الرحمن فى تفسير القرآن ، المجلد الثالث ، دار السلام للنشر والطباعة والتوزيع .
(٢) هود : 117.
(٣) هود : 27.
(٤) الشعراء : 111.
(٥) الشعراء : 116.
(٦) القمر : 9 - 14.

يكون فيها من يأمر بالمعروف وينهى عن المنكر كما قال تعالى : ﴿ وَلْتَكُن مِّنكُمْ أُمَّةٌ يَدْعُونَ إِلَى ٱلْخَيْرِ وَيَأْمُرُونَ بِٱلْمَعْرُوفِ وَيَنْهَوْنَ عَنِ ٱلْمُنكَرِ ۚ وَأُوْلَٰٓئِكَ هُمُ ٱلْمُفْلِحُونَ ﴾[١] . وفى الحديث : «إن الناس إذا رأوا المنكر فلم يغيروه أوشك أن يعمهم الله بعقاب» ، ولهذا قال تعالى : ﴿ فَلَوْلَا كَانَ مِنَ ٱلْقُرُونِ مِن قَبْلِكُمْ أُوْلُواْ بَقِيَّةٍ يَنْهَوْنَ عَنِ ٱلْفَسَادِ فِى ٱلْأَرْضِ إِلَّا قَلِيلًا مِّمَّنْ أَنجَيْنَا مِنْهُمْ ۗ ﴾[٢] ، وقوله : ﴿وَٱتَّبَعَ ٱلَّذِينَ ظَلَمُواْ مَآ أُتْرِفُواْ فِيهِ﴾[٣] أى استمروا على ما هم عليه من المعاصى والمنكرات ولم يلتفتوا إلى إنكار أولئك حتى فاجأهم العذاب : ﴿ وَكَانُواْ مُجْرِمِينَ ﴾[٤] .

ثم أخبر تعالى أنه لم يهلك قرية إلا وهى ظالمة لنفسها ولم يأت قرية مصلحة بأسه وعذابه قط حتى يكونوا هم الظالمين كما قال تعالى : ﴿ وَمَا ظَلَمْنَٰهُمْ وَلَٰكِن ظَلَمُوٓاْ أَنفُسَهُمْ ﴾[٥] . وقال : ﴿ وَمَا رَبُّكَ بِظَلَّٰمٍ لِّلْعَبِيدِ ﴾[٦] . انتهى تفسير ابن كثير .

فالكفر والفساد والبغى وظلم الناس لبعضهم يؤدى إلى انهيار الأمم والحضارات.. والفساد يؤدى إلى الاختلال المادى والمعنوى للإنسان والحياة والأحياء.. والفساد يؤدى إلى انحلال وتفكك المجتمع والأمة والحضارة ، فهو عظيم الأثر على الحضارات وانهيارها .

والفساد فى الأرض مثل : الزنا وقطع الطريق والكفر والقتل ونحوه توجب القصاص من مرتكب هذه الأفعال بالقتل .

(١) آل عمران : 104.
(٢) هود : 116.
(٣) هود : 116.
(٤) هود : 116.
(٥) هود : 101.
(٦) فصلت : 46.

يقول تعالى : ﴿ مِنْ أَجْلِ ذَٰلِكَ كَتَبْنَا عَلَىٰ بَنِىٓ إِسْرَٰٓءِيلَ أَنَّهُۥ مَن قَتَلَ نَفْسًۢا بِغَيْرِ نَفْسٍ أَوْ فَسَادٍ فِى ٱلْأَرْضِ فَكَأَنَّمَا قَتَلَ ٱلنَّاسَ جَمِيعًا وَمَنْ أَحْيَاهَا فَكَأَنَّمَآ أَحْيَا ٱلنَّاسَ جَمِيعًا ۚ وَلَقَدْ جَآءَتْهُمْ رُسُلُنَا بِٱلْبَيِّنَٰتِ ثُمَّ إِنَّ كَثِيرًا مِّنْهُم بَعْدَ ذَٰلِكَ فِى ٱلْأَرْضِ لَمُسْرِفُونَ ﴾(١) .

وجاء فى تفسير الطبرى :

ومعنى ﴿ بِغَيْرِ نَفْسٍ ﴾ أى بغير أن يقتل نفسا فيستحق القتل .

﴿ أَوْ فَسَادٍ فِى ٱلْأَرْضِ ﴾ أى شرك وقيل : قطع طريق . وقرأ الحسن - أو فسادا بالنصب على تقدير حذف فعل يدل عليه أول الكلام تقديره أو أحدث فسادا ، والدليل عليه قوله : ﴿ قَتَلَ نَفْسًۢا بِغَيْرِ نَفْسٍ ﴾ لأنه من أعظم الفساد . وقرأ العامة - فساد بالجر على معنى أو بغير فساد .

ويقول ابن كثير فى تفسير هذه الآية الكريمة :

﴿ كَتَبْنَا عَلَىٰ بَنِىٓ إِسْرَٰٓءِيلَ ﴾ أى شرعنا لهم وأعلمناهم ﴿ أَنَّهُۥ مَن قَتَلَ نَفْسًۢا بِغَيْرِ نَفْسٍ أَوْ فَسَادٍ فِى ٱلْأَرْضِ فَكَأَنَّمَا قَتَلَ ٱلنَّاسَ جَمِيعًا ﴾ أى من قتل نفسا بغير سبب من قصاص أو فساد فى الأرض واستحل قتلها بلا سبب ولا جناية فكأنما قتل الناس جميعا ، لأنه لا فرق عنده بين نفس ونفس ، ومن أحياها أى حرم قتلها واعتقد ذلك ، فقد سلم الناس كلهم منه .

وفى تفسير الجلالين جاء ما نصه :

﴿ مِنْ أَجْلِ ذَٰلِكَ ﴾ الذى فعله قابيل ﴿ كَتَبْنَا عَلَىٰ بَنِىٓ إِسْرَٰٓءِيلَ أَنَّهُۥ ﴾ أى الشأن ﴿ مَن قَتَلَ نَفْسًۢا بِغَيْرِ نَفْسٍ ﴾ قتلها ﴿ أَو ﴾ بغير ﴿ فَسَاد ﴾ أتاه ﴿ فِى

(١) المائدة : 32.

﴿ ٱلۡأَرۡضِ ﴾ من كفر أو زنا أو قطع طريق أو نحوه ﴿ فَكَأَنَّمَا قَتَلَ ٱلنَّاسَ جَمِيعٗا وَمَنۡ أَحۡيَاهَا ﴾ بأن امتنع عن قتلها ﴿ فَكَأَنَّمَا قَتَلَ ٱلنَّاسَ جَمِيعٗا ﴾ . قال ابن عباس : من حيث انتهاك حرمتها وصونها ﴿ وَلَقَدۡ جَآءَتۡهُمۡ ﴾ أى بنى إسرائيل ﴿ رُسُلُنَا بِٱلۡبَيِّنَٰتِ ﴾ المعجزات ﴿ ثُمَّ إِنَّ كَثِيرٗا مِّنۡهُم بَعۡدَ ذَٰلِكَ فِي ٱلۡأَرۡضِ لَمُسۡرِفُونَ ﴾ مجاوزون الحد بالكفر والقتل وغير ذلك .

رابعا : صور من الفساد تهدد الحضارة العلمانية الغربية المعاصرة :

هناك صور من الفساد تهدد بانهيار الحضارة العلمانية الغربية المعاصرة ، نختار منها صورتان : الأولى هى مشكلة الانحلال الاجتماعى وتفكك واختلال الأسرة ، مما أدى إلى الفسق والشذوذ والزواج المثلى الذى نتج عنه أمراض خطيرة مثل : مرض نقص المناعة المكتسبة «الإيدز» ، واختلاط الأنساب .

الصورة الثانية من صور الفساد هى المتعلقة بالمشاكل التى تنتج عن الاستنساخ والهندسة الوراثية واللعب فى الخريطة الجينية للإنسان ، دون أن يكون هناك ضوابط صارمة لمنع وردع الخروج عن الصواب .

(أ) اختلال أدى إلى أمراض خطيرة واستنزاف الموارد الطبيعية :

يقول تعالى : ﴿ ظَهَرَ ٱلۡفَسَادُ فِي ٱلۡبَرِّ وَٱلۡبَحۡرِ بِمَا كَسَبَتۡ أَيۡدِي ٱلنَّاسِ لِيُذِيقَهُم بَعۡضَ ٱلَّذِي عَمِلُواْ لَعَلَّهُمۡ يَرۡجِعُونَ ﴾[1] .

وفى تفسير الجلالين :

﴿ ظَهَرَ ٱلۡفَسَادُ فِي ٱلۡبَرِّ ﴾ القفار بقلة المطر وقلة النبات ﴿ وَٱلۡبَحۡرِ ﴾ البلاد التى على الأنهار بقلة مائها ﴿ بِمَا كَسَبَتۡ أَيۡدِي ٱلنَّاسِ ﴾ من المعاصى ﴿ لِيُذِيقَهُم ﴾ بالياء والنون ﴿ بَعۡضَ ٱلَّذِي عَمِلُواْ ﴾ عقوبته ﴿ لَعَلَّهُمۡ يَرۡجِعُونَ ﴾ يتوبون .

(١) الروم : 41.

وفى تفسير القرطبى وتفسير ابن كثير :

جاءت أنواع عديدة من الفساد المقصود فى قوله تعالى : ﴿ظَهَرَ ٱلْفَسَادُ فِى ٱلْبَرِّ﴾، و الله سبحانه وتعالى أعلم وأجل وأكرم .

هناك أنواع من الفساد الذى ظهر نتيجة الانحلال الأخلاقى ، واختلال نظام الأسرة فى المجتمعات الأوربية العلمانية والمجتمعات العلمانية الأخرى ، مثل : مرض نقص المناعة المكتسبة .

وقد حفظ الله المجتمعات الإسلامية من هذا المرض اللعين .

وهناك أمراض ناتجة عن الاندفاع فى محاولات النمو السريع دون احتياطات لما ينتج عن ذلك من اختلال وفساد فى البيئة ، ومن استهلاك الموارد الطبيعية وخاصة تلك المتعلقة بالطاقة مثلما حدث فى أوروبا وأمريكا واليابان ، ومثلما يحدث الآن فى الصين والهند التى وصل زيادة معدل النمو السنوى فيها أكثر من 9 % ، ومن المعروف أن عدد سكانهما مجتمعين أكثر من 2 مليار نسمة (حوالى 2.2 مليار نسمة) فإذا وصل دخل الفرد فيهما مثل دخل الفرد فى اليابان – اليابان 123 مليون نسمة – فسوف تحتاج الدولتان وحدهما إلى كل ما فى الكرة الأرضية من موارد طبيعية[١] .

ونحن نرى الآن أن النمو السريع أصبح ممكنا فى فترة وجيزة مستمرة ، وقد رأينا بعض دول النمور الآسيوية تتعدى حواجز الفقر والتخلف بالنمو السريع فى فترة وجيزة جدا ، ويمكن أن تبلغ الصين والهند ذلك فى مدة عقد واحد فيصل دخل الفرد فيها كدخل الفرد فى اليابان .

ومع أن التقرير فيه نزعة سياسية احتكارية إلا أنه يشير إلى التهديد باستنزاف الموارد الطبيعية فى العالم الذى تمارسه الدول الغربية العلمانية منذ أوائل القرن العشرين ،

---

(١) صحيفة الأهرام المصرية ، الملحق الاقتصادى ، عن دراسة لمركز الأبحاث الأمريكى «وورلد ووتش» ، 2006/1/22م.

والذى يهدد الحضارة العلمانية الغربية وينذر بزوالها إذا حدث ، كما أنه يؤثر على الحضارات الأخرى والبشر جميعا .

(ب) اختلال يهدد الجنس البشرى بسبب ما قد ينتج عن الاستنساخ والهندسة الوراثية :

وما يحدث الآن فى مجال الهندسة الوراثية والاستنساخ واللعب فى الخريطة الجينية للإنسان والحيوان والنبات ، وما قد ينتج عنه من فساد عظيم قد يؤدى إلى تغييرات فى الجنس البشرى لا يمكن السيطرة عليها . يقول عز وجل : ﴿ إِن يَدْعُونَ مِن دُونِهِۦٓ إِلَّآ إِنَٰثًا وَإِن يَدْعُونَ إِلَّا شَيْطَٰنًا مَّرِيدًا ﴿١١٧﴾ لَّعَنَهُ ٱللَّهُ ۘ وَقَالَ لَأَتَّخِذَنَّ مِنْ عِبَادِكَ نَصِيبًا مَّفْرُوضًا ﴿١١٨﴾ وَلَأُضِلَّنَّهُمْ وَلَأُمَنِّيَنَّهُمْ وَلَءَامُرَنَّهُمْ فَلَيُبَتِّكُنَّ ءَاذَانَ ٱلْأَنْعَٰمِ وَلَءَامُرَنَّهُمْ فَلَيُغَيِّرُنَّ خَلْقَ ٱللَّهِ ۚ وَمَن يَتَّخِذِ ٱلشَّيْطَٰنَ وَلِيًّا مِّن دُونِ ٱللَّهِ فَقَدْ خَسِرَ خُسْرَانًا مُّبِينًا ﴿١١٩﴾ ﴾[1] .

وفى تفسير القرطبى :

﴿ وَلَأُضِلَّنَّهُمْ وَلَأُمَنِّيَنَّهُمْ وَلَءَامُرَنَّهُمْ فَلَيُبَتِّكُنَّ ءَاذَانَ ٱلْأَنْعَٰمِ وَلَءَامُرَنَّهُمْ فَلَيُغَيِّرُنَّ خَلْقَ ٱللَّهِ ۚ وَمَن يَتَّخِذِ ٱلشَّيْطَٰنَ وَلِيًّا مِّن دُونِ ٱللَّهِ فَقَدْ خَسِرَ خُسْرَانًا مُّبِينًا ﴾[2] .

فيه تسع مسائل[3] : الأولى : قوله تعالى : ﴿ وَلَأُضِلَّنَّهُمْ ﴾ أى لأصرفنهم عن طريق الهدى ﴿ وَلَأُمَنِّيَنَّهُمْ ﴾ أى لأسولن لهم من التمنى ... وقيل : لأمنينهم طول الحياة الخير والتوبة والمعرفة مع الإصرار ﴿ وَلَأُمَنِّيَنَّهُمْ وَلَءَامُرَنَّهُمْ فَلَيُبَتِّكُنَّ ءَاذَانَ ٱلْأَنْعَٰمِ ﴾ البتك القطع ومنه سيف باتك أى أحمله على قطع آذان البحيرة والسائبة ونحوه ...

(١) النساء : 117 - 119.
(٢) النساء : 119.
(٣) سنتعرض لما جاء فى تفسير القرطبى لمسألتين فقط .

الثانية : قوله تعالى : ﴿ وَلَآمُرَنَّهُمْ فَلَيُغَيِّرُنَّ خَلْقَ ﴾ اللآمات كلها للقسم واختلف العلماء فى هذا التغيير إلى ماذا يرجع ، فقالت طائفة : هو الخصاء وفقء الأعين وقطع الآذان ، قال معناه ابن عباس وأنس وعكرمة وأبو صالح ، وذلك كله تعذيب للحيوان ، وتحريم وتحليل بالطغيان وقول بغير حجة ولا برهان ، والآذان فى الأنعام جمال ومنفعة ، وكذلك غيرها من الأعضاء ، فلذلك رأى الشيطان أن يغير بها خلق الله تعالى . وفى حديث عياض بن المجاشعى : «وإنى خلقت عبادى حنفاء كلهم وإن الشياطين أتتهم فاجتالتهم عن دينهم فحرمت عليهم ما أحللت لهم وأمرتهم أن يشركوا بى ما لم أنزل به سلطانا ، وأمرتهم أن يغيروا خلقى» الحديث أخرجه القاضى إسماعيل ومسلم أيضا . وروى إسماعيل قال : حدثنا أبو الوليد وسليمان بن حرب قالا: حدثنا شعبة عن أبى إسحاق ، عن أبى الأحوص عن أبيه قال : أتيت رسول الله ﷺ وأنا قشف الهيئة ، قال : «**هل لك من مال؟**» قلت : نعم . قال: «**من أى المال؟**» قلت : من كل المال من الخيل والإبل والرقيق - قال أبو الوليد : والغنم - قال : «**إذا آتاك الله مالا فلير عليك أثره**» ثم قال : «**هل تنتج إبل قومك صحاحا آذانها فتعمد إلى موسى فتشق آذانها وتقول هذه بحر وتشق جلودها وتقول هذه صرم لتحرمها عليك وعلى أهلك؟**» قال : قلت أجل . قال: «**وكل ما أتاك الله حل وموسى الله أحد من موسك وساعد الله أشد من ساعدك**» قال قلت : يا رسول الله أرأيت رجلا نزلت به فلم يقرنى ثم نزل بى أفأقريه أم أكافئه فقال : «**بل أقره** .... قوله تعالى : ﴿ وَمَن يَتَّخِذِ ٱلشَّيْطَٰنَ وَلِيًّا مِّن دُونِ ٱللَّهِ ﴾ أى يطيعه ويدع أمر الله ﴿ فَقَدْ خَسِرَ ﴾ أى نقص نفسه وغبنها بأن أعطى الشيطان حق الله تعالى فيه وتركه من أجله»[1] . انتهى تفسير القرطبى .

(١) تفسير القرطبى .

وفى صحيح مسلم عن عياض بن حماد قال : «قال الله عز وجل : إنى خلقت عبادى حنفاء فجاءتهم الشياطين فاجتالتهم عن دينهم وحرمت عليهم ما أحللت لهم»[١] .

وفى الظلال لسيد قطب :

«إنهم يدعون الشيطان - عدوهم القديم - ويستوحونه ويستمدون منه هذا الضلال . ذلك الشيطان الذى لعنه الله ، والذى صرح بنيته فى إضلال فريق من أبناء بنى آدم وتمنيتهم بالأمنيات الكاذبة فى طريق الغواية من لذة كاذبة وسعادة موهومة ونجاة من الجزاء فى نهاية المطاف : كما صرح بنيته فى أن يدفع بهم إلى أفعال قبيحة وشعائر سخيفة ، كتمزيق آذان بعض الأنعام ليصبح ركوبها بعد ذلك حراما أو أكلها حراما - دون أن يحرمها الله - ومن تغيير خلق الله وفطرته بقطع بعض أجزاء الجسد أو تغيير شكلها فى الحيوان والإنسان ، كخصاء الرقيق ووشم الجلود وما إليها من التغيير والتشويه الذى حرمه الإسلام»[٢] .

فأولياء الشيطان من العاملين فى مجال الهندسة الوراثية والاستنساخ ، أو هؤلاء الذين يلعبون فى الخريطة الوراثية بأبحاثهم فى الغرف المغلقة - دون أن يعرف شىء عنهم - يمكن أن يحدثوا تغييرات ضارة تصيب الإنسان والحيوان والنبات ولا يمكن السيطرة عليها ، أو يحدثوا تغييرا يدمر حياة الإنسان ولكن لا تظهر آثاره إلا بعد سنوات طويلة بعد أن يكون التدمير قد أصاب أعدادا هائلة من البشر ، ولذلك فالأبحاث فى هذا المجال يجب أن تخضع لقوانين ونظم وضوابط صارمة يتفق عليها عالميا .

(١) تفسير ابن كثير .
(٢) سيد قطب ، فى ظلال القرآن ، تفسير الآيات (117-119) من سورة النساء .

خامسا : تطبيق أحكام الشريعة الإسلامية يحمى المجتمعات الإسلامية ويحفظ الحضارة الإسلامية :

الشريعة الإسلامية هى المنهاج العملى لحياة الفرد المسلم وحياة المجتمع المسلم .

وتطبيق أحكام الشريعة الإسلامية فريضة على كل مسلم ومسلمة سواء كان حاكما أو محكوما .

وأحكام الشريعة الإسلامية ملزمة للمسلمين فى كل زمان ومكان ، وكل مسلم يلزمه - سواء كان حاكما أو محكوما - أن يخضع لحكم الله ورسوله ، يقول تعالى : ﴿إِنَّمَا كَانَ قَوْلَ ٱلْمُؤْمِنِينَ إِذَا دُعُوٓاْ إِلَى ٱللَّهِ وَرَسُولِهِۦ لِيَحْكُمَ بَيْنَهُمْ أَن يَقُولُواْ سَمِعْنَا وَأَطَعْنَا ۚ وَأُوْلَٰٓئِكَ هُمُ ٱلْمُفْلِحُونَ﴾[1] .

ويقول تعالى : ﴿ثُمَّ جَعَلْنَٰكَ عَلَىٰ شَرِيعَةٍ مِّنَ ٱلْأَمْرِ فَٱتَّبِعْهَا وَلَا تَتَّبِعْ أَهْوَآءَ ٱلَّذِينَ لَا يَعْلَمُونَ ﴿١٨﴾ إِنَّهُمْ لَن يُغْنُواْ عَنكَ مِنَ ٱللَّهِ شَيْـًٔا ۚ وَإِنَّ ٱلظَّٰلِمِينَ بَعْضُهُمْ أَوْلِيَآءُ بَعْضٍ ۖ وَٱللَّهُ وَلِىُّ ٱلْمُتَّقِينَ ﴿١٩﴾﴾[2] .

وفى تفسير القرطبى :

الشريعة فى اللغة : المذهب والملة ، ويقال لمشرعة الماء وهى مورد الشاربة : شريعة، ومنه الشارع لأنه طريق إلى المقصد ، فالشريعة : ما شرع الله لعباده من الدين .

قال ابن العربى : والأمر يرد فى اللغة بمعنيين : أحدهما بمعنى الشأن كقوله : ﴿فَٱتَّبَعُوٓاْ أَمْرَ فِرْعَوْنَ ۖ وَمَآ أَمْرُ فِرْعَوْنَ بِرَشِيدٍ﴾[3] . والثانى ، أحد أقسام الكلام الذى يقابله النهى ، يصح أن يكون مرادا هاهنا ، وتقديره : ثم جعلناك على طريقة من الدين وهى ملة الإسلام .

---

(١) النور : 51 .
(٢) الجاثية : ١٨ ، ١٩.
(٣) هود : 97 .

وقولــه تعــالى : ﴿إِنَّهُمْ لَن يُغْنُوا عَنكَ مِنَ ٱللَّهِ شَيْـًٔا﴾ أى إن اتبعــت أهــواءهم لا يدفعون عنك من عذاب اللـه شيئا .

وفى تفسير الجلالين : ﴿ثُمَّ جَعَلْنَٰكَ﴾ يا محمد ﴿عَلَىٰ شَرِيعَةٍ﴾ طريقة ﴿مِّنَ ٱلْأَمْرِ﴾ أمر الدين ﴿فَٱتَّبِعْهَا وَلَا تَتَّبِعْ أَهْوَآءَ ٱلَّذِينَ لَا يَعْلَمُونَ﴾ فى عبادة غير اللـه . ﴿إِنَّهُمْ لَن يُغْنُوا﴾ يدفعوا ﴿عَنكَ مِنَ ٱللَّهِ﴾ مـن عذابـه ﴿شَيْـًٔا وَإِنَّ ٱلظَّٰلِمِينَ﴾ الكـافرين ﴿بَعْضُهُمْ أَوْلِيَآءُ بَعْضٍ وَٱللَّهُ وَلِىُّ ٱلْمُتَّقِينَ﴾ المؤمنين .

وأحكام الشريعة الإسلامية وتطبيقها على الأفراد والمجتمعات والحكومات هى التى تميز الأمة الإسلامية عن غيرها من الأمم وتميز الحضارة الإسلامية عن غيرها مـن الحضـارات ، وتطبيـق أحكـام الشريعة الإسلامية يحمى المجتمع الإسـلامى مـن الفسـاد والبغـى والطغيـان والاسـتبداد ، ويحفـظ الحضارة الإسلامية من تهديدات الحضارات الأخرى .

إن تطبيق أحكام الشريعة الإسلامية يوحد الأمة الإسلامية ثقافيا واجتماعيا وسياسيا واقتصاديا ...

ومنذ دخول الاستعمار البلاد الإسلامية ، فإن وحدة المفاهيم فى بعـض المجـالات – وخاصـة فى المجال الثقافى – أصابها التمزق .

وتطبيق أحكام الشريعة الإسلامية فى البلاد الإسلامية المختلفـة هـو الـذى يعيـد وحـدة الأمـة الإسلامية ثقافيا واجتماعيا واقتصاديا وسياسيا .

إن الخلط الثقافى الموجود فى كثير من البلاد الإسلامية لم يبدأ إلا بعـد احـتلال الـبلاد الإسـلامية بواسطة الاستعمار الأوروبى .

ففى مصر وفى عصر محمد على – قبل الاحـتلال البريطـانى لمصرـ – كـان العلـماء والمفكـرون الذين ينادون بالتقدم والنهضة .. كانوا على وعى كامل بما يجب نقله عن

الحضارة الغربية - مما هو مشترك عام بين الحضارات - وما ينبغى تركه ، يقول رفاعة رافع الطهطاوى - العالم الأزهرى الذى أرسله محمد علي مشرفا على البعثة الدراسية التى أرسلها إلى فرنسا سنة 1826م (1242هـ) : «علينا أن نأخذ من أوروبا المعارف البشرية المدنية والعلوم الحكمية العلمية . أما روح حضارتهم وفلسفاتهم فإنها مليئة بالحشوات الضلالية المخالفة لسائر الكتب السماوية»[1] .

(١) د. محمد الجوهرى حمد الجوهرى ، النظام السياسى الإسلامى والفكر الليبرالى ، دار الفكر العربى ، 1993م ، ص 68 .

خلاصة

نستخلص من هذا الفصل النتائج التالية :

أولا : الشرك والكفر والفساد والبغى والطغيان من عوامل انهيار المجتمعات والأمم والحضارات ، وقد جاء ذلك فى العديد من آيات القرآن الكريم .

ويرجع ذلك إلى أنه إذا لم يكن هناك رادع أو مانع لاستمرار الشرك والكفر والفساد والبغى والطغيان ، فإنه قد يحدث اختلال عظيم فى الأرض أو المخلوقات بما فيها الإنسان نفسه .

فالفساد الذى يسبب اختلال فى البيئة مثلا قد يجعل الأرض غير صالحة للحياة أو يغرق أجزاء شاسعة من الأرض - بما عليها من حياة وأحياء ، بسبب ارتفاع حرارة الأرض الذى قد ينتج عن الاحتباس الحرارى أو ثقب الأوزون ، وتلوث التربة أو الماء أو الهواء ، بسبب الفساد الذى يمارسه البعض دون رادع من دين أو ضمير ، وما يسببه ذلك من أضرار وخيمة .

والفساد الذى يؤدى إلى اللعب فى الخريطة الجينية للإنسان والحيوان والنبات ، دون رادع أو ضوابط صارمة تمنع المنحرفين الذين يعبثون بالخريطة الجينية ، أو أى مجال من مجالات الهندسة الوراثية .

والفساد الذى قد يسبب استنزاف الموارد الطبيعية المحدودة على سطح الأرض بصورة عشوائية دون ضوابط محددة .

كل ذلك قد يؤدى إلى انهيار المجتمعات والحضارات ويهدد بأضرار جسيمة تصيب الحياة والأحياء على سطح الأرض .

ثانيا : هناك حضارات هلكت مثل حضارة عاد وثمود وفرعون نتيجة لفساد أهلها وكفرهم وبغيهم وطغيانهم ، وقد اكتشفت الآثار الدالة على حضارة عاد وثمود .

وكانت عاد من المكذبين بنبيهم هود وبالرسل أجمعين وكانوا طغاة جبارين ، يشيدون المساكن الضخمة على الهضاب يبنونها للخلود ، وقد زين لهم الشيطان أعمالهم فكفروا بما جاءهم من الحق ، وكانوا يبنون مصانع للصناعات والحرف إذ كانوا على فهم ودراية ، أو يبنون منازل للسكن أو يبنون دورا للهو والعبث .

وقد دعاهم نبيهم هود إلى عبادة الله الواحد الذى لا إله إلا هو وذكرهم بنعم الله عليهم إذ زادهم بسطة فى الخلق وبسطة فى العيش ، فكذبوه واتهموه بالسفاهة وظلوا متمسكين بكفرهم فأهلكهم الله بريح صرصر عاتية أهلكتهم وأهلكت حضارتهم ، ولم يبق إلا الآثار الدالة عليها نتيجة كفرهم وطغيانهم وفسادهم .

وأما ثمود فقد كفروا وكذبوا جميع المرسلين وكانوا جبابرة طغاة ينحتون بيوتهم فى الصخور ويعيثون فى الأرض فسادا ، وقد أرسل الله سبحانه وتعالى إليهم نبيه صالح ومعه الناقة آية لهم ودعاهم إلى التوحيد فكذبوه وعقروا الناقة فدمرهم الله سبحانه وتعالى نتيجة لفسادهم وكفرهم وجبروتهم وتكبرهم فهلكوا وهلكت حضارتهم ، ولم يبق إلا الآثار الدالة عليها .

وهناك حضارات أخرى هلكت نتيجة لكفر أهلها وفسادهم وطغيانهم وبغيهم ولكن لم تكتشف الآثار الخاصة بهم بعد ، وكل عدة سنوات تكتشف آثار هذه الحضارات .

ثالثا : يقول تعالى : ﴿وَمَا كَانَ رَبُّكَ لِيُهْلِكَ ٱلْقُرَىٰ بِظُلْمٍ وَأَهْلُهَا مُصْلِحُونَ﴾[1] . إن الله سبحانه وتعالى البر الرحيم لا يهلك الحضارات بكفر أهلها

---

(١) هود : 117 .

إذا أصلحوا ، ولم يعملوا على الإفساد فى الأرض ، ولم يعملوا على بغى بعضهم على بعـض، ولم يعملوا الخبائث والفساد والفجور والطغيان .

والفساد والبغى والطغيان والفجور والفسق من أخطر الأمور على الأمم والحضارات ، ولـذلك جاءت أحكام الشريعة الإسلامية الخاصة بالحدود رادعة لتمنع الفسـاد والبغـى والطغيـان ، فقتـل القاتـل وقاطع الطريـق الـذى يعتـدى عـلى أرواح النـاس ويثـير الفتنـة والفسـاد فى الأرض يحمـى المجتمعات من الفساد ويحفظ حياة الناس وأموالهم وأعراضهم ، وعقوبة الزانى وشارب الخمر تمنـع انتشار الفساد وتحمى المجتمع من الفاسدين الفاسقين .

* * *

الفصل الثاني

السنن الإلهية والحفاظ على الحضارات

لقد جاءت آيات قرآنية عديدة تبين سنن الله التى نراها فى الكون من حولنا مثل سنة التدافع وسنة التكامل و سنة التوازن وسنة التعارف و سنة التعاون ، وفهمنا لهذه السنن الإلهية فهما صحيحا كما جاءت فى القرآن الكريم له قيمة كبيرة فى الحفاظ على حضارتنا الإسلامية ، والحفاظ على خصوصيتها الإسلامية ويحميها من التأثير السلبى للحضارات الأخرى .

ويقول الدكتور على جمعة مفتى الجمهورية فى جريدة الأهرام[1] : « القرآن الكريم تكلم عن السنن الإلهية وبينها ، وهى تعد البيئة الخارجية للنشاط البشرى وهى التى تتحكم فى المسلم عند نشاطه واختباراته ووضع برامجه وأهدافه.

وإذا لم يدرك المسلم السنن الإلهية ويستوعبها بعقله ، فإنه يتخبط ويفقد المعيار السليم للقرار السليم ، ويضع استراتيجيات أخرى غير التى أمر الله بها ، والسنن الإلهية تزيد عن خمسين سنة » .

---

(١) د . على جمعة ، (مفتى الجمهورية) ، مقال فى جريدة الأهرام المصرية ، بعنوان : « النموذج المعرفى الإسلامى وتجديد الخطاب الدينى » المقال الثانى من ثلاثة مقالات ٢٠٠٤/٤/٢٤م .

يقول تعالى عن سنة التعارف : ﴿ يَـٰٓأَيُّهَا ٱلنَّاسُ إِنَّا خَلَقْنَـٰكُم مِّن ذَكَرٍ وَأُنثَىٰ وَجَعَلْنَـٰكُمْ شُعُوبًا وَقَبَآئِلَ لِتَعَارَفُوٓاْ ۚ إِنَّ أَكْرَمَكُمْ عِندَ ٱللَّهِ أَتْقَىٰكُمْ ۚ إِنَّ ٱللَّهَ عَلِيمٌ خَبِيرٌ ﴾[1].

﴿ إِنَّ أَكْرَمَكُمْ عِندَ ٱللَّهِ أَتْقَىٰكُمْ ﴾ فالكريم حقا هو الكريم عند الله ، وهو يزنكم بعلم وخبرة بالقيم والموازين ﴿ إِنَّ ٱللَّهَ عَلِيمٌ خَبِيرٌ ﴾ .

وهكذا تسقط جميع القيم وجميع الفوارق ويبقى ميزان واحد وإليه يتحاكم البشر.

وهكذا تتوازى جميع أسباب النزاع والخصومات فى الأرض وترخص جميع القيم التى يتكالب عليها الناس ويظهر سبب ضخم للألفة والتعاون ، ألوهية الله للجميع وخلقهم من أصل واحد ، كما يرتفع لواء واحد يتسابق الجميع ليقفوا تحته لواء التقوى فى ظل الله وهذا هو اللواء الذى رفعه الإسلام لإنقاذ البشرية ، وهذا هو أساس المجتمع الإسلامى . فالمجتمع الإسلامى مجتمع إنسانى عالمى .

ويقول سيد قطب فى تفسير هذه الآية الكريمة :

« ياأيها الناس يا أيها المختلفون أجناسا وألوانا المتفرقون شعوبا وقبائل ، إنكم من أصل واحد فلا تختلفوا ولا تتفرقوا ولا تتخاصموا ولا تذهبوا بددا .

يا أيها الناس،والذى يناديكم بهذا النداء هو الذى خلقكم من ذكر وأنثى ، وهو يطلعكم على الغاية من جعلكم شعوبا وقبائل ، إنها ليس للتناحر والخصام ، إنما هى للتعارف والوئام ..... » .

أما اختلاف الألسنة والألوان والمواهب فتنوع لا يقتضى النزاع والشقاق ، بل يقتضى التعاون للنهوض بجميع التكاليف والوفاء بجميع الحاجات .

(١) الحجرات : ١٣ .

وعن سنة التوازن يقول تعالى : ﴿ وَٱلْأَرْضَ مَدَدْنَٰهَا وَأَلْقَيْنَا فِيهَا رَوَٰسِيَ وَأَنۢبَتْنَا فِيهَا مِن كُلِّ شَيْءٍ مَّوْزُونٍ ﴾[١] . ويقول تعالى : ﴿ وَأَقِيمُوا۟ ٱلْوَزْنَ بِٱلْقِسْطِ وَلَا تُخْسِرُوا۟ ٱلْمِيزَانَ ﴾[٢] . ويقول تعالى : ﴿ لَقَدْ أَرْسَلْنَا رُسُلَنَا بِٱلْبَيِّنَٰتِ وَأَنزَلْنَا مَعَهُمُ ٱلْكِتَٰبَ وَٱلْمِيزَانَ لِيَقُومَ ٱلنَّاسُ بِٱلْقِسْطِ ﴾[٣] .

وفى هذا المجال سوف نتناول سنة التدافع بالتفصيل .

(أ) التدافع يحافظ على الحضارات :

يقول الله سبحانه وتعالى : ﴿ فَهَزَمُوهُم بِإِذْنِ ٱللَّهِ وَقَتَلَ دَاوُۥدُ جَالُوتَ وَءَاتَىٰهُ ٱللَّهُ ٱلْمُلْكَ وَٱلْحِكْمَةَ وَعَلَّمَهُۥ مِمَّا يَشَآءُ ۗ وَلَوْلَا دَفْعُ ٱللَّهِ ٱلنَّاسَ بَعْضَهُم بِبَعْضٍ لَّفَسَدَتِ ٱلْأَرْضُ وَلَٰكِنَّ ٱللَّهَ ذُو فَضْلٍ عَلَى ٱلْعَٰلَمِينَ ﴾[٤]

ويقول تعالى : ﴿ ٱلَّذِينَ أُخْرِجُوا۟ مِن دِيَٰرِهِم بِغَيْرِ حَقٍّ إِلَّآ أَن يَقُولُوا۟ رَبُّنَا ٱللَّهُ ۗ وَلَوْلَا دَفْعُ ٱللَّهِ ٱلنَّاسَ بَعْضَهُم بِبَعْضٍ لَّهُدِّمَتْ صَوَٰمِعُ وَبِيَعٌ وَصَلَوَٰتٌ وَمَسَٰجِدُ يُذْكَرُ فِيهَا ٱسْمُ ٱللَّهِ كَثِيرًا ۗ وَلَيَنصُرَنَّ ٱللَّهُ مَن يَنصُرُهُۥٓ ۗ إِنَّ ٱللَّهَ لَقَوِىٌّ عَزِيزٌ ﴾[٥]

وعن معنى هاتين الآيتين الكريمتين نورد تفسير ابن كثير والجلالين والدكتور على جمعة مفتى الجمهورية وسيد قطب فى الظلال والشيخ محمد متولى الشعراوى فى خواطره عن هاتين الآيتين .

---

(١) الحجر : ١٩ .
(٢) الرحمن : ٩ .
(٣) الحديد : ٢٥ .
(٤) البقرة : ٢٥١ .
(٥) الحج : ٤٠ .

وجاء في تفسير الجلالين لآية سورة البقرة :

« ﴿ فَهَزَمُوهُم ﴾ كسروهم ﴿ بِإِذْنِ ٱللَّهِ ﴾ بإرادته ﴿ وَقَتَلَ دَاوُۥدُ ﴾ وكان في عسكر طالوت ﴿ جَالُوتَ وَءَاتَىٰهُ ﴾ أي داود ﴿ ٱللَّهُ ٱلْمُلْكَ ﴾ في بني إسرائيل ﴿ وَٱلْحِكْمَةَ ﴾ النبوة بعد موت شمويل وطالوت ولم يجتمعا لأحد قبله ﴿ وَعَلَّمَهُۥ مِمَّا يَشَآءُ ﴾ كصنعة الدروع ومنطق الطير ﴿ وَلَوْلَا دَفْعُ ٱللَّهِ ٱلنَّاسَ بَعْضَهُم ﴾ بدل بعض من الناس ﴿ بِبَعْضٍ لَّفَسَدَتِ ٱلْأَرْضُ ﴾ بغلبة المشركين وقتل المسلمين وتخريب المساجد ﴿ وَلَٰكِنَّ ٱللَّهَ ذُو فَضْلٍ عَلَى ٱلْعَٰلَمِينَ ﴾ فدفع بعضهم ببعض ». انتهى تفسير الجلالين .

وفي تفسير قوله تعالى : ﴿ ٱلَّذِينَ أُخْرِجُوا۟ مِن دِيَٰرِهِم بِغَيْرِ حَقٍّ إِلَّآ أَن يَقُولُوا۟ رَبُّنَا ٱللَّهُ ۗ وَلَوْلَا دَفْعُ ٱللَّهِ ٱلنَّاسَ بَعْضَهُم بِبَعْضٍ لَّهُدِّمَتْ صَوَٰمِعُ وَبِيَعٌ وَصَلَوَٰتٌ وَمَسَٰجِدُ يُذْكَرُ فِيهَا ٱسْمُ ٱللَّهِ كَثِيرًا ۗ وَلَيَنصُرَنَّ ٱللَّهُ مَن يَنصُرُهُۥٓ ۗ إِنَّ ٱللَّهَ لَقَوِىٌّ عَزِيزٌ ﴾[1] .

يقول ابن كثير في تفسيره لها :

﴿ ٱلَّذِينَ أُخْرِجُوا۟ مِن دِيَٰرِهِم بِغَيْرِ حَقٍّ ﴾ قال العوفي عن ابن عباس : أخرجوا من مكة إلى المدينة بغير حق يعني محمدا وأصحابه ﴿ إِلَّآ أَن يَقُولُوا۟ رَبُّنَا ٱللَّهُ ۗ ﴾ أي ما كان لهم إلى قومهم إساءة ولا كان لهم ذنب إلا أنهم وحدوا الله وعبدوه لا شريك له وهذا استثناء منقطع بالنسبة إلى ما في نفس الأمر ، وأما عند المشركين فإنه أكبر الذنوب كما قال تعالى : ﴿ يُخْرِجُونَ ٱلرَّسُولَ وَإِيَّاكُمْ ۙ أَن تُؤْمِنُوا۟ بِٱللَّهِ رَبِّكُمْ ﴾ (الممتحنة : ١) ، وقال تعالى في قصة أصحاب الأخدود : ﴿ نَقَمُوا۟ مِنْهُمْ إِلَّآ أَن يُؤْمِنُوا۟ بِٱللَّهِ ٱلْعَزِيزِ ٱلْحَمِيدِ ﴾ (البروج : ٨) . ولهذا لما كان المسلمون يرتجزون في بناء الخندق ويقولون:

(١) الحج : ٤٠ .

اللهم لولا أنت ما اهتدينا ولا تصدقنا ولا صلينا فأنزلن سكينة علينا وثبت الأقدام إن لاقينا إن الألى قد بغوا علينا إذا أرادوا فتنة أبينا يوافقهم رسول الله ﷺ ويقول معهم آخر كل قافية فإذا قالوا : إذا أرادوا فتنة أبينا ، يقول : « أبينا » يمد بها صوته ثم قال تعالى : ﴿ وَلَوْلَا دَفْعُ ٱللَّهِ ٱلنَّاسَ بَعْضَهُم بِبَعْضٍ ﴾ أى لولا أنه يدفع بقوم عن قوم ويكف شرور أناس عن غيرهم بما يخلقه ويقدره من الأسباب لفسدت الأرض ولأهلك القوى الضعيف ﴿ لَّهُدِّمَتْ صَوَٰمِعُ ﴾ وهى المعابد الصغار للرهبان قاله ابن عباس ومجاهد وأبو العالية وعكرمة والضحاك وغيرهم ، وقال قتادة : هى معابد الصابئين ، وفى رواية عنه صوامع المجوس ، وقال مقاتل بن حيان : هى البيوت التى على الطرق ﴿ وَبِيَعٌ ﴾ ، وهى أوسع منها وأكثر عابدين فيها وهى ، للنصارى أيضا ، قاله أبو العالية وقتادة والضحاك وابن صخر ومقاتل بن حيان وخصيف وغيرهم ، وحكى ابن جبير عن مجاهد وغيره أنها كنائس اليهود ، وحكى السدى عمن حدثه عن ابن عباس أنها كنائس اليهود ومجاهد إنما قال : هى الكنائس و الله أعلم وقوله : ﴿ وَصَلَوَٰتٌ ﴾ قال العوفى عن ابن عباس : الصلوات الكنائس ، وكذا قال عكرمة والضحاك وقتادة: إنها كنائس اليهود وهم يسمونها صلوات ، وحكى السدى عمن حدثه عن ابن عباس أنها كنائس النصارى وقال أبو العالية وغيره : الصلوات معابد الصابئين ، وقال ابن أبى نجيح عن مجاهد الصلوات مساجد لأهل الكتاب ولأهل الإسلام بالطرق وأما المساجد فهى للمسلمين ، وقوله : ﴿ يُذْكَرُ فِيهَا ٱسْمُ ٱللَّهِ كَثِيرًا ﴾ ، فقد قيل الضمير فى قوله يذكر فيها عائد إلى المساجد لأنها أقرب المذكورات، وقال الضحاك: الجميع يذكر فيها اسم الله كثيرا ، وقال ابن جرير : الصواب لهدمت صوامع الرهبان وبيع النصارى وصلوات اليهود وهى كنائسهم ومساجد المسلمين التى يذكر فيها اسم الله كثيرا لأن هذا هو المستعمل المعروف فى كلام العرب ، وقال بعض العلماء : هذا ترق من الأقل إلى الأكثر إلى أن انتهى إلى المساجد وهى أكثر عمارا وأكثر عبادا

وهم ذوو القصد الصحيح وقوله : ﴿ وَلَيَنصُرَنَّ ٱللَّهُ مَن يَنصُرُهُۥٓ ﴾ كقوله تعالى : ﴿ يَٰٓأَيُّهَا ٱلَّذِينَ ءَامَنُوٓاْ إِن تَنصُرُواْ ٱللَّهَ يَنصُرۡكُمۡ وَيُثَبِّتۡ أَقۡدَامَكُمۡ ۝٧ وَٱلَّذِينَ كَفَرُواْ فَتَعۡسٗا لَّهُمۡ وَأَضَلَّ أَعۡمَٰلَهُمۡ ۝٨ ﴾(محمد : ٧ ، ٨) وقوله: ﴿ إِنَّ ٱللَّهَ لَقَوِيٌّ عَزِيزٌ ﴾ وصف نفسه بالقوة والعزة فبقوته خلق كل شيء فقدره تقديرا ، وبعزته لا يقهره قاهر ولا يغلبه غالب ، بل كل شيء ذليل لديه فقير إليه ، ومن كان القوى العزيز ناصره فهو المنصور وعدوه هو المقهور . قال الله تعالى : ﴿ وَلَقَدۡ سَبَقَتۡ كَلِمَتُنَا لِعِبَادِنَا ٱلۡمُرۡسَلِينَ ۝١٧١ إِنَّهُمۡ لَهُمُ ٱلۡمَنصُورُونَ ۝١٧٢ وَإِنَّ جُندَنَا لَهُمُ ٱلۡغَٰلِبُونَ ۝١٧٣ ﴾ (الصافات : ١٧١ - ١٧٣). وقال تعالى : ﴿ كتب كَتَبَ ٱللَّهُ لَأَغۡلِبَنَّ أَنَا۠ وَرُسُلِيٓۚ إِنَّ ٱللَّهَ قَوِيٌّ عَزِيزٞ ﴾ » . انتهى تفسير ابن كثير .

وجاء فى الجلالين عنها :

« هم ﴿ ٱلَّذِينَ أُخۡرِجُواْ مِن دِيَٰرِهِم بِغَيۡرِ حَقٍّ ﴾ فى الإخراج ما أخرجوا ﴿ إِلَّآ أَن يَقُولُواْ ﴾ أى بقولهم ﴿ رَبُّنَا ٱللَّهُ ﴾ وحده وهذا القول حق فالإخراج به إخراج بغير حق ﴿ وَلَوۡلَا دَفۡعُ ٱللَّهِ ٱلنَّاسَ بَعۡضَهُم ﴾ بدل بعض من الناس ﴿ بِبَعۡضٖ لَّهُدِّمَتۡ ﴾ بالتشديد للتكثير وبالتخفيف ﴿ صَوَٰمِعُ ﴾ للرهبان ﴿ وَبِيَعٞ ﴾ كنائس للنصارى ﴿ وَصَلَوَٰتٞ ﴾ كنائس لليهود بالعبرانية ﴿ وَمَسَٰجِدُ ﴾ للمسلمين ﴿ يُذۡكَرُ فِيهَا ﴾ أى المواضع المذكورة ﴿ ٱسۡمُ ٱللَّهِ كَثِيرٗاۗ ﴾ وتنقطع العبادات بخرابها ﴿ وَلَيَنصُرَنَّ ٱللَّهُ مَن يَنصُرُهُۥٓ ﴾ أى ينصر دينه ﴿ إِنَّ ٱللَّهَ لَقَوِيٌّ ﴾ على خلقه ﴿ عَزِيزٌ ﴾ منيع فى سلطانه وقدرته » . انتهى تفسير الجلالين .

ويقول الدكتور على جمعة مفتى الجمهورية تحت عنوان سنة التدافع[1].

(١) د . على جمعة (مفتى الجمهورية) ، مقال فى جريدة الأهرام المصرية ، بعنوان : سنة التدافع ٢٠٠٤/٤/٢٤.

« هى سنة مأخوذة من قوله تعالى : ﴿ وَلَوْلَا دَفْعُ ٱللَّهِ ٱلنَّاسَ بَعْضَهُم بِبَعْضٍ لَّفَسَدَتِ ٱلْأَرْضُ وَلَٰكِنَّ ٱللَّهَ ذُو فَضْلٍ عَلَى ٱلْعَٰلَمِينَ ﴾[1] . وهذا التعبير القرآنى يبين حقيقة علو القرآن على التفاسير التى خطها البشر فهو لم يحصر هذا فى القتال أو النزاع والخصام كما ورد فى التفاسير ، عبر بالتدافع ليشمل كل أنواع التعامل والاختلاف بل والصراع والصدام للوصول بكل وسيلة إلى الاستقرار وتحقيق مراد الله من خلقه عبادة وعمارة وتزكية فالتدافع سنة إلهية تبين أن الإنسان قد خلقه الله سبحانه وتعالى اجتماعيا يحتاج إلى الآخرين وهم يحتاجون إليه ، فلم يخلقه منعزلا قادرا على البقاء وحده حتى يحقق مراد الله من خلقه ، بل لابد أن يعمل فى فريق ليصل إلى هدفه ، وعمله فى الفريق وحراكه الاجتماعى ونشاطه الذاتى يحتاج إلى إدراك سنة التدافع ، وإدراك هذه السنة يتولد منها قوانين كثيرة لضبط هذا النشاط وهو ما يكون الإنسان العصرى قد افتقده حيث سبق النشاط الفكر ، وكان ينبغى أن يسبق الفكر النشاط ، ويسبق حديث القلب أيضا الفكر ، ولهذا موضع آخر يشرح الفرق بين الأمرين » ، انتهى كلام الدكتور على جمعة .

وفى الظلال فى تفسير قوله تعالى : ﴿ ٱلَّذِينَ أُخْرِجُوا۟ مِن دِيَٰرِهِم بِغَيْرِ حَقٍّ إِلَّآ أَن يَقُولُوا۟ رَبُّنَا ٱللَّهُ ۗ وَلَوْلَا دَفْعُ ٱللَّهِ ٱلنَّاسَ بَعْضَهُم بِبَعْضٍ لَّهُدِّمَتْ صَوَٰمِعُ وَبِيَعٌ وَصَلَوَٰتٌ وَمَسَٰجِدُ يُذْكَرُ فِيهَا ٱسْمُ ٱللَّهِ كَثِيرًا ۗ وَلَيَنصُرَنَّ ٱللَّهُ مَن يَنصُرُهُۥٓ ۗ إِنَّ ٱللَّهَ لَقَوِىٌّ عَزِيزٌ ﴾[2] .

« ... وذلك فوق أنهم مظلومون أخرجوا من ديارهم بغير الحق : ﴿ ٱلَّذِينَ أُخْرِجُوا۟ مِن دِيَٰرِهِم بِغَيْرِ حَقٍّ إِلَّآ أَن يَقُولُوا۟ رَبُّنَا ٱللَّهُ ۗ ﴾ ، وهى أصدق كلمة أن تقال وأحق كلمة أن تقال ومن أجل هذه الكلمة وحدها كان إخراجهم فهو البغى

(١) البقرة : ٢٥١ .
(٢) الحج : ٤٠ .

المطلق الذى لا يستند إلى شبهة من ناحية المعتدين وهو التجرد من كل هدف شخصى من ناحية المعتدى عليهم ، إنما هى العقيدة وحدها من أجلها يخرجون ، لا الصراع على عرض من أعراض هذه الأرض التى تنتحر فيها الأطماع ، وتتعارض فيها المصالح وتختلف فيها الاتجاهات ، وتتضارب فيها المنافع ووراء هذا كله تلك القاعدة العامة ..حاجة العقيدة إلى الدفع عنها : ﴿ وَلَوْلَا دَفْعُ ٱللَّهِ ٱلنَّاسَ بَعْضَهُم بِبَعْضٍ لَّهُدِّمَتْ صَوَٰمِعُ وَبِيَعٌ وَصَلَوَٰتٌ وَمَسَٰجِدُ يُذْكَرُ فِيهَا ٱسْمُ ٱللَّهِ كَثِيرًا ۗ ﴾ . والصوامع أماكن العبادة المنعزلة للرهبان والبيع للنصارى عامة ، وهى أوسع من الصوامع ، والصلوات أماكن العبادة لليهود والمساجد أماكن العبادة للمسلمين وهى كلها معرضة للهدم - على قداستها وتخصصها لعبادة اللـه - لا يشفع لها فى نظر الباطل أن اسم اللـه يذكر فيها ولا يحميها إلا دفع اللـه الناس بعضهم ببعض ، أى دفع حماة العقيدة لأعدائها الذين ينتهكون حرمتها ويعتدون على أهلها ، فالباطل متبجح لا يكف ولا يقف عن العدوان إلا أن يدفع بمثل القوة التى يصول بها ويجول ، ولا يكفى الحق أنه الحق ليقف عدوان الباطل عليه ، بل لابد من القوة تحميه وتدفع عنه ، وهى قاعدة كلية لا تتبدل ما دام الإنسان هو الإنسان » . انتهى تفسير سيد قطب فى الظلال .

يقول الشيخ محمد متولى الشعراوى فى خواطره عن الآية الكريمة : ﴿ فَهَزَمُوهُم بِإِذْنِ ٱللَّهِ وَقَتَلَ دَاوُۥدُ جَالُوتَ وَءَاتَىٰهُ ٱللَّهُ ٱلْمُلْكَ وَٱلْحِكْمَةَ وَعَلَّمَهُۥ مِمَّا يَشَآءُ ۗ وَلَوْلَا دَفْعُ ٱللَّهِ ٱلنَّاسَ بَعْضَهُم بِبَعْضٍ لَّفَسَدَتِ ٱلْأَرْضُ وَلَٰكِنَّ ٱللَّهَ ذُو فَضْلٍ عَلَى ٱلْعَٰلَمِينَ ﴾ (١) .

إن الحق يأتى هنا بقضية كونية فى الوجود وهى أن الحرب ضرورة اجتماعية وأن الحق يدفع الناس بالناس ، وأنه لولا وجود قوة أمام قوة لفسد العالم ، فلو

(١) البقرة : ٢٥١ .

سيطرت قوة واحدة فى الكون لفسد . فالذى يعمر الكون هو أن توجد فيه قوى متكافئة .. قوة تقابلها قوة أخرى ، ولذلك نجد العالم دائما محروسا بالقوتين العظميين ، ولو كانت قوة واحدة لعم الضلال ، ولو تأملنا التاريخ منذ القدم لوجدنا هذه الثنائية فى القوى تحفظ الاستقرار فى العالم .

فى بداية الإسلام كانت الدولتان العظميان هما الفرس فى الشرق والروم فى الغرب، والآن سقطت قوة روسيا من كافة ميزان العالم ، وتتسابق ألمانيا واليابان ليوازنا قوة أمريكا .

« ... إن قول الله تعالى: ﴿ وَلَوْلَا دَفْعُ ٱللَّهِ ٱلنَّاسَ بَعْضَهُم بِبَعْضٍ لَّفَسَدَتِ ٱلْأَرْضُ ﴾ جاء تعقيبا على قصة الصراع بين بنى إسرائيل وبين أعدائهم الذين أخرجوهم من ديارهم ، وعندما نتأمل هذه القصة من بداياتها نجد أنهم طلبوا أولا من الله الإذن بالقتال وبعث الله لهم ملكا ليقاتلوا تحت رايته ، وكانت علامة هذا الملك فى الصدق أن يأتى الله بالتابوت . ثم جاءت قضية اجتماعية ينتهى إليها الناس عادة بحكيم الرأى ولو بدون الوحى ، وهى أن الإنسان إذا ما أقبل على أمر يجب أن يعد له إعدادا بالأسباب البشرية حتى إذا ما استوفى إعداده كل الأسباب لجأ إلى معونة الله ، لأن الأسباب - كما قلنا - هى من يد الله فلا ترد أنت يد الله بأسبابها لتطلب معونة الله بذاته ، بل خذ الأسباب أولا لأنها من يد ربك ، ويعلمنا الحق أيضا أن من الأسباب تمحيص الذين يدافعون عن الحق تمحيصا يبين لنا قوة ثباتهم فى الاختبار الإيمانى ؛ لأن الإنسان قد يقول قولا بلسانه ولكنه حين يتعرض للفعل تحدثه نفسه بألا يوفى ، وقد نجح قلة من القوم فى الابتلاءات المتعددة ، وفعلا دارت المعركة وهزم هؤلاء المؤمنون أعداءهم وانتصر داود بقتل جالوت .

إذا فتلك قضية دفع الله فيها أناسا بأناس ، ويطلقها الحق سبحانه قضية عامة ﴿ وَلَوْلَا دَفْعُ ٱللَّهِ ٱلنَّاسَ بَعْضَهُم بِبَعْضٍ لَّفَسَدَتِ ٱلْأَرْضُ ﴾ فالدفع هو

الرد عن المراد ، فإذا كان المراد للناس أن يوجد شر فإن الله يدفعه . إذا فالله يدفع ولكن بأيدى خلقه ، كما قال سبحانه : ﴿ قَٰتِلُوهُمْ يُعَذِّبْهُمُ ٱللَّهُ بِأَيْدِيكُمْ وَيُخْزِهِمْ وَيَنصُرْكُمْ عَلَيْهِمْ وَيَشْفِ صُدُورَ قَوْمٍ مُّؤْمِنِينَ ﴾ (١) .

إنه دفع الله المؤمنين ليقاتلوا الكافرين ويعذب الحق الكافرين بأيدى المؤمنين وعندما نتأمل القول الحكيم : ﴿ وَلَوْلَا دَفْعُ ٱللَّهِ ٱلنَّاسَ بَعْضَهُم بِبَعْضٍ لَّفَسَدَتِ ٱلْأَرْضُ ﴾ فإننا نجد مقدمة سابقة تمهد لهذا القول ، لقد أخرجوا من ديارهم وأبنائهم فكان هذا مبرر القتال ، ونجد آية أخرى تقول : ﴿ ٱلَّذِينَ أُخْرِجُواْ مِن دِيَٰرِهِم بِغَيْرِ حَقٍّ إِلَّآ أَن يَقُولُواْ رَبُّنَا ٱللَّهُ ۗ وَلَوْلَا دَفْعُ ٱللَّهِ ٱلنَّاسَ بَعْضَهُم بِبَعْضٍ لَّهُدِّمَتْ صَوَٰمِعُ وَبِيَعٌ وَصَلَوَٰتٌ وَمَسَٰجِدُ يُذْكَرُ فِيهَا ٱسْمُ ٱللَّهِ كَثِيرًا ۗ وَلَيَنصُرَنَّ ٱللَّهُ مَن يَنصُرُهُۥٓ ۗ إِنَّ ٱللَّهَ لَقَوِىٌّ عَزِيزٌ ﴾ (٢) .

والسياق مختلف فى الآيتين ، السياق الذى يأتى فى سورة البقرة عن أناس يحاربون بالفعل والسياق الذى يأتى فى سورة الحج عن أناس مؤمنين برسول الله ﷺ خرجوا وهم المستضعفون من مكة لينضموا إلى إخوانهم المؤمنين فى دار الإيمان ليعيدوا الكرة ويدخلوا مكة فاتحين .

صحيح أننا نجد وحدة جامعة بين الآيتين وهو الخروج من الديار . إذا فمرة يكون الدفاع بأن تفر لتكر ، أى تخرج من ديار الكفر مهاجرا لتجمع أمر نفسك أنت ومن معك وتعود إلى بلدك مقاتلا فاتحا ، ومرة يكون الدفاع بأن تقاتل بالفعل ، فالآية التى نحن بصدد خواطرنا عنها هنا تفيد بأنهم قاتلوا بالفعل ، والآية الثانية تفيد بأنهم خرجوا من مكة ليرجعوا إليها فاتحين ، فالخروج نفسه نوع من الدفع . لماذا ؟ لأن المسلمين الأوائل لو مكثوا فى مكة فربما أفناهم خصومهم فلا يبقى للإسلام خميرة ،

(١) التوبة : ١٤ .
(٢) الحج : ٤٠ .

فذهبوا للمدينة وكونوا الدولة الإسلامية ثم عادوا منتصرين فاتحين : ﴿ إِذَا جَآءَ نَصۡرُ ٱللَّهِ وَٱلۡفَتۡحُ ﴾ (١) .

إن السياق فى الآيتين واحد ولكن النتيجة تختلف ، هنا يقول الحق : ﴿ وَلَوۡلَا دَفۡعُ ٱللَّهِ ٱلنَّاسَ بَعۡضَهُم بِبَعۡضٍ لَّفَسَدَتِ ٱلۡأَرۡضُ ﴾ . لماذا تفسد ؟ لأن معنى دفاع الناس بعضهم ببعض أن هناك أناسا ألفوا الفساد ويقابلهم أناس خرجوا على من ألف الفساد ليردوهم إلى الصلاح ، ويعطينا الحق سبحانه وتعالى فى الآية الثانية السبب فيقول : ﴿ وَلَوۡلَا دَفۡعُ ٱللَّهِ ٱلنَّاسَ بَعۡضَهُم بِبَعۡضٍ لَّهُدِّمَتۡ صَوَٰمِعُ وَبِيَعٞ وَصَلَوَٰتٞ وَمَسَٰجِدُ يُذۡكَرُ فِيهَا ٱسۡمُ ٱللَّهِ كَثِيرٗا ﴾ من الآية ٤٠ من سورة الحج والصوامع هى ما يقابل الآن الدير للنصارى وكانوا يتعبدون الله فيه ، لأن فيه متعبدا عمل بالتكليف العام ومتعبدا آخر قد ألزم نفسه بشيء فوق ما كلفه الله به ، فالذين يعبدون الله بهذه الطريقة يجلسون فى أماكن بعيدة عن الناس يسمونها الصوامع وهى تشبه الدير الآن ، والمعنى العام فى التعبد للنصارى هو التعبد فى الكنائس وهو المقصود بالبيع ، والمعنى الخاص هو التعبد فى الصوامع .

إذا لهدمت صوامع هذا لخاصة المتدينين ، وكنائس أو بيع لعامة المتدينين ، وقول الحق : ﴿ وَصَلَوَٰتٞ ﴾ من صالوت ، وهى مكان العبادة لليهود ، ﴿ وَمَسَٰجِدُ ﴾ ، وهى مساجد المسلمين .

إن قوله تعالى : ﴿ لَّفَسَدَتِ ٱلۡأَرۡضُ ﴾ فى هذه الآية وقوله تعالى هنا : ﴿ لَّهُدِّمَتۡ صَوَٰمِعُ وَبِيَعٞ وَصَلَوَٰتٞ وَمَسَٰجِدُ ﴾ أى أنه ستفسد الأرض إذا لم تقم الصوامع والبيع والصلوات والمساجد ، لأنها هى التى تربط المخلوق بالخالق ، وما دامت تلك الأماكن هى التى تربط المخلوق بالخالق فإن هدمت : يكون الناس على غير ذكر من ربهم وتفتنهم أسباب الدنيا .

(١) النصر : ١ .

فالأديرة والكنائس والصوامع - حين كانت - والمساجد الآن هى حارسة القيم فى الوجود ، لأنها تذكرك دائما بالعبودية وتمنع عنك الغرور .....

ولماذا يدفع الله الناس بعضهم ببعض؟ لأن هناك أناسا يريدون الشر وأناسا يريدون الخير فمن يريد الشر يدفع من يريد الخير ، وإذا وقعت المعركة بهذا الوصف فإن يد الله لا تتخلى عن الجانب المؤمن الباحث عن الخير ، فهو سبحانه القائل : ﴿ وَلَيَنصُرَنَّ ٱللَّهُ مَن يَنصُرُهُۥٓ إِنَّ ٱللَّهَ لَقَوِىٌّ عَزِيزٌ ﴾ [1] » . انتهى تفسير الشيخ محمد متولى الشعراوى.

(ب) عدم الأخذ بسنة التدافع يعرض الحضارة للضعف والانهيار :

يقول فضيلة الشيخ محمد متولى الشعراوى : « الدفع هو الرد عن المراد ، فإذا كان المراد للناس أن يوجد شر فإن الله يدفعه ، إذا فالله يدفع ولكن بأيدى خلقه ، كما قال سبحانه : ﴿ قَٰتِلُوهُمْ يُعَذِّبْهُمُ ٱللَّهُ بِأَيْدِيكُمْ وَيُخْزِهِمْ وَيَنصُرْكُمْ عَلَيْهِمْ وَيَشْفِ صُدُورَ قَوْمٍ مُّؤْمِنِينَ ﴾ [2] » .

وفى الحرب العالمية الثانية بعد أن حطمت اليابان الأسطول الأمريكى فى ميناء بيرل هاربر قامت الولايات المتحدة الأمريكية بضرب هيروشيما ونجازاكي بالقنابل الذرية - التى لم تكن أى دولة فى العالم قد توصلت إلى صناعتها فى ذلك الوقت غير أمريكا - وقتل نتيجة لذلك مئات الآلاف من اليابانيين سواء بالتدمير المباشر أو نتيجة للإشعاع ، وهلكت الزراعة والمزروعات والنباتات والحيوانات وتلوثت النباتات والبيئة من ماء وتربة وهواء بالمواد المشعة فى هاتين المقاطعتين اليابانيتين وفسدت الحياة فيها ، وظل هذا الفساد الذى شمل الحرث والنسل عشرات

(١) الحج : ٤٠ .
(٢) التوبة : ١٤ .

السنوات حتى خف تدريجيا بعد زوال أثر الإشعاع ، وإن كان بعض الأفراد الذين طـالهم الإشعاع قد مات متأخرا بعد إصابتهم بالسرطانات المختلفة نتيجة للإشعاع الذرى .

و كان ومازال يمكن أن يتكرر ذلك لو لم يكن هناك رادع بنفس القوة بردع أمريكا.

بعد فترة وجيزة من هيروشيما ونجازاكى استطاعت روسيا أن تتوصـل إلى صـناعة قنبلتها النووية ، وأصبح هناك مـا يعـرف بـالردع النـووى أى تـوازن القـوى العسـكرية نتيجـة للسـلاح النووى .

وأصبحت الدول التى تهدد استراتيجيا - أو تشـعر بضـعفها أمـام الـدول الأخـرى - أثنـاء الحروب تلجأ إلى الردع النووى لتوقف غطرسة الدول الأخرى مثلما حدث بـين باكستان والهنـد فى الآونة الأخيرة ، ومثلما حدث من تهديدات كوريـا الشـمالية باسـتخدام السـلاح النـووى ضـد أمريكا إذا ما قررت أمريكا الاعتداء عليها - بعد اعتبارهـا مـن دول محـور الشرـ التـى أنـذرتها أمريكا - فتغير موقف أمريكا نتيجة لذلك ، وتحول التهديد بـالقوة إلى مفاوضـات سياسـية بـين كوريا الشمالية وأمريكا ووسطاء من الصين واليابان بينهما .

وقد رأينا فى العقود الأخيرة مدى الغطرسة الإسرائيلية ضد الفلسطينين والـدول العربيـة ، نتيجة لامتلاك إسرائيل للسلاح النووى وعدم امتلاك العرب لهذا السلاح الاستراتيجى الخطير .

إن امتلاك العرب للسلاح النووى يحدث الـردع للأعـداء ويوقـف إفسـادهم فى المنطقـة العربية .

وإذا تأملنا السيرة النبوية نجد أنه بعد نزول الأمر الإلهى بالجهر بالدعوة ﴿ وَأَنذِرْ عَشِيرَتَكَ ٱلْأَقْرَبِينَ ﴾ [1] ، وقيام الرسول ﷺ بالجهر بالدعوة قامت قريش بإعلان الحرب الشعواء المسعورة على النبى ﷺ والقلة المؤمنة معه وساموهم العذاب والاضطهاد والتجويع ، ولما اشتد إيذاء قريش للمسلمين أمرهم رسول الله ﷺ بالهجرة إلى الحبشة .

فاستمرت الحرب التى أعلنتها قريش على الإسلام والمسلمين حتى ألجأتهم إلى شعب أبى طالب ، وكان الصبر والثبات والاحتساب والتمحيص هو ما كان عليه المسلمون ، لأنه لم ينزل الأمر الإلهى على رسول الله ﷺ بقتال المشركين فى ذلك الوقت حيث كان المسلمون قلة مستضعفة ، وبعد الهجرة إلى المدينة نزل الرسول ﷺ بقباء وأسس مسجد قباء وهو أول مسجد أسس على التقوى منذ بعثة النبى ﷺ وأرسل الرسول ﷺ إلى أخواله بنى النجار فجاؤوا متقلدين سيوفهم .

وعند وصول النبى ﷺ إلى المدينة ارتجت شوارعها ودورها بالتسبيح والتحميد والفرح والأناشيد بقدومه ﷺ ، وكان ﷺ لا يمر بدار من دور الأنصار إلا خرجوا متقلدين أسلحتهم ليأخذوا بخطام ناقته : هلموا إلى العدد والعدة والسلاح والمنعة ، متمنين أن ينزل الرسول دارهم ، كان خروج الأنصار بأسلحتهم نوع من ردع كفار مكة الذين أرادوا قتله ، وكان طبيعيا أن يتخذ الأنصار هذا الموقف البطولى فى حماية الرسول ﷺ والمهاجرين لمنع أذى الكافرين من قريش الذين كانوا قد رصدوا الجوائز والأموال لمن يدلهم على طريقه أو لمن يقتله ، بعد أن فشل تآمرهم على قتله حين خروجه وأبى بكر من مكة .

وطوال عصر النبوة وعصر الخلفاء الراشدين وطوال العصور الإسلامية المختلفة ، كانت هناك حروب لرد المعتدين وردعهم وللدفاع عن الدين ، وعن

_____

(١) الشعراء : ٢١٤ .

النفس وعن الأعراض وعن البلاد الإسلامية من اعتداء الذين يريدون بالإسلام والمسلمين شرا .

وفى القرنين الأخيرين أصاب المسلمون الضعف والانحطاط والوهن بابتعادهم عن دينهم وعدم الأخذ بأسباب القوة التى حثهم عليها دينهم يقول تعالى : ﴿ وَأَعِدُّوا لَهُم مَّا اسْتَطَعْتُم مِّن قُوَّةٍ وَمِن رِّبَاطِ الْخَيْلِ تُرْهِبُونَ بِهِ عَدُوَّ اللَّهِ وَعَدُوَّكُمْ وَآخَرِينَ مِن دُونِهِمْ لَا تَعْلَمُونَهُمُ اللَّهُ يَعْلَمُهُمْ ۚ وَمَا تُنفِقُوا مِن شَيْءٍ فِي سَبِيلِ اللَّهِ يُوَفَّ إِلَيْكُمْ وَأَنتُمْ لَا تُظْلَمُونَ ﴾ (١) .

ولعدم الأخذ بسنن الله جل شأنه ومنها سنة التدافع ، استطاع الاستعمار الغربى أن يحتل كل البلاد الإسلامية تقريبا ، وأن يعيث فيها فسادا ويحدث التغريب والغزو الفكرى ليغير المفاهيم الإسلامية فى بعض المجالات ، وخاصة المجال الثقافى ويؤثر بذلك على قلة من المسلمين الذى يرون أن النهوض والتقدم لا يمكن أن يقوم إلا عبر مفاهيم الثقافة والحضارة الغربية العلمانية ، ولما فشلت تلك الموجة من الاستعمار والتغريب - كما فشلت سابقتها الحروب الصليبية - ها هو الاستعمار الأمريكى يجيء زاحفا ليحتل أفغانستان والعراق ويعلن مشروعه الشرق الأوسط الكبير قاصدا أن يغير بنية المجتمعات الإسلامية ، وذلك بتدخله المباشر فى التعليم وفى عملية تدريب المعلمين وتغيير المناهج بادعاء تطويرها (٢) ، وتدخله فى المجالات الإعلامية والثقافية والسياسية ...

(١) الأنفال : ٦٠ .
(٢) د . محمد الجوهرى حمد الجوهرى ، الديمقراطية الأمريكية والشرق الأوسط الكبير ، دار الأمين القاهرة ، الطبعة الأولى ، ٢٠٠٤م .

(جـ) التنافس والسبق يحمى الحضارات :

وحتى تتحقق سنة التدافع يجب الأخذ بالتنافس والسبق وإحراز النجاح فى شتى المجالات ، وليس المجالات العسكرية فقط .

كما أن النجاح فى العمل العسكرى وتحقيق النصر ـ يستلزم مقدرة اقتصادية وعلمية وتقنية وما شابهها .

والتنافس والسبق وإحراز النجاح فى المجالات المختلفة يحقق التقدم للفرد والمجتمع ، ويعزز تفوق الأمة والانتصار على الأعداء ، كما أنه يحمى المجتمع من الانحلال والتفسخ ويحافظ على الحضارة من غزو الحضارات الأخرى ويحافظ عليها من السقوط والانهيار والتنافس والسبق ، يشمل الجوانب : العسكرية والاقتصادية والسياسية والاجتماعية والثقافية ، ويشمل : التعليم والتقنية والصناعة والعلوم .

وفى العقود الأخيرة رأينا دول النمور الآسيوية تتقدم بصورة مذهلة فى المجالات الاقتصادية وغيرها من المجالات فى مدة وجيزة جدا ، وتحقق السبق على مثيلاتها من الدول النامية الأخرى .

إن السر فى هذا التقدم السريع لدول النمور الآسيوية يرجع إلى التنافس الشرس فى المجال الاقتصادى ، والتنافس فى تجويد الصناعة ورخص الأسعار ، والتنافس فى التسويق والتصدير وفتح أسواق جديدة للتصدير وتشجيع الاستثمار المحلى والأجنبى ، وفتح المجالات المختلفة للاستثمار الأجنبى المباشر ، وتشجيع الادخار المحلى .. كل ذلك أدى إلى نسبة نمو عالية حتى بلغت نسبة النمو فى الصين ١٣% سنويا فى بعض السنوات ، والمهم أن هذه الدول - دول جنوب وشرق آسيا ويطلق عليها النمور الآسيوية - حافظت على هذه النسبة من النمو المرتفع لمدة عقد أو أكثر ، مما جعلها تقفز سريعا جدا وتتفوق وتنافس الدول الأوروبية والأمريكية فى مجالات كثيرة .

226

وتحقيق النمو السريع المرتفع يستلزم تحقيق نسبة ادخار محلى عالية وتحقيق نسبة استثمار أجنبى مباشر مرتفعة والاستمرار على ذلك ، ويمكن أن يتحسن الاقتصاد ويشعر المواطنون بالتحسن فى مدة سنتين أو ثلاثة إذا كانت نسبة النمو ٩% سنويا مثلا .

ومن الملاحظ أنه عندما حدثت الأزمة الاقتصادية سنة ١٩٩٨م فى دول جنوب شرق آسيا اعتقد البعض أن الانهيار الاقتصادى فى هذه الدول سوف يستمر ، وأن ما حققته من تقدم اقتصادى فى عشر سنوات سوف يتبخر فى لحظة ، ولكن كانت المفاجأة أن هذه الدول نهضت ثانية فى مدة وجيزة لقد كانت نسبة النمو السنوى للاقتصاد فى ماليزيا قبل أزمة ١٩٩٨ ، نحو ٩ % تقريبا فلما حدثت الأزمة أصبحت نسبة النمو صفر ، وبعد عامين من الأزمة عادت نسبة النمو ٩% كما كانت .

أرجع البعض السبب فى هذه القوة الاقتصادية إلى أن هذه الدول وظفت تقنية المعلومات والاتصالات بصفة أساسية فى اقتصادها - وفى المجالات الأخرى - فأصبحت القوة فى المعلومات نفسها وليس فى الأدوات الأخرى .

فالتنافس والسبق والإصرار على تحقيق الأهداف من أسباب التقدم فى المجال الاقتصادى والمجالات الأخرى .

(د) التدافع يحمى الأرض من الفساد .. و التدافع ليس بين الناس وبين المخلوقات الأخرى :

الله عز وجل يقول : ﴿ وَلَوْلَا دَفْعُ ٱللَّهِ ٱلنَّاسَ بَعْضَهُم بِبَعْضٍ ﴾ فى الآيتين الكريمتين ولم يذكر المخلوقات الأخرى ، فليس هناك فى الإسلام صراع بين الإنسان وبين المخلوقات الأخرى فى الكون فالذى يفسد الأرض هم الناس وليس المخلوقات الأخرى ، إن أصل الخلق عند المسلم هو التكامل وليس الصراع ، والتكامل من سنن الله الكونية والتكامل موجود بين مخلوقات الله فى الكون ، والمسلم

يشعر بأن التكامل هو الصبغة التى تصبغ تعامله مع مخلوقات الله ، فالتكامل يشمل الثنائيات مثل الليل والنهار والذكر والأنثى ويشمل غير ذلك من مخلوقات الله .

فليس هناك صراع بين الإنسان والمخلوقات الأخرى ، والذى يفسد الأرض هم الناس وليس المخلوقات الأخرى . فالتدافع يحمى الأرض من الفساد الذى يحدثه الأشرار من الناس - مخلوقات الله الأخرى لا تحدث فسادا فى الأرض - فالأرض خلقها الله سبحانه وتعالى صالحة تماما لحياة الإنسان والمخلوقات الأخرى ولكن الإنسان هو الذى يفسدها بغروره وجهله وابتعاده عن منهج الله ، يقول تعالى: ﴿ **وَٱلْأَرْضَ مَدَدْنَٰهَا وَأَلْقَيْنَا فِيهَا رَوَٰسِيَ وَأَنۢبَتْنَا فِيهَا مِن كُلِّ شَىْءٍ مَّوْزُونٍ** ﴾[1].

وفى تفسير القرطبى ﴿ **وَأَنۢبَتْنَا فِيهَا مِن كُلِّ شَىْءٍ مَّوْزُونٍ** ﴾ أى مقدر معلوم ، وكذلك عند ابن كثير وفى الجلالين .

ويقول تعالى : ﴿ **وَٱلْأَرْضَ فَرَشْنَٰهَا فَنِعْمَ ٱلْمَٰهِدُونَ** ﴾[2] .

ويقول تعالى : ﴿ **وَلَا تُفْسِدُوا۟ فِى ٱلْأَرْضِ بَعْدَ إِصْلَٰحِهَا وَٱدْعُوهُ خَوْفًا وَطَمَعًا ۚ إِنَّ رَحْمَتَ ٱللَّهِ قَرِيبٌ مِّنَ ٱلْمُحْسِنِينَ** ﴾[3] .

أما الصراع فى الحضارة الغربية العلمانية المعاصرة فشيء مختلف تماما ، لقد حدثت تغييرات جذرية فى المعتقدات والفكر ومفهوم الحضارة ومفهوم الثقافة فى البلاد الأوروبية فى الفترة الممتدة من القرن الثالث عشر وحتى القرن الثامن عشر - وهذه التغييرات مستمرة حتى الآن - وجاء ما يعرف بالعلمانية ، والعلمانية فى

(١) الحجر : ١٩ .
(٢) الذاريات : ٤٨ .
(٣) الأعراف : ٥٦ .

حقيقتها تغير تـدريجى ممتـد حـدث فى المعتقـدات الدينيـة فى المجتمعـات الأوروبيـة والأمريكية تحولت فيه المعتقدات الدينية المسيحية لهذه المجتمعات إلى المعتقدات العلمانية المادية اللادينية ، أو ما أطلق عليه الدكتور عبد الوهاب المسيرى العلمانية الشاملة ، وفى رأى الـدكتور عبد الوهاب المسيرى أن العلمانيـة تنقسـم إلى علمانيـة جزئيـة وعلمانيـة شاملة ، والعلمانية الجزئية هى المتداولة بيننا .

والعلمانية الجزئية هى المرحلة الأولى وفيها تمت التحـولات فى المعتقـدات - وفى الفكر والثقافة والحضارة ومفاهيم كثيـر أخرى - الدينيـة بصورة جزئية مثل فصل الكنيسة عـن الدولـة وفصل الدين عن الدولة ...

والعلمانية الشاملة وهى تلك التى تمـت فيهـا التحـولات إلى ماديـة لادينية شاملة مثل النظرة المادية اللادينية للكون والحياة والأحياء وعدم الإيمـان بـالله جـل فى علاه وعـدم الإيمـان بالغيبيات : ﴿ سُبْحَـٰنَهُۥ وَتَعَـٰلَىٰ عَمَّا يُشْرِكُونَ ﴾ [1] وصاحب ذلك تغييرات كثيرة شملت وسيطرت وسادت على المجتمعات الأوروبية والأمريكية مثل التغيرات فى الفكر الأوربى ومفاهيم الثقافة ومفاهيم الحضارة والقواعد والنظم الاجتماعية الأوروبية ...

يقول الدكتور عبد الوهاب المسيرى : « وتقف التعريفات الجزئية السابقة للعلمانية والتى تسمح بقدر من الثنائية واستقلال الظاهرة الإنسانية عـن الظـواهر الطبيعية / الماديـة ومـن ثـم تسمح بوجود إنسان على طرف النقيض من تعريفات العلمانية الشاملة التى تنطلق مـن رؤيـة شاملة للكون ترى أن عالم المادة ، عالم الحواس هو البداية والنهاية » [2] .

(١) النحل : ١ .
(٢) د . عبد الوهاب المسيرى، العلمانية الجزئية والعلمانية الشاملة، المجلد الأول ، دار الشروق، ص ٧٢ .

و فى الحقيقة ، فإن هذا التغيير فى المعتقدات الدينية للمجتمعات الأوروبية والأمريكية لم يستقر على حال منذ بدايته وحتى الآن .

و تعتبر نظرية النشوء والارتقاء لدارون من أسس هذا التغيير فى المعتقدات ، وفى الفكر وفى المفاهيم التى حدثت فى المجتمعات الأوروبية والأمريكية ، وحسب هذه النظرية فالإنسان فى نشأته وتطوره هو فى صراع مستمر مع الطبيعة ، ومع المخلوقات الأخرى وصراع من أجل البقاء والانتخاب الطبيعى ......

وأيضا الإنسان - حسب الفكر الإغريقى الذى تؤمن به المجتمعات الأوروبية - فى صراع مستمر مع الآلهة ... و صراع مع بنى جنسه لتحقيق رغبته فى اعتراف الآخرين به « الثيمس » .[1]

* * *

---

(١) فرنسيس فوكوياما ، نهاية التاريخ ، ترجمة حسين أحمد حسين ، مركز الأهرام للترجمة.

خلاصـة

أولا : هناك سنن إلهية كثيرة جاء ذكرها فى القرآن الكريم مثل سنة التدافع وسنة التكامل وسنة التوازن وسنة التعارف وسنة التعاون .

والسنن الإلهية التى ذكرها القرآن الكريم تزيد عن خمسين سنة .

وفهم السنن الإلهية التى جاء ذكرها فى آيات القرآن الكريم فهما صحيحا تعطى المسلم المعيار الصحيح فيتخذ القرار السليم المتزن بما أمر به الله سبحانه وتعالى .

وفهم هذه السنن الإلهية على وجهها الصحيح كما أرادها الله عز وجل يحافظ على الحضارة الإسلامية ويحفظ خصوصيتها الإسلامية ويحميها من التأثيرات السلبية للحضارات الأخرى .

ثانيا : تم تناول سنة التدافع بالتفصيل نظرا للظروف التى تمر بها الدول الإسلامية فى الوقت الراهن وحتى نتبين حقيقة هذه السنة الإلهية كما جاء ذكرها فى القرآن الكريم .

ولقد ذكرت تفاسير كثيرة مختلفة لعلمائنا الكبار حتى نزيل اللبس الذى قد يكتنف فهمنا لهذه السنة الإلهية .

ثالثا : يقول فضيلة الشيخ محمد متولى الشعراوى - رحمه الله - فى تفسير قوله تعالى :﴿ فَهَزَمُوهُم بِإِذْنِ ٱللَّهِ وَقَتَلَ دَاوُۥدُ جَالُوتَ وَءَاتَىٰهُ ٱللَّهُ ٱلْمُلْكَ وَٱلْحِكْمَةَ وَعَلَّمَهُۥ مِمَّا يَشَآءُ ۗ وَلَوْلَا دَفْعُ ٱللَّهِ ٱلنَّاسَ بَعْضَهُم بِبَعْضٍ لَّفَسَدَتِ

ﭐلۡأَرۡضُ وَلَٰكِنَّ ٱللَّهَ ذُو فَضۡلٍ عَلَى ٱلۡعَٰلَمِينَ ﴾[1] . « إن الحق يأتى هنا بقضية كونية فى الوجود وهى أن الحرب ضرورة اجتماعية وأن الحق يدفع الناس بالناس ، وأنه لولا وجود قوة أمام قوة لفسد العالم، فلو سيطرت قوة واحدة فى الكون لفسد .

فالذى يعمر الكون هو أن توجد فيه قوى متكافئة قوة تقابلها قوة أخرى ، ولذلك نجد العالم دائما محروسا بالقوتين العظميين ، ولو كانت قوة واحدة لعم الضلال ، ولو تأملنا التاريخ منذ القدم لوجدنا هذه الثنائية فى القوى تحفظ الاستقرار فى العالم .

فى بداية الإسلام كانت الدولتان العظميان هما الفرس فى الشرق والروم فى الغرب، والآن سقطت قوة روسيا من كافة ميزان العالم وتتسابق ألمانيا واليابان ليوازنا قوة أمريكا » .

وعندما ضربت أمريكا هيروشيما ونجازاكى بالقنابل الذرية أهلكت آلاف اليابانيين وأهلكت الحرث والنسل وأصابت المنطقتين بالتلوث الإشعاعى الذى أثر على البيئة بما فيها من نبات وحيوان وإنسان ومياه وهواء وتربة لسنوات طويلة وما تبع ذلك من أمراض فتاكة مثل السرطان التى أصابت الإنسان فى هاتين المنطقتين .

فلو كانت اليابان فى ذلك الوقت تملك قوة نووية لما جرأت أمريكا على ضربها بالقنابل الذرية ولاستطاعت اليابان أن تحمى نفسها من هذه الأخطار المروعة ، فالردع يحمى البشرية ويحمى الحضارات من آثار وخيمة يسببها البغى والطغيان الذى لا يجد من يوقف جبروته وطغيانه .

وفى وقتنا الراهن وجدنا كوريا الشمالية - تلك الدولة الصغيرة الفقيرة - تتحدى الولايات المتحدة الأمريكية وتردعها عن غيها فى الاعتداء عليها عندما

(١) البقرة : ٢٥١ .

أعلنت أمريكا أنها من دول محور الشر الذين يجب على أمريكا القضاء عليها ، فإذا بكوريا الشمالية تعلن أنها تملك السلاح النووى ، وأنها سوف تستخدمه ضد أمريكا إذا فكرت فى الاعتداء عليها فتتراجع أمريكا وتتفاوض معها سياسيا وتوقف تهديداتها ضد كوريا الشمالية .

وفى تاريخنا الإسلامى نجد عشرات المواقف التى تبين وعى المسلمين بهذه السنة الإلهية ، وأن ردع الأعداء بالاستعداد بالقوة هو الذى يؤدى إلى النصر ، وهو الذى يؤدى إلى وقف الجبروت والطغيان قال تعالى : ﴿ وَأَعِدُّواْ لَهُم مَّا ٱسْتَطَعْتُم مِّن قُوَّةٍ وَمِن رِّبَاطِ ٱلْخَيْلِ تُرْهِبُونَ بِهِۦ عَدُوَّ ٱللَّهِ وَعَدُوَّكُمْ وَءَاخَرِينَ مِن دُونِهِمْ لَا تَعْلَمُونَهُمُ ٱللَّهُ يَعْلَمُهُمْ ۚ وَمَا تُنفِقُواْ مِن شَىْءٍ فِى سَبِيلِ ٱللَّهِ يُوَفَّ إِلَيْكُمْ وَأَنتُمْ لَا تُظْلَمُونَ ﴾ (١) .

وقد قام الأنصار رضى الله عنهم باستقبال النبى ﷺ عند وصوله المدينة المنورة متقلدين أسلحتهم مستعدين للقتال ، فكفار مكة تربصوا به ﷺ ليقتلوه فى ليلة الهجرة، ورصدوا الأموال لمن يقتله أو يأتى به عندما غادر مكة ، فكان إظهار القوة من الأنصار لردع كفار مكة .

ولقد استطاع الاستعمار الأوروبى أن يحتل معظم البلاد الإسلامية فى أواخر القرن التاسع عشر وأوائل القرن العشرين لأن المسلمين كانوا فى حالة ضعف فلم يستطيعوا أن يردعوا الاستعمار ويوقفوا عدوانه وبغيه ، والهجمة الأمريكية الشرسة على البلاد الإسلامية الآن تأتى نتيجة لهذا الضعف والفساد والتخاذل ولا تجد من يوقفها .

(١) الأنفال : ٦٠ .

رابعا : إن تقوية المجالات المختلفة - وليس مجال الحرب والدفاع فقط - ضرورى وهام فى فهمنا لسنة التدافع.

إن التنافس ومحاولات السبق بين الأفراد والأمم يحقق التقدم فى المجالات المختلفة .

إن التنافس والسبق فى المجال الاقتصادى استطاعت بواسطته دول جنـوب وشرق آسـيا ، والتى تعرف بالنمور الآسيوية أن تحقق نموا مذهلا فى المجال الاقتصادى فى مدة زمنية لا تتجاوز عقد واحد ، وهذا يعطينا مؤشرا أكيدا على أن بلوغ التقدم يمكن تحقيقه فى فترة زمنية وجيزة .

والتقدم الذى أحرزته دول جنوب وشرق آسيا لـيس فى المجـال الاقتصادى فقـط ، ولكنـه شمل مجالات التقنية والصناعة والزراعة والتعليم وغيرها من المجالات الأخرى .

فالتنافس ومحاولة السبق محرك قوى للتقدم فى مجالات كثيرة بين الدول المختلفة.

فإذا كانت بعض الدول متربصة بنا فينبغى أن يكون التنافس والسبق معهـا أشـد لبلـوغ التقدم والتفوق .

والتخلى عن ذلك يعتبر ضعفا وتخاذلا والرسول ﷺ حذر من ذلك .

* * *

الفصل الثالث

التغيير فى الدين والتحريف فى الكتب المقدسة وسقوط الحضارات

إن الدين الإسلامى أنزله الله عز وجل ليهدى الناس إلى طريق الخير والرشاد ، ويجنبهم طريق الشر والفساد ليعبدوا الله الواحد الأحد ويوحدوه ولا يشركوا به شيئا وليزكوا أنفسهم وليقيموا عمارة الكون ، يقول تعالى : ﴿ إِنَّ ٱلدِّينَ عِندَ ٱللَّهِ ٱلْإِسْلَٰمُ ۗ وَمَا ٱخْتَلَفَ ٱلَّذِينَ أُوتُوا۟ ٱلْكِتَٰبَ إِلَّا مِنۢ بَعْدِ مَا جَآءَهُمُ ٱلْعِلْمُ بَغْيًۢا بَيْنَهُمْ ۗ وَمَن يَكْفُرْ بِـَٔايَٰتِ ٱللَّهِ فَإِنَّ ٱللَّهَ سَرِيعُ ٱلْحِسَابِ ﴾ [١] .

ويقول ابن كثير:« ﴿ إِنَّ ٱلدِّينَ عِندَ ٱللَّهِ ٱلْإِسْلَٰمُ ۗ ﴾ إخبارا منه تعالى بأنه لا دين عنده يقبله من أحد سوى الإسلام ، وهو اتباع الرسل فيما بعثهم الله به فى كل حين حتى ختموا بمحمد ﷺ الذى سد جميع الطرق إليه إلا من جهة محمد ﷺ ، فمن لقى الله بعد بعثة محمد ﷺ بدين على غير شريعته فليس بمتقبل ، كما قال تعالى : ﴿ وَمَن يَبْتَغِ غَيْرَ ٱلْإِسْلَٰمِ دِينًا فَلَن يُقْبَلَ مِنْهُ ﴾ [٢] ... ﴿ وَمَا ٱخْتَلَفَ ٱلَّذِينَ أُوتُوا۟ ٱلْكِتَٰبَ إِلَّا مِنۢ بَعْدِ مَا جَآءَهُمُ ٱلْعِلْمُ بَغْيًۢا بَيْنَهُمْ ﴾ أى بغى بعضهم على بعض فاختلفوا فى الحق لتحاسدهم وتباغضهم وتدابرهم فحمل بعضهم بغض البعض الآخر على مخالفته فى جميع أقواله وأفعاله وإن كانت حقا ، ثم قال تعالى : ﴿ وَمَن يَكْفُرْ بِـَٔايَٰتِ ٱللَّهِ ﴾ أى من جحد ما أنزل الله فى كتابه ﴿ فَإِنَّ ٱللَّهَ

---

(١) آل عمران : ١٩ .

(٢) آل عمران : ٨٥ .

﴿سَرِيعُ ٱلْحِسَابِ﴾ أى فإن الله سيجازيه على ذلك ويحاسبه على تكذيبه ويعاقبه على مخالفته كتابه » . انتهى تفسير ابن كثير .

وجاء فى تفسير الجلالين لهذه الآية : « ﴿إِنَّ ٱلدِّينَ﴾ المرضى ﴿عِندَ ٱللَّهِ﴾ هو ﴿ٱلْإِسْلَٰمُ﴾ أى الشرع المبعوث به الرسل المبنى على التوحيد وفى قراءة بفتح « أن » بدل من أنه إلخ بدل اشتمال ﴿وَمَا ٱخْتَلَفَ ٱلَّذِينَ أُوتُوا۟ ٱلْكِتَٰبَ﴾ اليهود والنصارى فى الدين بأن وحد بعض وكفر بعض ﴿إِلَّا مِنۢ بَعْدِ مَا جَآءَهُمُ ٱلْعِلْمُ﴾ بالتوحيد ﴿بَغْيًۢا﴾ من الكافرين ﴿بَيْنَهُمْ ۗ وَمَن يَكْفُرْ بِـَٔايَٰتِ ٱللَّهِ فَإِنَّ ٱللَّهَ سَرِيعُ ٱلْحِسَابِ﴾ أى المجازاة له » . انتهى تفسير الجلالين.

فأهل الكتاب من اليهود والنصارى اختلفوا فغيروا وبدلوا فى الدين فوحد البعض وكفر البعض وحرفوا كتبهم كما سيأتى فيما بعد . أما مشركوا مكة فقد أدخلوا عبادات شركية كعبادة الأصنام على دين إبراهيم عليه السلام وهو ما سنتناوله .

أولا : تغيير العرب لدين إبراهيم وعبادتهم الأصنام :

قبل الإسلام كان معظم العرب يتبعون دعوة سيدنا إسماعيل عليه السلام حين دعاهم إلى دين أبيه سيدنا إبراهيم عليه السلام ، فكانوا يعبدون الله ويوحدوه ، ولما جاء عمرو بن لحى رئيس خزاعة وكان محبوبا من الناس لحرصه على أمور الدين وسافر إلى الشام فرآهم يعبدون الأصنام فاستحسن ذلك وجلبها معه عند عودته ، وقام بوضع هبل فى جوف الكعبة ودعى أهل مكة إلى الشرك بالله فأطاعوه وأجابوه ، ثم انتقلت هذه العبادة الشركية إلى أهل الحجاز . ثم انتشرت بين القبائل فكان لكل قبيلة صنم وفى كل بيت صنم ، وهكذا صارت عبادة الأصنام والشرك بالله أكبر مظاهر دين أهل الجاهلية الذين كانوا يزعمون أنهم على دين إبراهيم .

ومع التمسك بعبادة الأصنام وما صاحبها من معتقدات وطقوس وعادات وسلوكيات ومفاهيم شركية فى كثير من جوانب حياتهم ، إلا أنه بقى فيهم بقية من

دين إبراهيم عليه السلام مثل تعظيم البيت والطواف به والحج والعمرة والوقوف بعرفة ومزدلفة وإهداء البدن ، ولكنهم غيروا وبدلوا وابتدعوا فى ذلك . ومن هذه البدع ما كان يقوله ويفعله الحمس .

ولما جاء الإسلام قضى على هذه العبادات الشركية ، وما كان يصاحبها من عادات ومظاهر وسلوكيات وثقافات شركية ، ولم تقم لها قائمة بعد ذلك .

ثانيا : التغيير والتحريف فى الكتب المقدسة والدين عند اليهود والنصارى والآثار التى ترتبت عليه :

١ - بعض ما جاء فى القرآن الكريم عن ذلك :

جاء فى القرآن الكريم عن اليهود أنهم حرفوا فى كتابهم أى أضافوا وأنقصوا وأولوا فى معانيه فأخرجوها عن مرادات الله عز وجل ، وهذا ما سنبينه فيما يلى فى بعض الآيات القرآنية الكريمة وتفسيرها كما جاء فى تفسير القرطبى وابن كثير والجلالين ، وكلها تبين التحريف الذى أحدثه اليهود فى التوراة ، يقول تعالى : ﴿ يَـٰٓأَيُّهَا ٱلرَّسُولُ لَا يَحْزُنكَ ٱلَّذِينَ يُسَـٰرِعُونَ فِى ٱلْكُفْرِ مِنَ ٱلَّذِينَ قَالُوٓا۟ ءَامَنَّا بِأَفْوَٰهِهِمْ وَلَمْ تُؤْمِن قُلُوبُهُمْ ۛ وَمِنَ ٱلَّذِينَ هَادُوا۟ ۛ سَمَّـٰعُونَ لِلْكَذِبِ سَمَّـٰعُونَ لِقَوْمٍ ءَاخَرِينَ لَمْ يَأْتُوكَ ۖ يُحَرِّفُونَ ٱلْكَلِمَ مِنۢ بَعْدِ مَوَاضِعِهِۦ ۖ يَقُولُونَ إِنْ أُوتِيتُمْ هَـٰذَا فَخُذُوهُ وَإِن لَّمْ تُؤْتَوْهُ فَٱحْذَرُوا۟ ۚ وَمَن يُرِدِ ٱللَّهُ فِتْنَتَهُۥ فَلَن تَمْلِكَ لَهُۥ مِنَ ٱللَّهِ شَيْـًٔا ۚ أُو۟لَـٰٓئِكَ ٱلَّذِينَ لَمْ يُرِدِ ٱللَّهُ أَن يُطَهِّرَ قُلُوبَهُمْ ۚ لَهُمْ فِى ٱلدُّنْيَا خِزْىٌ ۖ وَلَهُمْ فِى ٱلْـَٔاخِرَةِ عَذَابٌ عَظِيمٌ ﴾(١) .

وجاء فى الجلالين عن تفسير هذه الآية : « ﴿ يَـٰٓأَيُّهَا ٱلرَّسُولُ لَا يَحْزُنكَ ﴾ صنع ﴿ ٱلَّذِينَ يُسَـٰرِعُونَ فِى ٱلْكُفْرِ ﴾ يقعون فيه بسرعة ، أى يظهرونه إذا وجدوا

(١) المائدة : ٤١ .

فرصة ﴿ من ﴾ للبيان ﴿ ٱلَّذِينَ قَالُوٓاْ ءَامَنَّا بِأَفْوَٰهِهِمْ ﴾ بألسنتهم متعلق بقالوا ﴿وَلَمْ تُؤْمِن قُلُوبُهُمْ ﴾ وهم المنافقون ﴿ وَمِنَ ٱلَّذِينَ هَادُواْ ﴾ قوم ﴿ سَمَّٰعُونَ لِلْكَذِبِ ﴾ الذى افترته أحبارهم سماع قبول ﴿ سَمَّٰعُونَ﴾ منك ﴿ لِقَوْمٍ﴾ لأجل قوم ﴿ ءَاخَرِينَ ﴾ من اليهود ﴿ لَمْ يَأْتُوكَ ﴾ وهم أهل خيبر زنى فيهم محصنان فكرهوا رجمهما فبعثوا قريظة ليسألوا النبى ﷺ عن حكمهما ﴿ يُحَرِّفُونَ ٱلْكَلِمَ ﴾ الذى فى التوراة كآية الرجم ﴿ مِنۢ بَعْدِ مَوَاضِعِهِۦ ﴾ التى وضعه الله عليها أى يبدلونه ﴿ يَقُولُونَ ﴾ لمن أرسلوهم ﴿ إِنْ أُوتِيتُمْ هَٰذَا ﴾ الحكم المحرف أى الجلد الذى أفتاكم به محمد ﴿ فَخُذُوهُ ﴾ فاقبلوه ﴿ وَإِن لَّمْ تُؤْتَوْهُ ﴾ بل أفتاكم بخلافه ﴿فَٱحْذَرُواْ ﴾ أن تقبلوه ﴿ وَمَن يُرِدِ ٱللَّهُ فِتْنَتَهُۥ ﴾ إضلاله ﴿ فَلَن تَمْلِكَ لَهُۥ مِنَ ٱللَّهِ شَيْـًٔا ﴾ فى دفعها ﴿ أُوْلَٰٓئِكَ ٱلَّذِينَ لَمْ يُرِدِ ٱللَّهُ أَن يُطَهِّرَ قُلُوبَهُمْ ﴾ من الكفر ولو أراده لكان ﴿ لَهُمْ فِى ٱلدُّنْيَا خِزْىٌ ﴾ ذل بالفضيحة والجزية ﴿ وَلَهُمْ فِى ٱلْءَاخِرَةِ عَذَابٌ عَظِيمٌ ﴾ » . انتهى تفسير الجلالين .

وجاء فى تفسير القرطبى أن « يحرفون الكلم يعنى فى التوراة » .

ويقول تعالى : ﴿ مِّنَ ٱلَّذِينَ هَادُواْ يُحَرِّفُونَ ٱلْكَلِمَ عَن مَّوَاضِعِهِۦ وَيَقُولُونَ سَمِعْنَا وَعَصَيْنَا وَٱسْمَعْ غَيْرَ مُسْمَعٍ وَرَٰعِنَا لَيًّۢا بِأَلْسِنَتِهِمْ وَطَعْنًا فِى ٱلدِّينِ ۚ وَلَوْ أَنَّهُمْ قَالُواْ سَمِعْنَا وَأَطَعْنَا وَٱسْمَعْ وَٱنظُرْنَا لَكَانَ خَيْرًا لَّهُمْ وَأَقْوَمَ وَلَٰكِن لَّعَنَهُمُ ٱللَّهُ بِكُفْرِهِمْ فَلَا يُؤْمِنُونَ إِلَّا قَلِيلًا ﴾ (1) .

وجاء فى تفسير الجلالين لهذه الآية : « ﴿ مِّنَ ٱلَّذِينَ هَادُواْ ﴾ قوم ﴿ يُحَرِّفُونَ ﴾ يغيرون ﴿ ٱلْكَلِمَ ﴾ الذى أنزل الله فى التوراة من نعت محمد ﷺ ﴿ عَن مَّوَاضِعِهِۦ ﴾

(١) النساء : ٤٦ .

التى وضع عليها ﴿ وَيَقُولُونَ ﴾ للنبى ﷺ إذا أمرهم بشىء ﴿ سَمِعْنَا ﴾ قولك ﴿ وَعَصَيْنَا ﴾ أمرك ﴿ وَاسْمَعْ غَيْرَ مُسْمَعٍ ﴾ حال بمعنى الدعاء أى لا سمعت ﴿ و ﴾ يقولون له ﴿ رَاعِنَا ﴾ وقد نهى عن خطابه بها وهى كلمة سب بلغتهم ﴿ لَيًّا ﴾ تحريفا ﴿ بِأَلْسِنَتِهِمْ وَطَعْنًا ﴾ قدحا ﴿ فِي الدِّينِ ﴾ الإسلام ﴿ وَلَوْ أَنَّهُمْ قَالُوا سَمِعْنَا وَأَطَعْنَا ﴾ بدل وعصينا ﴿ وَاسْمَعْ ﴾ فقط ﴿ وَانْظُرْنَا ﴾ انظر إلينا بدل راعنا ﴿ لَكَانَ خَيْرًا لَهُمْ ﴾ مما قالوه ﴿ وَأَقْوَمَ ﴾ أعدل منه ﴿ وَلَكِنْ لَعَنَهُمُ اللَّهُ ﴾ أبعدهم عن رحمته ﴿ بِكُفْرِهِمْ فَلَا يُؤْمِنُونَ إِلَّا قَلِيلًا ﴾ منهم كعبد الله بن سلام وأصحابه » . انتهى تفسير الجلالين.

وجاء فى تفسير ابن كثير : « ... و قوله يحرفون الكلم عن مواضعه أى يتأولون على غير تأويله ويفسرونه بغير مراد الله عز وجل قصدا منهم وافتراء » .

وفى سورة المائدة يقول تعالى : ﴿ فَبِمَا نَقْضِهِمْ مِيثَاقَهُمْ لَعَنَّاهُمْ وَجَعَلْنَا قُلُوبَهُمْ قَاسِيَةً يُحَرِّفُونَ الْكَلِمَ عَنْ مَوَاضِعِهِ وَنَسُوا حَظًّا مِمَّا ذُكِّرُوا بِهِ وَلَا تَزَالُ تَطَّلِعُ عَلَى خَائِنَةٍ مِنْهُمْ إِلَّا قَلِيلًا مِنْهُمْ فَاعْفُ عَنْهُمْ وَاصْفَحْ إِنَّ اللَّهَ يُحِبُّ الْمُحْسِنِينَ ﴾ (1) .

وفى تفسير القرطبى لقوله تعالى : ﴿ يُحَرِّفُونَ الْكَلِمَ عَنْ مَوَاضِعِهِ ﴾ أى يتأولونه على غير تأويله ويلقون ذلك للعوام وقيل معناه : يبدلون حروفه .

وفى تفسير ابن كثير : « أى فسدت فهومهم وساء تصرفهم فى آيات الله ، وتأولوا كتابه على غير ما أنزله وحملوه على غير مراده ، وقالوا عليه ما لم يقل عياذا بالله من ذلك » .

وفى الجلالين « يحرفون الكلم » الذى فى التوراة من نعت محمد ﷺ .

(1) المائدة : ١٣ .

ويقول تعالى عن تحريف اليهود للتوراة فى سورة البقرة : ﴿ أَفَتَطْمَعُونَ أَن يُؤْمِنُوا لَكُمْ وَقَدْ كَانَ فَرِيقٌ مِّنْهُمْ يَسْمَعُونَ كَلَامَ اللَّهِ ثُمَّ يُحَرِّفُونَهُ مِن بَعْدِ مَا عَقَلُوهُ وَهُمْ يَعْلَمُونَ ﴾ (١) .

وفى تفسير الجلالين عن هذه الآية الكريمة : « ﴿ أَفَتَطْمَعُونَ ﴾ أيها المؤمنون ﴿ أَن يُؤْمِنُوا لَكُمْ ﴾ أى اليهود ﴿ وَقَدْ كَانَ فَرِيقٌ ﴾ طائفة ﴿ مِّنْهُمْ ﴾ أحبارهم ﴿ يَسْمَعُونَ كَلَامَ اللَّهِ ﴾ فى التوراة ﴿ ثُمَّ يُحَرِّفُونَهُ ﴾ يغيرونه ﴿ مِن بَعْدِ مَا عَقَلُوهُ ﴾ فهموه ﴿ وَهُمْ يَعْلَمُونَ ﴾ أنهم مفترون والهمزة للإنكار أى لا تطعموا فلهم سابقة بالكفر » .

ويقول تعالى : ﴿ فَوَيْلٌ لِّلَّذِينَ يَكْتُبُونَ الْكِتَابَ بِأَيْدِيهِمْ ثُمَّ يَقُولُونَ هَٰذَا مِنْ عِندِ اللَّهِ لِيَشْتَرُوا بِهِ ثَمَنًا قَلِيلًا ۖ فَوَيْلٌ لَّهُم مِّمَّا كَتَبَتْ أَيْدِيهِمْ وَوَيْلٌ لَّهُم مِّمَّا يَكْسِبُونَ ﴾ (٢) .

وفى الجلالين جاء فى تفسير هذه الآية : « ﴿ فَوَيْلٌ ﴾ شدة عذاب ﴿ لِّلَّذِينَ يَكْتُبُونَ الْكِتَابَ بِأَيْدِيهِمْ ﴾ أى مختلقا من عندهم ﴿ ثُمَّ يَقُولُونَ هَٰذَا مِنْ عِندِ اللَّهِ لِيَشْتَرُوا بِهِ ثَمَنًا قَلِيلًا ﴾ من الدنيا وهم اليهود غيروا صفة النبى فى التوراة وآية الرجم وغيرهما وكتبوها على خلاف ما أنزل ﴿ فَوَيْلٌ لَّهُم مِّمَّا كَتَبَتْ أَيْدِيهِمْ ﴾ من المختلق ﴿ وَوَيْلٌ لَّهُم مِّمَّا يَكْسِبُونَ ﴾ من الرشا جمع رشوة » .

ويخبر الله تعالى عن اليهود والنصارى الذين غيروا وبدلوا وغيروا فى دينهم فقالت اليهود عزير ابن الله وقالت النصارى المسيح ابن الله ، يقول تعالى : ﴿ وَقَالَتِ

---

(١) البقرة : ٧٥ .
(٢) البقرة : ٧٩ .

ٱلْيَهُودُ عُزَيْرٌ ٱبْنُ ٱللَّهِ وَقَالَتِ ٱلنَّصَـٰرَى ٱلْمَسِيحُ ٱبْنُ ٱللَّهِ ۖ ذَٰلِكَ قَوْلُهُم بِأَفْوَٰهِهِمْ ۖ يُضَـٰهِـُٔونَ قَوْلَ ٱلَّذِينَ كَفَرُوا۟ مِن قَبْلُ ۚ قَـٰتَلَهُمُ ٱللَّهُ ۚ أَنَّىٰ يُؤْفَكُونَ ﴾ [1].

وكان الرسول ﷺ يقرأ على اليهود القرآن ويخوفهم وكانوا يقولون مما نخاف ونحن أولياء الله وأحباؤه[2]. فنزلت الآية: ﴿ وَقَالَتِ ٱلْيَهُودُ وَٱلنَّصَـٰرَىٰ نَحْنُ أَبْنَـٰٓؤُا۟ ٱللَّهِ وَأَحِبَّـٰٓؤُهُۥ ۚ قُلْ فَلِمَ يُعَذِّبُكُم بِذُنُوبِكُم ۖ بَلْ أَنتُم بَشَرٌ مِّمَّنْ خَلَقَ ۚ يَغْفِرُ لِمَن يَشَآءُ وَيُعَذِّبُ مَن يَشَآءُ ۚ وَلِلَّهِ مُلْكُ ٱلسَّمَـٰوَٰتِ وَٱلْأَرْضِ وَمَا بَيْنَهُمَا ۖ وَإِلَيْهِ ٱلْمَصِيرُ ﴾ [3].

وقد حذر المولى عز وجل هؤلاء النصارى، يقول تعالى: ﴿ لَّقَدْ كَفَرَ ٱلَّذِينَ قَالُوٓا۟ إِنَّ ٱللَّهَ ثَالِثُ ثَلَـٰثَةٍ ۘ وَمَا مِنْ إِلَـٰهٍ إِلَّآ إِلَـٰهٌ وَٰحِدٌ ۚ وَإِن لَّمْ يَنتَهُوا۟ عَمَّا يَقُولُونَ لَيَمَسَّنَّ ٱلَّذِينَ كَفَرُوا۟ مِنْهُمْ عَذَابٌ أَلِيمٌ ﴾ [4].

واليهود يعتبرون أنفسهم على الحق والنصارى على الباطل، والنصارى يعتبرون أنفسهم على الحق واليهود على الباطل، يقول تعالى: ﴿ وَقَالَتِ ٱلْيَهُودُ لَيْسَتِ ٱلنَّصَـٰرَىٰ عَلَىٰ شَىْءٍ وَقَالَتِ ٱلنَّصَـٰرَىٰ لَيْسَتِ ٱلْيَهُودُ عَلَىٰ شَىْءٍ وَهُمْ يَتْلُونَ ٱلْكِتَـٰبَ ۗ كَذَٰلِكَ قَالَ ٱلَّذِينَ لَا يَعْلَمُونَ مِثْلَ قَوْلِهِمْ ۚ فَٱللَّهُ يَحْكُمُ بَيْنَهُمْ يَوْمَ ٱلْقِيَـٰمَةِ فِيمَا كَانُوا۟ فِيهِ يَخْتَلِفُونَ ﴾ [5].

وعن الغلو والتحريف والتغيير الذى أحدثوه، يقول تعالى: ﴿ يَـٰٓأَهْلَ ٱلْكِتَـٰبِ لَا تَغْلُوا۟ فِى دِينِكُمْ وَلَا تَقُولُوا۟ عَلَى ٱللَّهِ إِلَّا ٱلْحَقَّ ۚ إِنَّمَا ٱلْمَسِيحُ عِيسَى ٱبْنُ مَرْيَمَ رَسُولُ ٱللَّهِ وَكَلِمَتُهُۥٓ أَلْقَىٰهَآ إِلَىٰ مَرْيَمَ وَرُوحٌ مِّنْهُ ۖ فَـَٔامِنُوا۟ بِٱللَّهِ وَرُسُلِهِۦ

(١) التوبة: ٣٠.
(٢) د. عبد المنعم الحفنى، موسوعة القرآن العظيم، مكتبة مدبولى، الطبعة الأولى، ٢٠٠٤م.
(٣) المائدة: ١٨.
(٤) المائدة: ٧٣.
(٥) البقرة: ١١٣.

وَلَا تَقُولُوا۟ ثَلَٰثَةٌ ۚ ٱنتَهُوا۟ خَيْرًا لَّكُمْ ۚ إِنَّمَا ٱللَّهُ إِلَٰهٌ وَٰحِدٌ ۖ سُبْحَٰنَهُۥٓ أَن يَكُونَ لَهُۥ وَلَدٌ ۘ لَّهُۥ مَا فِى ٱلسَّمَٰوَٰتِ وَمَا فِى ٱلْأَرْضِ ۗ وَكَفَىٰ بِٱللَّهِ وَكِيلًا ﴾ [1] .

واليهود والنصارى ابتدعوا ففصلوا بين الإيمان بالله وبين التصديق برسله وآمنوا ببعض رسله وكفروا ببعضهم ، يقول تعالى : ﴿ إِنَّ ٱلَّذِينَ يَكْفُرُونَ بِٱللَّهِ وَرُسُلِهِۦ وَيُرِيدُونَ أَن يُفَرِّقُوا۟ بَيْنَ ٱللَّهِ وَرُسُلِهِۦ وَيَقُولُونَ نُؤْمِنُ بِبَعْضٍ وَنَكْفُرُ بِبَعْضٍ وَيُرِيدُونَ أَن يَتَّخِذُوا۟ بَيْنَ ذَٰلِكَ سَبِيلًا ﴿١٥٠﴾ أُو۟لَٰٓئِكَ هُمُ ٱلْكَٰفِرُونَ حَقًّا ۚ وَأَعْتَدْنَا لِلْكَٰفِرِينَ عَذَابًا مُّهِينًا ﴿١٥١﴾ ﴾ [2] . ويقول الدكتور عبد المنعم الحفني[3] : فاليهود كفروا بعيسى وبمحمد والنصارى كفروا ببعض موسى وبمحمد ، فنص الله تعالى على أن التفريق بين الله تعالى ورسله كفر ، لأنه فرض على الناس أن يعبدوه بما شرع لهم على ألسنة الرسل ، فإذا جحدوا الرسل ردوا شرائعهم ولم يقبلوها منهم، فكان جحدهم كجحد الصانع سبحانه ، وجحد الصانع كفر لما فيه من ترك الطاعة ، وكان دينهم لذلك دينا مبتدعا طالما حقيقته الجحد .

أما المسلمون فقد علمهم الله حقيقة الإيمان فقال لهم : ﴿ قُولُوٓا۟ ءَامَنَّا بِٱللَّهِ وَمَآ أُنزِلَ إِلَيْنَا وَمَآ أُنزِلَ إِلَىٰٓ إِبْرَٰهِـۧمَ وَإِسْمَٰعِيلَ وَإِسْحَٰقَ وَيَعْقُوبَ وَٱلْأَسْبَاطِ وَمَآ أُوتِىَ مُوسَىٰ وَعِيسَىٰ وَمَآ أُوتِىَ ٱلنَّبِيُّونَ مِن رَّبِّهِمْ لَا نُفَرِّقُ بَيْنَ أَحَدٍ مِّنْهُمْ وَنَحْنُ لَهُۥ مُسْلِمُونَ ﴾ [4] .
فوقعت المماثلة بين الإيمانين .

---

(١) النساء : ١٧١ .

(٢) النساء : ١٥٠ ، ١٥١ .

(٣) د . عبد المنعم الحفنى ، موسوعة القرآن العظيم ، مكتبة مدبولى ، الطبعة الأولى ، ٢٠٠٤م .

(٤) البقرة : ١٣٦ .

واليهود هم قتلة الأنبياء ، يقول تعالى : ﴿ فَلِمَ تَقْتُلُونَ أَنْبِيَآءَ ٱللَّهِ مِن قَبْلُ إِن كُنتُم مُّؤْمِنِينَ ﴾ [١].

ويقول تعالى : ﴿ إِنَّ ٱلَّذِينَ يَكْفُرُونَ بِـَٔايَٰتِ ٱللَّهِ وَيَقْتُلُونَ ٱلنَّبِيِّـۧنَ بِغَيْرِ حَقٍّ وَيَقْتُلُونَ ٱلَّذِينَ يَأْمُرُونَ بِٱلْقِسْطِ مِنَ ٱلنَّاسِ فَبَشِّرْهُم بِعَذَابٍ أَلِيمٍ ﴾ [٢].

وينزه الله تعالى نفسه عن أن يكون له ولد أو شريك في الملك والتصرف والعبادة يقول تعالى : ﴿ مَا ٱتَّخَذَ ٱللَّهُ مِن وَلَدٍ وَمَا كَانَ مَعَهُۥ مِنْ إِلَٰهٍ إِذًا لَّذَهَبَ كُلُّ إِلَٰهٍۭ بِمَا خَلَقَ وَلَعَلَا بَعْضُهُمْ عَلَىٰ بَعْضٍ سُبْحَٰنَ ٱللَّهِ عَمَّا يَصِفُونَ ﴾ [٣].

ولقد جاءت آيات في سورة المائدة عن كفر الذين قالوا إن الله هو المسيح ابن مريم ، يقول تعالى : ﴿ لَّقَدْ كَفَرَ ٱلَّذِينَ قَالُوٓا۟ إِنَّ ٱللَّهَ هُوَ ٱلْمَسِيحُ ٱبْنُ مَرْيَمَ قُلْ فَمَن يَمْلِكُ مِنَ ٱللَّهِ شَيْـًٔا إِنْ أَرَادَ أَن يُهْلِكَ ٱلْمَسِيحَ ٱبْنَ مَرْيَمَ وَأُمَّهُۥ وَمَن فِى ٱلْأَرْضِ جَمِيعًا وَلِلَّهِ مُلْكُ ٱلسَّمَٰوَٰتِ وَٱلْأَرْضِ وَمَا بَيْنَهُمَا يَخْلُقُ مَا يَشَآءُ وَٱللَّهُ عَلَىٰ كُلِّ شَىْءٍ قَدِيرٌ ﴾ [٤].

ويقول تعالى : ﴿ لَقَدْ كَفَرَ ٱلَّذِينَ قَالُوٓا۟ إِنَّ ٱللَّهَ هُوَ ٱلْمَسِيحُ ٱبْنُ مَرْيَمَ وَقَالَ ٱلْمَسِيحُ يَٰبَنِىٓ إِسْرَٰٓءِيلَ ٱعْبُدُوا۟ ٱللَّهَ رَبِّى وَرَبَّكُمْ إِنَّهُۥ مَن يُشْرِكْ بِٱللَّهِ فَقَدْ حَرَّمَ ٱللَّهُ عَلَيْهِ ٱلْجَنَّةَ وَمَأْوَىٰهُ ٱلنَّارُ وَمَا لِلظَّٰلِمِينَ مِنْ أَنصَارٍ ﴾ [٥].

---

(١) البقرة : ٩١.
(٢) آل عمران : ٢١.
(٣) المؤمنون : ٩١.
(٤) المائدة : ١٧.
(٥) المائدة : ٧٢.

ويقول تعالى : ﴿ مَّا ٱلْمَسِيحُ ٱبْنُ مَرْيَمَ إِلَّا رَسُولٌ قَدْ خَلَتْ مِن قَبْلِهِ ٱلرُّسُلُ وَأُمُّهُۥ صِدِّيقَةٌ ۖ كَانَا يَأْكُلَانِ ٱلطَّعَامَ ۗ ٱنظُرْ كَيْفَ نُبَيِّنُ لَهُمُ ٱلْـَٔايَـٰتِ ثُمَّ ٱنظُرْ أَنَّىٰ يُؤْفَكُونَ ﴾[1] .

والعداوة حظ النصارى إلى يوم القيامة ، يقول الدكتور عبد المنعم الحفنى[2]: النصارى سموا بذلك لاتباعهم عيسى الناصرى - من بلدة الناصرة - وبعد عيسى انقسموا فرقا بحسب حوارييهم ، فكل جماعة اتبعت إنجيلا ، وكانت لهم تفسيرات وتأويلات ، فقالوا المسيح ابن الله وقالت جماعة هو نبى وقال آخرون هو الله وخالفوا بعضهم البعض حتى فى الرواية عن عيسى كانت لهم مخالفات وكثرت الأناجيل ، فأجازت الكنيسة أربعة وحرمت غيرها كإنجيل يعقوب وإنجيل نيقوديموس وإنجيل الأبيونيين وإنجيل المصريين وإنجيل العبرانيين وإنجيل الناسيين وإنجيل بطرس وإنجيل توما وإنجيل الطفولية ... إلخ ، وأخبر القرآن الكريم بذلك وما كان لمحمد ﷺ أن يلم بها ويعلم عنها وهو العربى الأمى ، وهذا دليل على نبوته وعلى أن القرآن من لدن الله العليم ، ومن ذلك وصفه الدقيق لخلاف النصارى حيث يقول : ﴿ وَمِنَ ٱلَّذِينَ قَالُوٓا۟ إِنَّا نَصَـٰرَىٰٓ أَخَذْنَا مِيثَـٰقَهُمْ فَنَسُوا۟ حَظًّا مِّمَّا ذُكِّرُوا۟ بِهِۦ فَأَغْرَيْنَا بَيْنَهُمُ ٱلْعَدَاوَةَ وَٱلْبَغْضَآءَ إِلَىٰ يَوْمِ ٱلْقِيَـٰمَةِ ۚ وَسَوْفَ يُنَبِّئُهُمُ ٱللَّهُ بِمَا كَانُوا۟ يَصْنَعُونَ ﴾[3] .

والعداوة والبغضاء لا توصف بين الأرثوذكس والكاثوليك والبروتستانت وبين الكنائس الجديدة والكنائس القديمة ، ووصل الحد إلى الاقتتال فى إيرلندا .

(١) المائدة : ٧٥ .

(٢) المائدة : ٧٥ .عبد المنعم الحفنى ، موسوعة القرآن العظيم ، مكتبة مدبولى ، طبعة أولى ، ٢٠٠٤م .

(٣) المائدة : ١٤ .

٢ - قيام الحضارة المسيحية فى العصور الوسطى :

والعصور الوسطى فى أوروبا هى الفترة الممتدة من سقوط الإمبراطورية الرومانية الغربية فى القرن الرابع الميلادى إلى القرن الخامس عشر الميلادى .

وقد أطلق العلمانيون فى أوروبا اسم عصور الظلام على فترة العصور الوسطى، كما أطلقوا اسم عصر التنوير الأوروبى على الفترة التى تمت فيها تحويل المجتمعات الأوروبية إلى مجتمعات علمانية شاملة فى القرنين الثامن عشر والتاسع عشر الميلادى .

ظلت المسيحية محصورة فى أعداد قليلة من البشر حتى القرن الرابع الميلادى حينما اعتنق الإمبراطور قسطنطين ومن تبعه من الأباطرة الرومان المسيحية ، وجعلوا منها ديانة الدولة [١] .

وعندما انتشرت الديانة المسيحية فى ربوع الإمبراطورية الرومانية تخلى السكان عن معتقداتهم ومفاهيم ثقافتهم وحضارتهم الرومانية الإغريقية ، واعتنقوا الديانة المسيحية بمفاهيمها الثقافية والحضارية .

حيث تم ترجمة الإنجيل إلى اللاتينية وأغلقت مدارس الفلسفة فى أثينا وأحرقت فى روما مكتبة البلاتين ومكتبة الإسكندرية بمصر [٢] .

وبعد أن أصبح للمسيحية السلطة والنفوذ فى الإمبراطورية الرومانية التى كانت قوة عظمى فى ذلك الوقت، قرر المسيحيون - رجال الدين - تحويل الجماهير الرومانية إلى الديانة المسيحية فقاموا بإرهاب المواطنين الرومان الذين مارسوا ديانتهم العامة ، فهاجمهم الغوغاء من المسيحيين ودمروا مذابح معابدهم

---

(١) د . محمد عارف ، صعود البروتستانتية الإيفانجلكية فى أمريكا وتأثيره على العالم الإسلامى ، ترجمة رانية خلاف ، مكتبة الشروق الدولية .

(٢) د . نادية حسنى صقر ، العلم ومناهج البحث فى الحضارة الإسلامية ، مكتبة النهضة ، ١٩٩١م .

ومقدساتهم وفرضت عليهم الغرامات وتعرضوا للسجن والتعذيب والإعدام ، وقد استخدمت الدولة سلطتها لهدم المعابد والأضرحة المقدسة للديانة الرومانية العامة ، وقد أخذت مواقعهم للأغراض المسيحية ، وهكذا انتشرت المسيحية بسرعة عبر الإمبراطورية الرومانية[1] .

والروم - الإمبراطورية الرومانية بعد أن تحولت للمسيحية - كانت لهم حروب مشهورة مع المسلمين عبر التاريخ الإسلامى ومن قبل مع الإمبراطورية الفارسية - قبل تحولها إلى الإسلام - وكانت الحضارة الإسلامية متقدمة بمراحل عن الحضارة المسيحية المعاصرة لها ، وهدايا هارون الرشيد من المخترعات حين ذاك - مثل الساعة وغيرها - لملك الفرنجة من الأشياء المشهورة فى التاريخ الإسلامى .

ثم كانت حروب الفرنجة - والتى أطلق عليها الأوروبيون الحروب الصليبية - والتى امتدت أكثر من قرنين من الزمان والتى انتهت بهزيمة الفرنجة وخروجهم من ديار المسلمين .

كان آخر خروج للفرنجة - الصليبيين - من ديار المسلمين سنة ١٢٩١م .

كان للحروب الصليبية أثر كبير على الفكر الأوروبى لا تقل عن الآثار التى تركها المسلمون أثناء وجودهم فى الأندلس على الفكر الأوروبى فى ذلك الوقت .

ومن المعروف أن الثقافة اليونانية والرومانية اختفت تماما طوال فترة الحضارة المسيحية ، وكذلك مفاهيم الحضارة اليونانية والرومانية حتى أن المؤلفات الشهيرة لأرسطو وسقراط وغيرهما لم تعرفها أوروبا إلا عن طريق العلماء المسلمين بعد أن قام المسلمون بترجمتها فى العصر العباسى إلى العربية .

(١) د . محمد عارف ، صعود البروتستانتية الإيفانجلكية فى أمريكا وتأثيره على العالم الإسلامى ، ترجمة رانية خلاف ، مكتبة الشروق الدولية.

ومن السمات المميزة فى تلك الفترة هو وجود نظام غريب من الإقطاع كان يسود دول غرب أوروبا مثل إنجلترا وفرنسا وغيرهما .

ونظام الإقطاع فى أوروبا كان نظاما غريبا مختلفا تماما عن الإقطاع فى أى مكان آخر، فنظام الإقطاع الأوروبى يمكن تشبيهه أن هناك رجالا أحرارا - ليسوا عبيدا - غير قادرين على حماية أنفسهم يعرضون أرضهم وجهودهم على رجل قوى ويطلبون إليه فى نظير ذلك أن يحميهم ويطعمهم[1] .

فتكونت إقطاعيات أرستقراطية لها محاكمها الخاصة وجيوشها وكانت الملوك عندما تعوزهم الحاجة إلى المال أو السلاح والرجال وخاصة وقت الحروب ، كانوا يطلبون من رجال الإقطاع فيمدونهم بالمال والسلاح والرجال .

وكانت هناك ظروف أدت إلى قيام الإقطاع فى الفترة من القرن الثالث إلى القرن السادس الميلادى ، وهى أن بعض المدن الإيطالية كانت غير آمنة على نفسها أثناء الغارات الألمانية ، فانتقل أعيان هذه المدن إلى قصورهم الريفية وأحاطوا أنفسهم بأتباعهم من الزراع وأسر من « الموالى » وأعوان عسكريين ، كما أن الحكومات الفقيرة كانت عاجزة عن إصلاح الطرق لتبادل التجارة ، وعاجزة عن حماية الحياة والملك والتجارة ، واضطرت قصور الأعيان فى الريف أن تسعى إلى الاكتفاء الذاتى من الناحية الاقتصادية ، فأصبحت كثير من الأدوات تصنع فى الضياع الكبيرة[2] .

وفى الفترة من القرن السادس إلى القرن التاسع كانت هناك نفس الظروف التى مهدت إلى قيام الإقطاع ، وهى أن بعض الملوك كانوا يؤجرون قوادهم وموظفيهم الإداريين بمنحهم مساحات من الأرض ، وأضحت هذه الإقطاعيات وراثية فى القرن التاسع الميلادى ، وعجزت الحكومات المركزية عن حماية الأجزاء النائية من

(١) ويل ديورانت ، قصة الحضارة ، رقم ١٤ ، ترجمة محمد بدران ، ص ٤٠٣ .
(٢) المصدر السابق .

عواصمها وأقام الأسقف والبارون المحلى نظاما فى مقاطعته وهيئـة للـدفاع عنـه ، وظـل محتفظا بقوته ومحاكمه الخاصة ، وكان الطلب يكثر على المدافعين الذين يملكون فرسـانا وكان الفرسان أهم من المشاة ، لأن أغلب المغيرين كانوا فرسانا وهكذا نشأ فى إنجلترا وفرنسا فى عهـد النورمان وفى إسبانيا المسيحية طبقة من الفرسان بين الدوق والبارون من ناحية والفلاحـين مـن جهة أخرى .

و لم ير الشعب حرجا من ذلك ، فقد كانوا يتطلعون إلى وجود نظام عسكرى يحميهم ولم يترددوا فى تقديم ولائهم وخدماتهم إلى سيد يبسط عليهم حمايتـه القانونيـة أو دوق يسـتطيع قيادتهم [١] .

وكان الإقطاعى يملك الأرض ومن عليها مـن بشر ومشـروعات وزروع وحيوانات... وكـان هناك تحالف قوى بـين الملـوك ورجـال الإقطـاع ، فقـد كان رجـال الإقطـاع يمـدون الملـوك بمـا يحتاجونه من مال وسلاح ورجال ، وكان الملـوك يقـرون لرجـال الإقطـاع بحريـة السـيطرة عـلى إقطاعياتهم كملكية خاصة لهم .

والمجتمعات الأوروبية آنذاك كان يوجد بها نوعان من السلطات :

-   سلطة الملوك المتحالفة مع رجال الإقطاع .

-   وسلطة الكنيسة ورجالها وكهنوتها .

وكانت الكنيسة فى ذلك الوقت لها سلطات واسعة فمثلا كانت سلطات الكنيسة السياسية والاقتصادية تتمثل فى أمور كثيرة منها : أن الملوك والأمراء كانوا لا يعينون إلا بموافقة الكنيسـة ، كما أن رجال الدين المسيحى كانوا ملتزمين بعقيدة الحـق الإلهى لملـوكهم فى الحكـم ، وكانـت الكنيسة ، ورجالها يتمتعون بثروات طـائلة « وقد وجـه مجلـس نورنبرج فى عـام ١٥٢٢م مائـة تهمة للكنيسة، منها أنها تمتلك نصف ثروة ألمانيا ، وقد قدر مؤرخ كـاثوليكى نصيب الكنيسـة بثلث أموال ألمانيا

---

(١) ويل ديورانت ، قصة الحضارة ، رقم ١٤ ، ترجمة محمد بدران ، ص ٤٠٣ .

وخمس أموال فرنسا ، ولكن مدعيا عموميا فى برلمان فرنسا قدر ثروة الكنيسة فى عام ١٥٠٢م بثلاثة أرباع أموال فرنسا كلها ، على أننا ليس لدينا من الإحصاءات ما نرجع إليه فى هذه التقديرات . أما فى إيطاليا فإن ثلث شبه الجزيرة بطبيعة الحال كان ملكا للكنيسة ، ونعنى به الولايات الباباوية ، هذا فضلا عما كان لها من الأملاك القيمة فى غير تلك الولايات » [1].

3 - الثورة على الكنيسة والحروب الدينية وقيام العلمانية فى أوروبا :

بعض المؤلفات والكتب تناولت الأحداث التاريخية حول هذا الموضوع منذ القرن الرابع عشر وحتى القرن العشرين وبعضها الآخر تناول الأفكار التى جاءت فيما كتبه المفكرون والكتاب والأدباء والفلاسفة وفيما ألفوه من كتب حول هذا الموضوع فى هذه الفترة ، وبعضهم تناول هذا الموضوع فى القرنين الأخيرين فقط .

وطوال القرن الرابع عشر والقرن الخامس عشر كان النقد الشديد والمآخذ الكثيرة توجه إلى الكنيسة ورجالها وكهنوتها قبل أن يقود لوثر وكلفين الثورة عليها فى القرن السادس عشر الميلادى ، وهى الثورة التى أدت إلى نشأة البروتستانت وما تبع ذلك من حروب دينية بين الكاثوليك والبروتستانت امتدت قرنين تقريبا .

والثورة على الكنيسة وما تبعها من حروب دينية بين الكاثوليك والبروتستانت أدت فى الحقيقة إلى ثورة من الشك والإلحاد وعدم الإيمان بالكنيسة ورجال الدين والسيدة العذراء والسيد المسيح والنبيين والكتاب المقدس .

وجاء ذلك فى كتب التاريخ وفيما كتبه الكتاب والفلاسفة والمفكرون ، وخاصة فى القرن التاسع عشر والقرن العشرين .

ولا زال عدم الإيمان والشك مسيطرا على العدد الأكبر من أفراد المجتمعات الأوروبية حتى الآن .

---

(١) ويـل ديورانت ، قصة الحضارة ، رقـم ٢٢ ، ترجمـة د . عبـد الحميـد يـونس ، اختارتـه وأنفقـت عليـه الإدارة الثقافية ، جامعة الدول العربية .

وكان يؤخذ على الكنيسة عدة مآخذ وجهها الكاثوليك المخلصون إلى الكنيسة[1] فى القرنين الرابع عشر والخامس عشر ، وكانت سببا فى سقوطها :

وأول هذه المآخذ والتهم أنها كانت تحب المال ، وكان لها منه أكثر مما يليق بها إذا أرادت لنفسها الخير ، وقد ذكرنا سابقا ما ذكره مجلس نورنبرج فى عام ١٥٢٢م عن ثروة الكنيسة وممتلكاتها، وكان من أسباب تجمع الثروة الضخمة فى يد الكنيسة: الأموال التى كان يوصى بها المتوفون للكنيسة عند وفاتهم - كانت أموال الكنيسة بعيدة عن سرقات اللصوص والجنود والحكومات - كان الذين يشتركون فى الحروب الصليبية ضد المسلمين يتنازلون عن أراضيهم أو يرهنونها عند الهيئات الدينية - كانت مئات الآلاف من الأفدنة تؤول إلى الكنيسة لأن طوائف الرهبان هى التى أصلحتها ، وكان كل ما تملكه الكنيسة لا يمكن أن يؤول إلى غيرها ، كما أن أموال الكنيسة معفاة من الضرائب ومن المصادرة التى كان يقوم بها الملوك .

ومن المآخذ على الكنيسة أيضا وكانت سببا فى الثورة عليها : أن المناصب الكنسية لم تكن تشغل إلا بالرشاوى الضخمة ، وخاصة المناصب العليا ، مثل الكرادلة . وكان البابا‌وات يبيعون مناصب الكنيسة ، ويحددون لها الأسعار ، وينشئون مناصب جديدة تدر علهم دخلا جديدا .

ومن المآخذ الأخرى على الكنيسة فساد أخلاق رجال الدين ، وجاء فى كتب قصة الحضارة كتابات كثيرة عن فساد رجال الدين مثل تعاطى الخمور واتخاذ العشيقات «وكان للألوف من القساوسة حظايا ، وفى ألمانيا كان لهم كلهم تقريبا، وفى روما كان هذا هو الأمر المتبع المألوف . وتقدر بعض التقارير عدد العاهرات فيها بسبعة آلاف من بين السكان الذين لم يكونوا يزيدون عن مائة ألف ... ذلك أن

(١) ويل ديورانت ، قصة الحضارة، كتاب رقم ٢٢ ، ترجمة د . عبد الحميد يونس ، اختارته وأنفقت عليه الإدارة الثقافية ، جامعة الدول العربية ، (ما يؤخذ على الكنيسة) ، ص ٣٥ ، الفصل الخامس .

لدينا أدلة تبينها الوثائق عن فساد أخلاق القساوسة فى كل بلد تقريبا من بلدان شبه الجزيرة الإيطالية »[١] .

ونفس التهمة كررها أرازمس بعد مائة عام من ذلك الوقت ، فقال : « إن أديرة الرجال والنساء قلما تختلف عن المواخير العامة »[٢] .

ومن المآخذ على الكنيسة أيضا بيع صكوك الغفران وعدم خضوع رجال الكهنوت لقوانين الدولة ، وكانت المحاكم الكنسية تتولى محاكمتهم باللين .

ومن المآخذ على الكنيسة أيضا محاكم التفتيش والفظائع الغريبة التى قامت بها،وكان المتأثرون بأفكار ابن رشد من ضحايا هذه المحاكم ، وقد قرر مجمع لاتران سنة ١٥٠٢م أن يلعن كل من ينظر فى فلسفة ابن رشد ، وطفق الدومنيكان يتخذون من ابن رشد ولعنه ولعن من ينظر فى كلامه شيئا من الصناعة والعبادة[٣] .

وقد نادى كثير من الكتاب والمفكرين بإصلاح الكنيسة ، أمثال : ارازمس وكوليت ومـور وبوديه ، كما أن بعض الباباوات حاولوا إصلاح الكنيسة ، ولكن الكرادلة ورجـال الإدارة الباباوية هزموا أولئك الباباوات ، ولقد شكى البابا ليو العاشر نفسه عام ١٥١٦م من إخفاق هذه المحاولات .

لم تجد المحاولات وقامت الثورة الدينية بقيادة لوثر وكلفن فى أوائل القرن السادس عشر الميلادى ، وبدأت حروب طاحنة تجتاح كل أوروبا ، وانقسم العالم المسيحى إلى مذاهب وفرق ، وأصبحت بريطانيا وألمانيا والأراضى المنخفضة واسكندناوة بروتستانتية سلختها حركة الإصلاح البروتستانتى عن بقية أوروبا الكاثوليكية ، وكانت إيطاليا مقسمة إلى عـدة دويلات ، وكانت روما عاصمة البابوية الكاثوليكية.

---

(١) المصدر السابق ص ٤٧ .

(٢) المصدر السابق .

(٣) الإمام الدكتور عبد الحليم محمود ، أوروبا والإسلام ، كتاب : النظام السياسى الإسلامى والفكر الليبرالى ، د . محمد الجوهرى ، دار الفكر العربى ، ١٩٩٣ ، ص ٣٤ .

وكان للفلاسفة والكتاب والمفكرين وقادة الرأى وغيرهم أثر عظيم فى التغيرات الدينية والاعتقادية والثقافية والحضارية التى واكبت الثورة على الكنيسة والحروب الدينية ، وما تبع ذلك من تغييرات على مستوى المجتمعات الأوروبية - وليس على مستوى الأفراد والنخب فقط - مما أدى إلى التحول إلى العلمانية الجزئية والعلمانية الشاملة ، فها هو ميكيافللى يذيع - قبل أن يكتب مارتن لوثر رسالته التصحيحية التى أدت إلى ظهور البروتستانت بأربعة أعوام - يقول : « لو أن الدين المسيحى قد احتفظ به كما صدر عن مؤسسه الأول (يقصد السيد المسيح) لكانت دول العالم المسيحى أكثر اتحادا وأعظم سعادة مما هى عليه الآن ، وليس أدل على ضعفه من أن أقرب الناس إلى الكنيسة الرومانية التى هى صاحبة السلطة العليا فى هذا الدين هم أقل الناس تدينا ، وأن من يمعن النظر فى المبادئ التى يقوم عليها هذا الدين ويرى ما بين هذه المبادئ وبين شعائرها الحاضرة وعباداتها من فرق كبير ، ليحكم من فوره بأن انهيارها أو يوم القصاص منها لآت قريب »[(١)] .

والكاهن جان مسليبه (١٦٧٨-١٧٣٣م) بعد خمسة وخمسين عاما قضاها فى خدمة الكنيسة كتب مخطوطة سماها « عهدى الجديد » ، وأوصى بطبعها بعد وفاته ، ونشر فولتير وديدرو وهولباخ مقتطفات منها سنة ١٧٦٢م وسنة ١٧٧٢م ، ولم تطبع كاملة إلا فى سنة (١٨٦١-١٨٦٤م) ، وكانت هجوما قاسيا على المسيحية ونقدا عنيفا للكنيسة ورجالها ، وقد شكك الكاهن جان مسليبه فى نسب السيد المسيح عليه السلام واختلاف إنجيل متى ولوقا فى ذلك ، وشكك فى نزول هذه الأناجيل من عند الله سبحانه وتعالى ، وشكك فى العهد القديم والعهد الجديد[(٢)] .

---

(١) ويل ديورانت ، قصة الحضارة ، رقم ٢٢ ، ترجمة عبد الحميد يونس ، ص ٣٨ .
(٢) ويل وإيريل ديورانت ، قصة الحضارة ، رقم ٣٨ ، ص ١٠ ، ترجمة محمد على أبو درة ، مراجعة على أدهم ، اختارته وأنفقت على ترجمته المنظمة العربية للتربية والثقافة والعلوم بجامعة الدول العربية ، القاهرة ، ١٩٨٣ م .

وها هو رينان يقول :« إن السيد المسيح لم يكن إلها ولا ابن إله ، وإنما هو إنسان يمتاز بالخلق السامى وبالروح الكريمة »[١] .

واسبنوزا يقرر أن الكتب المقدسة المسيحية لم تكتب بأيدى المؤلفين الذين نسبت إليهم[٢] .

ويعتبر القرن الثامن عشر الميلادى هو قرن الفلسفة والإلحاد فى أوروبا ، فقد كان أغلب الفلاسفة فى فرنسا وفى بعض الدول الأوروبية من المعادين للمسيحية ، وكان لامترى وفولتير وديدرو ودالمبيرث وجريم وهلفشبوس ودى هولباخ من فلاسفة فرنسا الملحدين والمعادين للمسيحية ، وكذلك كانت آراء الفلاسفة الآخرين والمفكرين فى معظم البلاد الأوروبية تعادى المسيحية والكتاب المقدس ولا تؤمن إلا بالعقل بديلا عن الدين.

وكانت آراء وكتابات مونتانى وجاسندى ومونتسكيو وديكارت فى شكه المنهجى وتفسيره الآلى للعالم الموضوعى وبيل وشكوكه وقاموسه الذى أصبح معينا لا ينضب يغترف منه المتشككون ، كما كانت آراء بعض المتشككين من المفكرين والكتاب والعلماء الإنجليز أمثال دعوة فرنسيس بيكون إلى العلم الاستقرائى وآراء نيوتن اللاهوتيه وآراء لوك - وهو الذى ساهم فى تكوين الفكر الليبرالى الحديث - المعادية للدين ، وآراء كثيرة أخرى لا تؤمن بالكتب المقدسة ولا بالدين المسيحى تجتاح أنحاء أوروبا .

وكان الفلاسفة الفرنسيين الملحدين نتاجا خاصا فكانوا واضحين فى أفكارهم، يتحدثون إلى الناس بلغة يفهمونها ، وكانوا أدباء وشعراء يعبرون عن

(١) ويل وإيريل ديورانت و قصة الحضارة رقم ٣٨ ، ص ١٠ ، ترجمة محمد على أبو درة ، مراجعة على أدهم ، اختارته وأنفقت على ترجمته المنظمة العربية للتربية والثقافة والعلوم بجامعة الدول العربية ، القاهرة ، ١٩٨٣ م .
(٢) المصدر السابق .

أفكارهم بلغة الأدب والشعر بطرق بسيطة سهلة وعميقة فى ثوب أدبى شيق مسـل ، سواء كان قصة متبلة بالفحش أو سخرية لاذعة يقصد بها الهجاء وعدم الرضا أو حكمة بطريقة معـبرة أو موضـوعات قصـيرة ، وفى كثـير مـن الأحيـان وجهـوا مؤلفـاتهم لشـهيرات النسـاء والشخصيات الهامة.

وقد أضفى ذلك على الإلحاد سحرا وفتنة مما كان له أثره العميق فى زرع الشك والإلحاد فى جذور الفكر الأوروبى الحديث وفى نفوس الأفراد والشعوب .

وكانت أحاديث الفلاسفة فى صالونات باريس لها دوى هائل فى كل أوروبا حيـث يتناقلهـا الناس ويناقشون كل ما جاء بها من أفكار ، ومـن ثم أصبحت تلك الفلسفة الإلحادية قوة اجتماعية انتقلت من المدارس إلى المجتمع والحكومة وأسهمت فى الصراع بـين الـدول وتناقلتهـا الأنباء .

كانت أنباء الفلاسفة المتشككين فى فرنسا من الموضوعـات المطلوبـة فى كـل أوروبـا لمعرفة آخر النظريات والآراء.

وانتشرت مؤلفات فلاسفة الإلحاد فى إنجلترا وإيطاليا وإسبانيا وألمانيا وروسيا وغيرهـا مـن دول أوروبا .

وكان الملوك فى أوروبا يفاخرون بأنهم من الفلاسفة مثل : فريدريك الأكبر وكاترين قيصرة روسيا .

وكان لاختراع آلة الطباعة بواسطة جوتنبرج أثر كبير فى انتشار آراء فلاسفة الإلحاد فى كـل أوروبا [١].

وكانت الـدعوة لتحرير العقـل فى أوروبا تعنى تحريره مـن الكتـاب المقدس وتعـاليم الكنيسة وكهنوتها - فى زعمهم - وأصبحت دعوتهم بتحرير العقل

(١) ويل وإيريل ديورانت ، قصة الحضارة ، رقم ٣٨ ، ص ١٠ ، ترجمة محمد على أبو درة ، مراجعة على أدهم ، اختارته وأنفقت على ترجمته المنظمة العربية للتربية والثقافة والعلوم بجامعة الدول العربية ، القاهرة ، ١٩٨٣ م .

والإعلاء من شأنه بمثابة وحى جديد عوضا عن الكتاب المقدس وتعاليم الكنيسة وطالبوا بالسيادة والسيطرة على كل المجالات والميادين ، فطالبوا بإصلاح التعليم والأخلاق والأدب والاقتصاد والسياسة ، وعلوم الاجتماع وتحرير كل المعارف الإنسانية من تعاليم الكتاب المقدس وتعاليم الكنيسة[1] .

وأصبحت حركة التنوير التي نادت بتحرير العقل من تعاليم الكنيسة والكتاب المقدس ، حركة واسعة الانتشار عميقة الأثر على مستوى الأفراد والشعوب والمجتمعات فى أوروبا ، وأصبحت تعرف بحركة عصر التنوير الأوروبي.

واعتبروا عصر التنوير الأوروبي هو قمة الفكر العقلانى بعد عصر- النهضة وعصر- الإصلاح الدينى .

وعملت القوى الاجتماعية وازدياد الثروة بعد اتساع المستعمرات ، وما تجلبه من أموال على الانحلال والتسابق على تحقيق اللذة والمتعة المخالفة للمعتقدات الدينية ، وكان أغلب الملوك فى أوروبا يحتفظون بخليلات[2] .

واحتلت مدام بمبادور - التى اعتبرها فولتير واحدة منهم - مكان السيدة العذراء فى قلوب الناس .

وانتشرت المطبوعات المعادية لرجال الدين المسيحى انتشارا ذريعا فى الأقاليم ، وانتشر- الإلحاد والسخرية من رجال الدين المسيحى بين العامة فى مقاهى باريس ، بل إن عدوى الشك والإلحاد انتقلت إلى رجال الدين المسيحى أنفسهم أمثال القساوسة تورنى وفوشيه وموري ودى بولونى[3] .

(١) ويل وإيريل ديورانت ، قصة الحضارة ، رقم ٣٨ ، ص ١٠ ، ترجمة محمد على أبو درة ، مراجعة على أدهم ، اختارته وأنفقت على ترجمته المنظمة العربية للتربية والثقافة والعلوم بجامعة الدول العربية ، القاهرة ، ١٩٨٣ م .

(٢) المصدر السابق .

(٣) المصدر السابق .

وانتشرت بين الناس الأخلاق الإلحادية الجديدة التى سموها الأخلاق الطبيعية المستقلة عن اللاهوت والفكر الدينى المسيحى ، وحلت قضية الإخلاص للجنس البشرى محل عبادة الله ومريم والقديسين[1] فى العقيدة المسيحية .

وكتب جريم ومايلى ودى هولباخ وسانتا لامبير كتيبات تفسر الأخلاق الطبيعية الجديدة للأطفال وتحض على الإلحاد وتحض على حب الذات ، وأن كل اللذات مجازة ومسموح بها ، كما تدعو هذه الكتيبات إلى استعمال العقل ونبذ المعتقدات الكهنوتية الكنسية[2] ، ولكن ظلت هناك مشكلة تواجه الفكر الأوروبى وهى مشكلة اعتبرها الفلاسفة والكتاب والمفكرون والعلماء مرهقة ومحيرة ومعلقة - لم يهتدوا إلى حل لها - وهى :

كيف يكتب البقاء لدولة دون ديانة تدعم النظام الاجتماعى وتحفظه من التحلل والفساد ؟[3].

وبدأ هذا الاعتقاد اللادينى المادى الجديد - الذى يرفض الكتاب المقدس والمسيحية ، والذى تبلور منذ القرن السادس عشر الميلادى - يتنامى وينتشر بين أفراد الشعوب والمجتمعات الأوروبية .

وقد أطلق اسم العلمانية على هذا المعتقد اللادينى الذى لا يعترف إلا بالعقل وبكل ما هو منظور ومحسوس ولا يعترف بكل ما هو غيب .

وقد أطلق اسم العلمانية على هذا المعتقد اللادينى منذ القرن السادس عشر الميلادى ، وبدأت التغييرات العلمانية تشمل المجتمعات الأوروبية لتحولها إلى

(1) ويل وإيريل ديورانت ، قصة الحضارة ، رقم ٣٨ ، ص ١٠ ، ترجمة محمد على أبو درة ، مراجعة على أدهم ، اختارته وأنفقت على ترجمته المنظمة العربية للتربية والثقافة والعلوم بجامعة الدول العربية ، القاهرة ، ١٩٨٣ م .
(2) المصدر السابق.
(3) المصدر السابق ، ص ٢٥١ ، تحت عنوان : الأخلاقيات الجديدة .

مجتمعات علمانية شاملة فى القرنين الثامن عشر والتاسع عشر الميلادى ، وقد أطلق الدكتور عبد الوهاب المسيرى اسم العلمانية الجزئية على المراحل الأولى أو التحولات الأولى ، والتى يعبر عنها بفصل الكنيسة عن الدولة ، والكنيسة هنا تعنى «المؤسسات الكهنوتية » عموما . أما الدولة فتعنى « مؤسسات الدولة عموما » ، ويوسع البعض هذا التعريف ليعنى فصل الدين عن الدولة بمعنى الحياة العامة[١].

وأطلق الدكتور عبد الوهاب المسيرى اسم العلمانية الشاملة على التحولات الأخيرة من تطور العلمانية فى أوروبا . وعن العلمانية الشاملة يقول : « ويمكن أن نسميها أيضا العلمانية الطبيعية / المادية أو « العلمانية العدمية » ، وهى رؤية شاملة للكون بكل مستوياته ومجالاته ، لا تفصل فقط الدين عن الدولة وعن بعض جوانب الحياة العامة ، وإنما تفصل كل القيم الدينية والأخلاقية والإنسانية عن كل جوانب الحياة العامة فى بادئ الأمر ، ثم عن كل جوانب الحياة الخاصة فى نهايته إلى أن يتم نزع القداسة تماما عن العالم (الإنسان والطبيعة) ، وهى شاملة تشمل كل من الحياة العامة والخاصة والإجراءات المرجعية .

و العالم من منظور العلمانية الشاملة - شأنها فى هذا شأن الحلولية الكمونية المادية - مكتف بذاته وهو مرجعية ذاته ، عالم متماسك بشكل عضوى ولا تتخلله أية ثغرات ولا يعرف الانقطاع أو الثنائيات ، خاضع لقوانين واحدة كامنة فيه لا تفرق بين الإنسان وغيره من الكائنات ، فهو عالم يتسم بالواحدية المادية الصارمة - وهذه كلها صفات الطبيعة/ المادة - وأن كل الأمور مادية نسبية متساوية لا قداسة لها »[٢] .

(١) د . عبد الوهاب المسيرى ، العلمانية الجزئية والعلمانية الشاملة ، المجلد الثانى ، دار الشروق .
(٢) المصدر السابق .

٤- هل العلمانية معتقد وثقافة وحضارة جديدة للغرب ؟ وهل تسير نحو الانهيار؟

بخصوص السؤال الأول :

(أ) هل العلمانية معتقد وثقافة وحضارة جديدة للغرب ؟

فقد رأينا فيما سبق كيف تحولت معتقدات الأفراد والشعوب والمعتقدات الأوروبية إلى العلمانية ، وخاصة فى القرنين الثامن عشر والتاسع عشر الميلادي.

ونتيجة لذلك ، فإن الإنتاج الثقافى والإنتاج فى مجال الحضارة وجوانب الحياة المختلفة للمجتمعات الأوروبية ، أصبحت تحمل المفاهيم العلمانية المادية ، وترفض كل ما هو دينى وكل ما هو مقدس بل تعاديه على طول الخط .

وإذا تتبعنا عدة ألفاظ ظهرت فى أوروبا فى الفترة الممتدة من العقود الأخيرة للقرن الثامن عشر إلى منتصف القرن التاسع عشر الميلادي ، وما تدل عليه هذه الألفاظ من تغييرات فى حياة وفكر المجتمعات الأوروبية ، سوف يتضح لنا أن العلمانية تعتبر بمثابة اعتقاد جديد ودين جديد للمجتمعات الأوروبية . لقد ظهرت عدة ألفاظ جديدة أو ألفاظ تحمل مفاهيم جديدة بديلا عن المفاهيم القديمة ، مثل : ثقافة ، صناعة ، فن ، طبقة ، ديموقراطية ، أيديولوجية، فكرى ، اتجاه عقلى ، إنسانى ، عالم ، من أنصار مذهب المنفعة،رومانسية ، بيروقراطية ، رأسمالية ، شيوعية ، اشتراكية ، جماعية ، تجارية ،...... إلخ .

هذه الألفاظ الجديدة - فى لفظها ومعناها - أو القديمة التى تغير معناها إلى معنى جديد بدلا من المعنى القديم[1]، تمثل مرحلة العلمانية الشاملة التى سيطرت على الأفراد والشعوب والمجتمعات والحكومات الأوروبية .

---

(١) ريموند وليامز ، الثقافة والمجتمع ، ١٧٨٠ - ١٩٥٠م ، ترجمة وجيه سمعان ، مراجعة محمد فتحى ، الهيئة المصرية العامة للكتاب ، ١٩٨٦م .

وكل باحث يتتبع تلك الألفاظ الجديدة أو القديمة والمعانى الجديدة التى اكتسبتها سوف يكتشف بمنتهى الوضوح أن هذه الألفاظ والمعانى تعبر عن التغييرات العريضة للحياة والفكر فى أوروبا ، وهى التغييرات التى أحدثتها العلمانية فى جميع جوانب الحياة الأوروبية المختلفة وهى تغييرات تناقض وتناهض المعتقدات المسيحية فى أوروبا .

فإذا أخذنا لفظة ثقافة Culture مثلا نجد أن هذه اللفظة قبل العقود الأخيرة من القرن الثامن عشر الميلادى ، كان معناها فى أوروبا هو اتجاه النمو الطبيعى (للنبات) ، ولكن معناها تغير عبر عدة مراحل وعبر عدة مفاهيم لها حتى أصبحت هناك تعريفات عديدة لها ، وقد أحصى كروبير وكلوكهون سنة ١٩٥٢م ما يزيد عن ١٦٤ تعريفا للثقافة[(١)] . وذكر البعض ٢٠٠ تعريف لها حاليا .. ما هو السبب فى ذلك؟

لماذا كان هناك هذا العدد الكبير من التعريفات للثقافة فى أوروبا وأمريكا ، ولم يستقروا على تعريف واحد ؟

لماذا كانت هناك تعريفات عديدة للثقافة فى أوروبا ؟

بعد سيطرة العلمانية وسيادتها على المجتمعات الأوروبية أصبحت المعتقدات المادية اللادينية هى المسيطرة على الحياة والفكر والسلوكيات والمفاهيم فى المجالات السياسية والاقتصادية والاجتماعية والتعليمية وعلى جميع شئون حياة المجتمع الأوروبى .

كان كثير من المفكرين فى أوروبا فى تلك الفترة يشعرون أن هناك شيئا ما ينقصهم ويريدون الحصول عليه ، شىء لا يعرفون اسمه، كان إدموند بيرك ووليام

(١) نصر محمد عارف ، الحضارة . الثقافة . المدنية ، والدار العالمية للكتاب الإسلامى ، والمعهد العالمى للفكر الإسلامى .

كوبيت ، وروبرت سوزي، وروبرت أوين ، وبليك، وورد زورت ، وكلوردج ، وبيرون ، وشيلى ، وكيتس ، ومل وبنتام ، وتوماس كارليل ، ونيومان ، وماثيوا أرنولد ، ومالوك ، وجورج جيسنج ، ولورنس ، وتونى ، وإليوت ، وجورج أرويل[1] .

فهؤلاء المفكرون وغيرهم بدأوا مشوارا طويلا للبحث عن هذا الشيء الذى ينقصهم ولا يعرفون اسمه أو مفهومه ، وأخذ كل منهم يبنى على ما يتوصل إليه الآخر حتى تم التوصل إلى الاسم والمفهوم الذى تحمله لفظة ثقافة Culture .

فالعلمانية أصبحت بمثابة دين جديد وثقافة جديدة وحضارة جديدة تصبغ جميع جوانب الحياة فى أوروبا - حتى الدين المسيحى نفسه - بمفاهيمها ومعطياتها .

ومحاولات بلورة اسم ومعنى الثقافة فى أوروبا بعيدا عن الدين المسيحى هو الذى أوجد التعريفات العديدة الملتبسة ، فالعلمانية كمعتقد هى سبب هذا الانسياح الفكرى .

وهذا لا ينفى أن بعض الاتجاهات الثقافية فى أوروبا فى أواخر القرن التاسع عشر والنصف الأول من القرن العشرين جعلت من الدين المسيحى جزءا أو عنصرا من العناصر المكونة للثقافة العلمانية ، فقد جاء تعريف عالم الأنثروبولوجيا البريطانى إدوارد تيلور للثقافة - ليجعل الدين المسيحى جزءا من الثقافة العلمانية وليست العلمانية جزءا من الدين المسيحى .

أما الإسلام فإنه يشمل جميع جوانب الحياة بما فيها الثقافة والحضارة .

وإذا نظرنا إلى الإنتاج الثقافى والإنتاج فى مجال الحضارة ، فإننا سوف نجد تصديقا لما ذكرناه من التحول إلى العلمانية فى جميع المجالات فى أوروبا .

(١) ريموند وليامز ، الثقافة والمجتمع ، ١٧٨٠ - ١٩٥٠م ، ترجمة وجيه سمعان ، مراجعة محمد فتحى ، الهيئة المصرية العامة للكتاب ، ١٩٨٦م .

فالإنتاج الثقافى والفكرى والفلسفى لمئات من الكتاب والفلاسفة والمفكرين طوال القرن التاسع عشر والنصف الأول من القرن العشرين كان يحمل مفاهيم علمانية إلحادية ، والعدد القليل الذى كان يؤمن بالله - جل فى علاه - كان إما أنه يؤمن بالله ولا يؤمن بالمسيح والكتاب المقدس ولا بالأديان الأخرى أو أنه كان يؤمن بالله ولا يؤمن بالرسل والرسالات أو كان يخلط الإيمان بالله - سبحانه وتعالى - بمعتقدات هندوسية أو بوذية أو زرادشتية ، مثل : الحلول والاتحاد أو كان متقلبا بين المادية والروحية أو ينادى بالرجوع للدين.

ففى ألمانيا كان هناك هيجل (١٧٧٠-١٨٣١م) وشبنهور (١٧٨٨-١٨٦٠م) وشلنج (١٧٧٥-١٨٥٤م) وفشته (١٧٦٢-١٨١٤م) ، وفويرباخ (١٨٠٤-١٨٧٢م) وماركس (١٨١٨-١٨٨٣م) ، ونيتشة (١٨٤٤-١٩٠٠م) .

ومن فرنسا أوجست كونت (١٧٩٨-١٨٥٧م) وسان سيمون (١٧٦٠-١٨٢٥م)، ولاروفيجير (١٧٥٦-١٨٣٧م) وكولر (١٧٦٣-١٨٤٣م) ، وفكتور كون ان (١٧٩٢-١٨٦٧م) وأميرليزى (١٨٠١-١٨٨١م) ، وأرنست رينان (١٨٢٣-١٨٩٢م) وايبدليت تين (١٨٢٨-١٨٩٣م) وأميل فاتسرو (١٨٢٠-١٨٩٧م).

وفى إنجلترا بنتام (١٧٤٨-١٨٣٢م) ، وجيمس ميل (١٧٧٣-١٨٣٦م) وكولريدج (١٧٧٢-١٨٣٤م) ، وكارليل (١٧٩٥-١٨٨١م) ووليم هملتون (١٧٨٨-١٨٥٦م) ومنسل (١٨٢٠-١٨٧١م) ، وجون ستيوارت مل (١٨٠٦-١٨٧٣م) وداروين (١٨٠٩-١٨٨٢م) وسبنسر (١٨٢٠-١٩٠٣م) ، ونيومان (١٨٠١-١٨٩٠م) وتوماس هل جرين (١٨٣٦-١٨٨٢م) وسترلنج (١٨٢٠-١٩٠٩م) .

والأمريكيان بيرس ووليم جيمس (أول من أرسى دعائم الفلسفة البرجماتية الأمريكية).

وفى القرن العشرين نجد أن الغالبية العظمى - إن لم يكن كل المشهورين من المفكرين والفلاسفة والأدباء والشعراء والفنانين التشكيليين والفنانين فى المجالات المختلفة - يعتبرون من العلمانيين الذين يقفون من المسيحية والكتاب المقدس موقفا معاديا .

على أنه يوجد بعض المفكرين والفلاسفة يؤمنون وينادون بالعودة إلى الكتاب المقدس والدين المسيحى ، مثل المفكر الدنماركى كير كجارد (١٨١٣-١٨٥٥م) . فقد دافع عن المسيحية والإيمان بها ، وعن التمييز بين الإيمان المسيحى وأنواع الإيمان الأخرى ، سواء الفلسفية المتمثلة فى الدين الطبيعى أو دين العقل أو الدين الإنسانى ، وكان يعارض الإلحاد[١] .

وإذا نظرنا إلى جوانب الحياة المختلفة للمجتمعات الأوروبية والأمريكية نجدها كلها تحمل الصبغة العلمانية والمفاهيم العلمانية والقواعد والنظم الاجتماعية العلمانية ، فى مجال : الأسرة والمعاملات والسلوكيات والحياة العامة والنواحى الاقتصادية والسياسية الليبرالية العلمانية والنواحى الثقافية والمفاهيم الثقافية الحضارية العلمانية .

كما أن دساتير الدول الغربية تنص على أن هذه الدول علمانية .

وفى خطابات رؤساء الدول الغربية والسياسيين وقادة الرأى ، وفى وسائل الإعلام يتكرر دائما أنهم مجتمعات علمانية .

والولايات المتحدة الأمريكية - والتى تنتشر فيها الحركات الإحيائية والأصولية البروتستانتية الآن - لها دستور علمانى ينص على أن الدولة علمانية ، ومؤسسات الدولة وهيئاتها ومنظماتها علمانية ، ونظمها وقواعدها الاجتماعية علمانية، والنظام السياسى والاقتصادى ليبرالى علمانى ....

---

(١) زكريا فايد ، العلمانية .. النشأة والأثر فى الشرق والغرب ، الزهراء للإعلام العربى .

والأصولية الأمريكية فى هجومها على العلمانيين الآن تعتبر أن العلمانية هى ديانة الليبراليين[1] .

(ب) هل تسير العلمانية نحو الانهيار ؟

بعد الحرب العالمية الأولى بدأ موقف الدولة والأفراد فى أوروبا يتغير قليلا تجاه الدين ، حيث عادت السلطة الزمنية للكنيسة الكاثوليكية عام ١٩٢٩م ، بإعادة دولة الفاتيكان كوحدة سياسية ، بعد أن أدمجت الولايات البابوية فى مملكة إيطاليا عام ١٨٧٠م ، كما أنه سمح بقيام أهداف سياسية مسيحية فى أكثر من دولة من دول الغرب[2] .

ولكن التغير الحقيقى فى الاتجاه نحو الدين جاء من الولايات المتحدة الأمريكية .

ومع أن الحرب العالمية الأولى والثانية وما صاحبها من فظائع وملايين القتلى - وهو ما لم يحدث مثيل له فى التاريخ - كان لها آثارها فى مراجعة أطروحات ومعطيات ومفاهيم العلمانية ، إلا أن الولايات المتحدة الأمريكية كان لها الريادة فى هذا المجال ، ويرجع ذلك إلى عدة أسباب ، وأهمها هى الأسباب التاريخية التى تتمثل فيما يلى :

احتلت بريطانيا أمريكا الشمالية مدة ١٧٦ عاما ، وامتدت حرب التحرير الأمريكية ضد الاحتلال البريطانى مدة ٦ سنوات، وانتهت برحيل بريطانيا عام ١٧٨٣م بعد توقيع معاهدة أنهت الحرب بينهما .

(١) د . محمد عارف ، صعود البروتستانتية الإيفانجلكية فى أمريكا وتأثيره على العالم الإسلامى ، ترجمة رانية خلاف ، مكتبة الشروق الدولية .

(٢) زكريا فايد ، العلمانية .. النشأة والأثر فى الشرق والغرب ، الزهراء للإعلام العربى .

خاضت أمريكا الحرب ضد بريطانيا وكانت الولايات الأمريكية لم تتحد بعد ، وكنتيجة للحرب وجدت الولايات أهمية الاتحاد بينها وإقامة سلطة مركزية ، ووضع دستور دائم للولايات الثلاث عشرة آنذاك وقد تم قيام الاتحاد عام ١٧٨٩م [١].

كان البروتستانت يشكلون أوائل المهاجرين إلى أمريكا في زمن الاحتلال البريطاني ، وكانوا يمثلون الأغلبية المطلقة من المستوطنين ، فنشأت عائلات أمريكية بروتستانتية أكثر ثراء واستحواذا على الثروة في أنحاء أمريكا وخلفوا أحفادا يملكون الثروة والسطوة والنفوذ ، وقد حافظوا على المظاهر المسيحية فلم تتغير أمريكا في الناحية الدينية مثل أوروبا في القرن التاسع عشر الميلادي [٢].

كما أن الظروف الداخلية التي مرت بها أمريكا بعد تحررها من بريطانيا ساعدت على المحافظة على التمسك بالمظاهر الأصولية البروتستانتية ، ففي الحرب الأهلية الأمريكية (١٨٦١- ١٨٦٥م) كان الشماليون يعتبرون تقدم جيوش الاتحاد كأنها تقدم مملكة المسيح، وكانوا ينشدون: « عندما رأت عيناي مجد مجيء الرب » [٣].

هذه الظروف التي مرت بها أمريكا كانت السبب في عدم تشدد العلمانيين في المجتمع الأمريكي ، كما كانت السبب في نمو الاتجاهات البروتستانتية المحافظة والأصولية في مواجهة العلمانية المسيطرة على الثقافة والدولة والسياسة والمجالات الأخرى وجميع نواحي الحياة المختلفة .

---

(١) آلان نيفنز وهنري استيل كوماجر ، موجز تاريخ الولايات المتحدة الأمريكية ، ترجمة محمد بدر الدين خليل .

(٢) جورج م . مارسدن ، كيف نفهم الأصولية الأمريكية والإيفانجلكية ؟ ، ترجمة نشأت جعفر ، مكتبة الشروق الدولية

(٣) المصدر السابق .

و الظروف المحلية التى مرت بها أمريكا والتى ذكرناها سابقا يمكن إجمالها فى :

(أ) مجتمع أمريكى وليد لم يشهد الثورة على الكنيسة والحروب الدينية التى مرت بها أوروبا ، فلم يتعرض للمعاناة الشديدة التى حدثت فى أوروبا .

(ب) انشغال المجتمع الأمريكى الوليد بحرب الاستقلال عن بريطانيا وبعملية توحيد الولايات الأمريكية ، ووضع الدستور الاتحادى بعد رحيل بريطانيا عن أمريكا .

(جـ) الحرب الأهلية الأمريكية التى امتدت أربعة أعوام (١٨٦١-١٨٦٥م) .

(د) كانت هناك عائلات أمريكية ذات ثراء عريض ونفوذ اقتصادى وسياسى تميل للدين .

(هـ) المهاجرون الإنجليز الأوائل من البيورتناز الذين سكنوا نيو إنجلاند .

كانت هذه من أهم الأسباب التى جعلت المجتمع الأمريكى يبدو مختلفا عن المجتمعات الأوربية فى المعتقدات وبعض مجالات الثقافة والحضارة ونواحى الحياة المختلفة ، والتى أهلته لأن يكون سباقا فى عملية الإحياء الدينى قبل الدول الأوروبية .

كانت الحركة الإحيائية الأمريكية والإنجليزية قد أطلق عليها اسم الإنجيليون (الايفانجليكيون) [١] . منذ القرن الثامن عشر والتاسع عشر.

وقد نمت الإنجيلية (الإيفانجليكية) ، ووصل تأثيرها فى أمريكا - بوصفها أسلوبا فى الحياة ، كما هى مجموعة من العقائد البروتستانتية المتعلقة بالكتاب المقدس والخلاص بالمسيح - إلى جميع الطوائف الأمريكية البروتستانتية [٢] . ويطلق على الإنجيليين أحيانا اسم المحافظين .

(١) الإيفانجليكى من الكلمة اليونانية التى تعنى الإنجيل .
(٢) جورج م. مارسدن ، كتاب: كيف نفهم الأصولية الأمريكية والإيفانجليكية ؟، ترجمة نشأت جعفر.

وبجانب هؤلاء الإنجيليين كان هناك « اللاهوتيون الليبراليون الذين كانوا على استعداد من أجل الحفاظ على الكتاب المقدس خلال العصر الحديث ، لأن يدخلوا التعديل على بعض العقائد الإنجيلية المحورية مثل مصداقية الكتاب المقدس أو الخلاص فقط ، من خلال تضحية السيد المسيح المكفرة لخطيئة الإنسان»[١] .

وكان هناك الجناح المتشدد من الإنجيليين الذي ظهر سنة ١٩٢٠م والمسمى بالجناح المقاتل من الإنجيليين والذى أطلق عليه اسم الأصوليون[٢] . والذين قاتلوا اللاهوتيين الليبراليين فى كنائسهم ، وإذا كانت الأصولية تطلق على صنف من المقاتلين البروتستانت فإن الإنجيلية تضم تحالفا فى تنوع أكبر .

لقد كانت للأزمة الثقافية التى حدثت فى ستينيات القرن العشرين أثرها العميق فى الاعتقاد الدينى .

وهذه الأزمة فى حقيقتها أزمة روحية ، فقد أكدت هذه الأزمة أن المثل والمفاهيم والاعتقادات (اللادينية) التى تمثل المفاهيم والمعتقدات العلمانية هى خواء[٣] .

وفى أوائل السبعينيات من القرن العشرين أصبح الدين - من أى نوع - مقبولا فى الساحات إلى مدى لم يكن من الممكن التفكير فيه فى نهايات خمسينيات نفس القرن[٤] .

ومع أن الإنجيليين لم يكونوا فى الصفوف الأولى من الحركات الدينية الأخرى إلا أنهم كانوا يمتلكون شبكة من المنظمات القائمة بالفعل ، والتى كانت على استعداد لاستيعاب وتوجيه المتحمسين الجدد (الإنجيليون الجدد) .

(١) جورج م . مارسدن ، كتاب : كيف نفهم الأصولية الأمريكية والإيفانجليكية ؟، ترجمة نشأت جعفر .
(٢) المصدر السابق .
(٣) المصدر السابق .
(٤) المصدر السابق .

وقد استغل الإنجيليون هذه الشبكات الإعلامية والدعوية والتبشيرية حتى زاد عدد الإنجيليين الجدد - أو المحافظين الجدد - زيادة كبيرة .

وكان نجاح الرئيس الأمريكي جيمى كارتر فى الانتخابات بوصفه من المحافظين مؤشرا على التنوع الذى كان يسود تلك الحركات الجديدة ، الذى وصل فيه أعضاؤها إلى أربعين أو خمسين مليونا[١] .

وقد صعد بوش الابن فى انتخابات عام ٢٠٠٠م بواسطة أصوات الأصوليين .

ومع تصاعد اليمين الدينى الأمريكى الجديد الذى نراه فى الوقت الحالى ، فلنا أن نتساءل مع جورج م. مارسدن : هل هو مؤشر جديد يفجر مرحلة روحية (دينية) جديدة ؟ أى بالعودة للمسيحية.

أو مؤشر جديد بطور من أطوار الدورات المتكررة من التوتر الاجتماعى والروحى ؟

أو هو مؤشر جديد بآخر الأنفاس الصادرة من النظام العلمانى القديم ؟[٢] .

أى بانهيار العلمانية والعودة للمسيحية .

والمشكلة لا زالت مستمرة فالعلمانيون لا يزالون يرفضون ويهاجمون ما جاء فى الكتاب المقدس ويعتبرونه غير مقبول عقليا ، والإحيائيون يتهمون العلمانيين أنهم اتخذوا العلمانية دينا لهم .

و الكل لازال تحت مظلة الدستور العلمانى الأمريكى والقوانين العلمانية والمفاهيم والمعطيات الثقافية والحضارية العلمانية .

* * *

(١) جورج م . مارسدن ، كتاب : كيف نفهم الأصولية الأمريكية والإيفانجليكية ؟، ترجمة نشأت جعفر .
(٢) المصدر السابق .

خلاصـــــة

التغيير فى الدين والكتب المقدسة يؤدى إلى انهيار الثقافة والحضارة التى قامت عليه:

١ - عندما أدخل عمرو بن لحى عبادة الأصنام على ديانة إبراهيم - التى كانت تدين بها قريش وبعض القبائل العربية الأخرى - انتشرت عبادة الأصنام ، وعندما جاء الإسلام قضى على عبادة الشرك والمشركين تماما فى الجزيرة العربية وما صاحبها من طقوس وسلوكيات وثقافات شركية وحل محلها الإسلام ، وبذلك انهارت ديانة وثقافة وحضارة المشركين .

والمسلمون على ملة إبراهيم عليه السلام ، يقول تعالى : ﴿ **وَمَنْ أَحْسَنُ دِينًا مِّمَّنْ أَسْلَمَ وَجْهَهُۥ لِلَّهِ وَهُوَ مُحْسِنٌ وَٱتَّبَعَ مِلَّةَ إِبْرَٰهِيمَ حَنِيفًا ۗ وَٱتَّخَذَ ٱللَّهُ إِبْرَٰهِيمَ خَلِيلًا** ﴾[١] .

٢ - جاءت آيات قرآنية عديدة تبين تحريف الكتب المقدسة لليهود والنصارى وتغيير فى ديانتهم ، وذكرنا بعضا من هذه الآيات القرآنية الكريمة .

قامت الحضارة المسيحية فى العصور الوسطى فى أوروبا منذ القرن الرابع الميلادى ، واستمرت حتى القرن الخامس عشر الميلادى على الدين المسيحى .

بعد انتهاء الحروب الصليبية قام هجوم ونقد شديد للدين والكتب المقدسة فى أوروبا ونقد شديد للكنيسة وسلطاتها السياسية والاقتصادية والدينية ، وأدى ذلك إلى ثورة على الكنيسة قادها لوثر وكلفن فى بداية القرن السادس عشر الميلادى ،

(١) النساء : ١٢٥ .

ونتيجة لذلك نشأت البروتستانتية ، وانقسمت أوروبا إلى ديانات عدة ، وقامت الحروب بين الكاثوليك والبروتستانت التى امتدت قرنين أو يزيد .

وصاحب تلك الحروب ثورة من الشك والإلحاد تصاعدت حتى شملت كل أوروبا ، ونتيجة لذلك تغير التعليم والأخلاق والسلوك ، وتغيرت المعتقدات المسيحية إلى معتقدات لا تؤمن بالغيب ولا بما وراء الطبيعة ولا بالأخلاق المسيحية، وأصبح الكتاب المقدس عرضة للشك وعدم الثقة ، وهوجم هجوما عنيفا من كل الكتاب والمفكرين فى كل أوروبا - إلا قلة قليلة - وأصبح رجال الدين محل هزء وسخرية فى كل المنتديات والمجتمعات الأوروبية ، وبذلك قامت العلمانية التى قامت لتناقض وتناهض المسيحية .

واصطبغت كل المفاهيم والمعطيات فى مجال السياسة والاقتصاد والثقافة والحضارة والتربية والتعليم والنواحى الاجتماعية ، وفى جميع مجالات الحياة بالمفاهيم العلمانية، وبذلك قامت العلمانية بمثابة دين جديد وثقافة جديدة وحضارة جديدة للمجتمعات الأوروبية وللمجتمع الأمريكى ، الذى قام بعد هجرة الأوربيين - وبخاصة البروتستانت - إليها فى زمن الاحتلال البريطانى .

فالتغيير فى الدين والكتب المقدسة عند اليهود والنصارى ، كان السبب فى انهيار الحضارة المسيحية .

وبعد الحرب العالمية الأولى والثانية وبعد ما حدث فيها من فظائع وملايين القتلى الذى لم يكن له مثيل فى التاريخ ، بدأت صحوة دينية وخاصة فى أمريكا ، وبدأت حركات الإحياء الدينى الأمريكى تتنامى ، وبعد الأزمة الثقافية فى ستينيات القرن العشرين - وهى فى حقيقتها أزمة روحية - أصبح هناك قبول بكل الأديان فى سبعينيات القرن العشرين .

ونشطت حركات الإحياء البروتستانتية الأمريكية نشاطا كبيرا ، وخاصة حركة الإنجيليين (الإيفانجليكيين) ، وحركة الأصوليين التى كانت قد ظهرت فى عشرينيات القرن العشرين .

وكانت حركة الإنجيليين - رغم أنها لم تكن فى الصفوف الأولى من الحركات الدينية الأخرى - إلا أنهم كانوا يمتلكون شبكة من المنظمات القائمة بالفعل ، والتى كانت على استعداد لاستيعاب وتوجيه المتحمسين الجدد.

وبذلك قامت تلك الحركة الإحيائية الدينية ، والتى كان أساسها هؤلاء المتحمسين الجدد من الإنجيليين البروتستانت - والتى شملت طوائف عدة - وقد أطلق عليهم اسم المحافظون الجدد.

وكانوا سببا فى نجاح بوش الابن فى انتخابات الرئاسة الأمريكية عام ٢٠٠٠م .

ومع تصاعد اليمين الدينى الأمريكى ، فقد تساءل الكاتب الأمريكى المتخصص فى حركات الإحياء الدينى الأمريكية :

هل هى بداية مرحلة دينية جديدة ونهاية العلمانية ؟

أم هى دور من أدوار الدورات المتكررة من التوتر الاجتماعى والروحى ؟

والمشكلة مازالت مستمرة ، فالعلمانيون مازالوا يرفضون ويهاجمون الكتاب المقدس ويعتبرون ما جاء به غير مقبول ، والإحيائيون يتهمون العلمانيين بأنهم اتخذوا العلمانية دينا لهم .

والكل مازال تحت مظلة الدستور الأمريكى العلمانى والقوانين العلمانية والمفاهيم والمعطيات الثقافية والحضارية العلمانية .

* * *

الفصل الرابع

العلم والحضارة

لقد أكدت آيات القرآن الكريم أهمية العلم فى حياة الأمم والشعوب .

يقول تعالى : ﴿ يَرْفَعِ ٱللَّهُ ٱلَّذِينَ ءَامَنُوا۟ مِنكُمْ وَٱلَّذِينَ أُوتُوا۟ ٱلْعِلْمَ دَرَجَٰتٍۚ وَٱللَّهُ بِمَا تَعْمَلُونَ خَبِيرٌ ﴾[1] .

ويقول تعالى : ﴿ وَقُل رَّبِّ زِدْنِى عِلْمًا ﴾[2] .

ويقول تعالى : ﴿ عَلَّمَ ٱلْإِنسَٰنَ مَا لَمْ يَعْلَمْ ﴾[3] .

والعلم والجهل لا يستويان ، يقول تعالى : ﴿ أَمَّنْ هُوَ قَٰنِتٌ ءَانَآءَ ٱلَّيْلِ سَاجِدًا وَقَآئِمًا يَحْذَرُ ٱلْءَاخِرَةَ وَيَرْجُوا۟ رَحْمَةَ رَبِّهِۦ ۗ قُلْ هَلْ يَسْتَوِى ٱلَّذِينَ يَعْلَمُونَ وَٱلَّذِينَ لَا يَعْلَمُونَ ۗ إِنَّمَا يَتَذَكَّرُ أُو۟لُوا۟ ٱلْأَلْبَٰبِ ﴾[4] .

والعلماء ورثة الأنبياء ، يقول تعالى : ﴿ ثُمَّ أَوْرَثْنَا ٱلْكِتَٰبَ ٱلَّذِينَ ٱصْطَفَيْنَا مِنْ عِبَادِنَا ۖ فَمِنْهُمْ ظَالِمٌ لِّنَفْسِهِۦ وَمِنْهُم مُّقْتَصِدٌ وَمِنْهُمْ سَابِقٌۢ بِٱلْخَيْرَٰتِ بِإِذْنِ ٱللَّهِ ۚ ذَٰلِكَ هُوَ ٱلْفَضْلُ ٱلْكَبِيرُ ﴾[5] .

---

(١) المجادلة : ١١ .
(٢) طه : ١١٤ .
(٣) العلق : ٥ .
(٤) الزمر : ٩ .
(٥) فاطر : ٣٢ .

ويقـول تعـالى : ﴿ قَالُواْ سُبْحَٰنَكَ لَا عِلْمَ لَنَآ إِلَّا مَا عَلَّمْتَنَآۖ إِنَّكَ أَنتَ ٱلْعَلِيمُ ٱلْحَكِيمُ ﴾[1] .

ويقول تعالى: ﴿ وَعَلَّمْنَٰهُ مِن لَّدُنَّا عِلْمًا ﴾[2] .

و يقول تعالى : وَعَلَّمْنَٰهُ صَنْعَةَ لَبُوسٍ لَّكُمْ لِتُحْصِنَكُم مِّنۢ بَأْسِكُمْۖ فَهَلْ أَنتُمْ شَٰكِرُونَ ﴾[3] .

والحضارة الإسلامية قائمة على الدين الإسلامى الذى تدين به المجتمعات الإسلامية .

والدين الإسلامى آخر الرسالات السماوية ، ولذلك جاء مستوعبا كل تقدم إنسانى وكل تطور علمى وكل حقائق علمية مكتشفة .

كما أنه دين الفطرة التى فطر الله الناس عليها ، ولذلك جاءت الحضارة الإسلامية التى تقوم عليه صلبة العود .. راسخة المكانة ، تتحمل التقلبات والأعاصير التى تهب عليها من كل حدب وصوب .

وفى تاريخنا الإسلامى وحاضرنا الذى نعيشه براهين كثيرة تدل على ذلك :

أولا : عندما هاجم المغول بغداد عاصمة الخلافة الإسلامية ودمروها واحتلوا أجزاء كبيرة من العالم الإسلامى ، وآمن أحد حكامهم بالإسلام ، قام بنشره فى الإمبراطورية المغولية .

وهذا يعتبر دليلا أكيدا على قوة الدين الإسلامى وقوة الحضارة الإسلامية التى قامت عليه ، بالرغم من أن المغلوب - عادة - هو الذى يدين بدين الغالب ، وليس العكس !

(١) البقرة : ٣٢ .
(٢) الكهف : ٦٥ .
(٣) الأنبياء : ٨٠ .

ثانيا : لقد احتلت الدول الإسلامية فى معظمها بواسطة المستعمر الأوربى منذ أواخر القرن التاسع عشر إلى منتصف القرن العشرين ، وحاول المستعمر تغيير مناهج التعليم والتربية ومناهج الدين فى المدارس ، وقام بنشر ثقافته العلمانية فى مجالات الإعلام والحياة العامة وتغيير السلوكيات والعادات وبعد رحيله ترك نخبا متغربة فى قيادة المجالات المختلفة ظنا منه أنه سوف يغير المعتقدات والثقافات ... كما حدث فى أوربا ، وما حدث كان عكس ما كان يتوقعه .

وها هى أمريكا تحتل أفغانستان ثم العراق .. وتعلن عن مشروع الشرق الأوسط الكبير وهو فى حقيقته محاولة لتفكيك بنية المجتمعات الإسلامية وعلمنة البلاد الإسلامية ، فهل تنجح ؟!

أعتقد العكس ، وما حدث للمغول سيحدث لها .

المسلمون أول من قاموا بوضع المنهج التجريبى العملى

كان المسلمون هم أول من وضع المنهج التجريبى العملى وليست أوروبا بواسطة روجر بيكون ، وروجر بيكون قام بنقل المنهج التجريبى العملى عن المسلمين ، يقول بريفولت مؤلف كتاب بناة الإنسانية : « إن روجر بيكون درس اللغة العربية والعلم العربى فى مدرسة إكسفورد على يد خلفاء معلمى العرب فى الأندلس وليس لروجر بيكون ولا لسميه الذى جاء بعده الحق فى أن ينسب إليهما الفضل فى ابتكار المنهج التجريبى . فلم يكن بيكون إلا رسولا من رسل العلم والمنهج الإسلامى التجريبى إلى أوروبا المسيحية »[(١)] .

وها هو جابر بن حيان رائد الكيمياء الحديثة (٧٢١-٨١٥م) يقول فى كتابه عن نتائج تجاربه العلمية : « يجب أن تعلم أننا نذكر فى هذه الكتب خواص ما رأيناه فقط

(١) يوسف كمال ، الإسلام والمذاهب الاقتصادية المعاصرة ، دار الوفاء للطبع والنشر .

دون ما سمعناه أو قيل لنا وما قرأناه ، بعد أن امتحناه وجربناه فما صح أوردناه وما بطل رفضناه » (١) .

ويعتبر كتاب « سر الأسرار » الذى ألفه أبو بكر الرازى - المولود سنة ٨٥٤م - تبيانا واضحا لطريقـة إجـراء التجـارب الكيميائيـة ، فهـو يصـف المـواد المسـتخدمة والأدوات والآلات التى يستخدمها ، وبعد ذلك يصف طريقة تحضير كل مادة مبينا نتائج التجربة ، وقد وصف ما يزيد على عشرين جهازا بعضها زجاجى وبعضها معدنى على غرار ما يستخدم الآن فى معامل الكيمياء الحديثة ، وقام الرازى بتحضير عدد من الأحماض ، ولازالت الطريقة المستخدمة فى تحضير هذه الأحماض هى الطريقة المتبعة الآن ، وقد ترجم كتـاب الـرازى سـر الأسرار إلى اللغـة اللاتينيـة فى أواخر القرن الثانى عشر الميلادى ، وكان المرجع المعتمد فى مدارس أوروبا لمدة طويلة (٢) .

وكل تجارب العلماء المسلمين العملية فى العصر الأموى والعباسى كانت تشمل جميـع المجـالات مثل علم الجغرافيا ، وقد قام هارون الرشيد بتأسيس لجنة برئاسة ثابـت بـن قـرة لقيـاس قطـر الأرض ومحيطها، وقد قامت تلك اللجنة بإجراءات عملية صحيحة لإتمام هذه المهمة (٣) .

وصلة العلم بالحضارة تنبع من أن الدين الذى يدين به المجتمع إذا كان به من التحريف والتبديل أو كان بـه مـا يتصـادم مـع العقـل أو العلـم أو مـع الحقـائق الكونيـة أو مـع الفطـرة السليمة التى فطر اللـه الناس عليها ، فإنه يكون عرضة للنقض

(١) د . محمد جمال الدين الفندى ، تراث المسلمين فى مجال العلوم ، كتاب دراسـات فى الحضارة الإسلامية بمناسبة القرن الخامس عشر الهجرى، المجلد الثانى ، الهيئة المصرية العامة للكتاب ، ١٩٨٥م .
(٢) المصدر السابق .
(٣) المصدر السابق .

والطعن والمآخذ عليه مثلما حدث عند أهل الكتاب من اليهود والنصارى فى القرنين الرابع عشر والخامس عشر الميلادى فى أوروبا ، مما أدى إلى سقوط الحضارة المسيحية فى العصور الوسطى (عصور الظلام كما يقول العلمانيون الأوروبيون) .

ومن المعروف أن رجال الكنيسة فى أوروبا وقفوا من العلم موقفا سلبيا فى العصور الوسطى ، وتعرض العلماء للسجن والتعذيب نظرا لآرائهم العلمية ، فعندما قام جاليليو ببناء منظاره الفلكى المكبر ورصد به القمر ورأى ما على سطحه من تضاريس شبيهة بتضاريس الأرض ، تعرض للمحاكمة أمام محاكم التفتيش ، ففى ٢٢ يونيو سنة ١٦٣٣م ، وكان جاليليو - وهو فى التاسعة والستين من عمره - قد حضر أمام قضاة محكمة التفتيش ، حيث أقسم ووعد بالتنازل عن مكتشفاته العلمية ثمنا لإنقاذ حياته .

وبواسطة المنهج التجريبى العلمى استطاع العلماء المسلمون أن يحضروا كثيرا من المواد الكيماوية التى تدخل الآن فى الصناعات الحديثة مثل صناعة الورق والصابون والحرير والمفرقعات والأصباغ والسماد الصناعى ، فمثلا كان الرازى أول من قام بتحضير حمض الكبريتيك ، وأطلق عليه اسم زيت الزاج أو الزاج الأخضر ، وتم نقله إلى أوروبا وأطلقوا عليه اسم كبريت الفلاسفة .

وكان للمسلمين إسهاماتهم المعروفة فى وضع أسس علوم جديدة ، مثل : علم الجبر بواسطة الخوارزمى ، وعلم الاجتماع بواسطة ابن خلدون ، وعلم أصول الفقه بواسطة الإمام الشافعى .

المسلمون من رواد الفكر العلمى

كان للمسلمين إسهاماتهم العظيمة فى اختراع علوم جديدة لم تكن موجودة من قبل، والمهم فى هذا المجال هو الكيفية التى توصل بها المسلمون إلى هذه العلوم ، لأنها تبين المدى الواسع الذى بلغه المسلمون فى مجال التفكير العلمى ، فالمسلمون عبر عصورهم المختلفة لم يتخلوا عن التفكير العلمى المنظم .

أما ما فعله الاستعمار والغزو الفكرى طوال القرن العشرـين ، فإنـه لم يستطع أن يمحـو هذه الحقيقة ، لأن القرآن الكريم والسنة المطهرة تحث على التفكير العلمى المنظم .

ويتضح هذا التفكير العلمى المنظم فى الكيفية التى قام بها الإمام محمـد بـن إدريس الشافعى القرشى ١٥٠-٢٠٤هـ بوضع أسس علم جديد فى الفكر الإسلامى هو علم « أصول الفقه » ، وذلك فى رسالة رواها وكتبها تلميذه المصرى الربيع بن سليمان المرادى ، (وعلم أصول الفقـه هو علم يختص بضبط القواعـد التـى يعتصـم بهـا المجتهـد عـن الخطـأ فى الاستنباط كتقـديم النصوص على القياس ، وتقديم القرآن الكريم عـلى السـنة ، وتعريـف دلالات ألفـاظ نصـوص هذين المصدرين ، ومعرفة الناسخ والمنسـوخ ، وقواعـد القيـاس الصحيحة، والمصالح ومقاصد الأحكام ، وغير هذا مما احتواه هذا العلم مـن قواعـد وأصـول[١]. والفقـه اصطلاحا هـو العلم بالأحكام الشرعية العملية من أدلتها التفصيلية[٢] .

ويتضح هذا التفكير العلمى المنظم أيضا فى الكيفية التى قام بها الخوارزمى فى وضع علم الجبر ، والكيفية التى توصل بها ابن خلدون إلى علم الاجتماع .

كيف توصل ابن خلدون إلى علم الاجتماع ؟

إن عبد الرحمن بن خلدون بجانب أنه منشئ علم الاجتماع لأول مرة فى التاريخ – قبـل أن تعرف أوروبا علم الاجتماع بأربعة قرون – فإنـه مـؤرخ وواضـع نظريـات حديثـة فى علم التاريخ، بل إن كثيرا من المصطلحات التى نعرفها اليوم ، والتـى أطلقـت على العلـوم الإنسانية كعلم الحضارات وعلم فلسفة التاريخ وعلم

(١) الشيخ جاد الحق على جاد الحق شيخ الأزهر السـابق ، بحـث فى الفقه الإسلامى ، المجلـد الثالـث ، «دراسـات فى الحضارة الإسلامية» ، بمناسبة القرن الخامس عشر الهجرى ، الهيئة المصرية العامة للكتاب ، ١٩٨٥م .
(٢) المصدر السابق .

الاجتماع وعلم الاقتصاد السياسى ، ما هى إلا ترجمة وتفريغ واستنباط لما ورد فى مقدمة ابن خلدون .

وقد دون ابن خلدون خلاصة فكره فى كتاب ضخم[1]، مكون من سبعة أجزاء، والجزء الأول أو (المقدمة) هو المشهور منها .

وقد أطلق ابن خلدون على علم الاجتماع اسم : «علم العمران البشرى» أو «العمران» أو«الاجتماع الإنسانى»، وذلك عندما كان يبحث عن العوامل التى تجعل المؤرخ ينحرف عن جادة الصدق فى كتابة التاريخ ، وقد وصل فى بحثه فى هذا المجال إلى نتيجة مهمة وهى : (أن التاريخ فى حقيقته ليس إلا خبرا عن الاجتماع الإنسانى)، وأن تمحيص الخبر لنعرف صدقه من كذبه يقتضى معرفة طبائع العمران البشرى (أى طبيعة علم الاجتماع)، ثم يبين ابن خلدون أهمية وخصائص هذا العلم فى كتابه «المقدمة»، وهو ما سوف يتضح فى السياق التالى :

١- رأى عبد الرحمن بن خلدون فحول المؤرخين العظام فى الإسلام ، أمثال : ابن اسحاق والطبرى وابن الكلبى ومحمد بن الواقدى وسيف بن عمر الأسدى وغيرهم من المشاهير، الذين خلفهم بعض المؤرخين المتطفلين ممن خلطوا الحقائق بالروايات الملفقة. يقول ابن خلدون :«إن فحول المؤرخين فى الإسلام قد استوعبوا أخبار الأيام وجمعوها وسطروها فى صفحات الدفاتر وأودعوها، وخلطها المتطفلون بدسائس من الباطل وهموا فيها وابتدعوها ، وزخارف من الروايات المضعفة لفقوها ووضعوها ، واقتفى تلك الآثار الكثير ممن بعدهم واتبعوها، وأدوها إلينا كما سمعوها، ولم يلاحظوا أسباب الوقائع والأحوال ولم يراعوها، ولا رفضوا ترهات الأحاديث ولا دفعوها ، فالتحقيق قليل ، وطرف التنقيح فى الغالب كليل ، ....»[2] .

(١) هذا الكتاب هو : العبر وديوان المبتدأ والخبر فى أيام العرب والعجم والبربر ومن عاصرهم من ذوى السلطان الأكبر.
(٢) عبد الرحمن بن خلدون ، (مقدمة العلامة بن خلدون)، بيروت ، ١٩٨٨م ، دار ومكتبة الهلال .

٢- رأى ابن خلدون أوهام وأكاذيب وأرقام وحوادث لا يصدقها العقل جاءت في كتابات هؤلاء المؤرخين المتطفلين مثل جيش بني إسرائيل، كما أحصاهم سيدنا موسى وعدد أفراد هذا الجيش الذي يتجاوز الحد، حيث إن عدد أفراد الدول في ذلك الوقت قليل، ومثل الأخبار الواهنة عن التبابعة ملوك اليمن والعرب، ومثلما جاء في تفسير سورة الفجر عن مدينة إرم من أن قصورها من الذهب والزبرجد والياقوت ، وما نقله بعض المؤرخين (المسعودي) عن (أن الإسكندر لما صدته دواب البحر عن بناء مدينة الإسكندرية اتخذ صندوقا زجاجيا وغاص به في قعر البحر حتى صور تلك الدواب الشيطانية التي رآها وعمل تماثيلها من أجساد معدنية ونصبها حذاء البنيان، ففرت تلك الدواب حين خرجت من الماء ورأت تلك التماثيل[1]. وغير ذلك من خرافات .

٣- أخذ ابن خلدون يبحث عن أسباب ذلك الانحراف في رواية التاريخ ، وعن الطرق والوسائل والمعارف التي يجب أن يتسلح بها المؤرخ في روايته التاريخ، حتى تجيء روايته صحيحة وحقيقية وخالية من الأوهام والخيالات ويتقبلها العقل .

وقد عدد ابن خلدون عدة أسباب تؤدى إلى الانحراف في رواية التاريخ مثل : التقرب من أصحاب المناصب والرتب ، وتزلف وتملق أصحاب السلطان، والثقة فيما ينقل عن سابقيه وتمحيص ذلك ، وغير ذلك من أسباب.

غير أن ابن خلدون يعتبر أن من أهم الأسباب المؤدية للانحراف في رواية التاريخ هو الجهل بطبيعة الأحوال في العمران – سواء أكان هذا العمران يختص بالمدن والبناء كما جاء في رواية المسعودى عن بناء الإسكندر لمدينة

---

(١) عبد الرحمن بن خلدون ، (مقدمة العلامة بن خلدون)، بيروت ، ١٩٨٨م ، دار ومكتبة الهلال .

الإسكندرية ، أم كان هذا العمران هو العمران البشرى الذى هو الاجتماع الإنسانى - وجعل ذلك أهم الأسباب على الإطلاق .

٤- وقد ركز ابن خلدون على العمران البشرى، وجعله الغرض من تأليف كتابه فى وضوح تام لالبس فيه، وجعل العمران البشرى أو الاجتماع البشرى علما مستقلا بنفسه، وناقش جوانب كثيرة من ذلك العلم، ويقول عنه إنه علم مستحدث الصنعة غريب النزعة،عثر عليه فى أثناء بحثه، وهو ليس علم خطابة أو علم سياسة فموضوعه مخالف لعلم الخطابة وعلم السياسة، ويقول: إن علم العمران البشرى (علم الاجتماع) علم مستنبط النشأة ، وإنه لم يعثر على أحد من الخليقة قد تكلم عنه قبله ، ثم تكلم عن علم الاجتماع وجوانبه المختلفة، وعن أهمية وضرورة الاجتماع البشرى لتستقيم حياة الأمة فى فصول تالية[١] .

كيف ابتكر الخوارزمى علم الجبر ووضع أسسه ؟

محمد بن موسى الخوارزمى عالم مسلم نبغ فى علوم الحساب والفلك والجغرافيا ، مبتدع علم الجبر وواضع أسسه ، ومبتكر حساب اللوغاريتمات ، لا يعرف تاريخ ميلاده على وجه الدقة، وهناك رواية تقول إنه ولد عام ٧٨٠م وتوفى عام ٨٥٠م[٢] . (وقد عاصر الخليفة المأمون (198 - 218هـ) .

وقد وضع كتابه «الجبر والمقابلة»، وبه العديد من المعادلات الرياضية فى علم الجبر التى نستخدمها الآن ، وحلولها مثل : م س٢ ن + ب س ن = جـ .

(١) عبد الرحمن بن خلدون ، (مقدمة العلامة بن خلدون)، بيروت ، ١٩٨٨م ، دار ومكتبة الهلال .
(٢) د . محمد جمال الدين الفندى ، تراث المسلمين فى ميدان العلوم ، كتاب دراسات فى الحضارة الإسلامية بمناسبة القرن الخامس عشر الهجرى ، المجلد الثانى ، الهيئة المصرية العامة للكتاب ، ١٩٨٥م.

وكذلك المعادلة : س٤ + ٥س٢ = ١٢٦ . وأورد الخوارزمى حلها وغير ذلك من المعادلات الجبرية الكثيرة التى نستخدمها فى العصر الحديث ، مثل :

س٢+٥س =٢٤ .

يقول الخوارزمى فى كيفية ابتكاره لعلم الجبر :

وإنى لما نظرت فيما يحتاج إليه الناس فى الحساب وجدت جميع ذلك عددا ، وجميع الأعداد إنما تركبت من الواحد والواحد داخل فى جميع الأعداد ، ووجدت جميع ما يلفظ به من الأعداد ، ما جاوز الواحد إلى العشرة يخرج مخرج الواحد، ثم تثنى العشرة وتثلث كما فعل بالواحد فتكون منها العشرون والثلاثون إلى تمام المائة، ثم تثنى المائة وتثلث مثلما فعل بالواحد والعشرة إلى الألف ، ثم كذلك تردد الألف عند كل عقد إلى غاية المدرك من العدد. ووجدت الأعداد التى يحتاج إليها حساب الجبر والمقابلة على ثلاثة ضروب، وهى جذور وأموال وعدد مفرد لا ينسب إلى جذر ولا إلى مال . فالجذر منها كل شىء مضروب فى نفسه من الواحد، وما فوقه من أعداد وما دونه من كسور. والمال كل ما اجتمع من الجذر المضروب فى نفسه . والعدد المفرد كل ملفوظ به من العدد بلا نسبة إلى جذر ولا مال . فمن هذه الضروب الثلاثة ما يعدل بعضه بعضا[(١)] .

ويرمز إلى الجذر بالرمز س ، وإلى المال بالرمز س٢ . وأما العدد المفرد فهو خال من س ، س٢ مثل :

س٢ + ب س + جـ = صفر[(٢)] .

(١) د . محمد جمال الدين الفندى، تراث المسلمين فى ميدان العلوم ، كتاب دراسات فى الحضارة الإسلامية بمناسبة القرن الخامس عشر الهجرى ، المجلد الثانى ، الهيئة المصرية العامة للكتاب ، ١٩٨٥م.
(٢) المصدر السابق.

الإعجاز العلمى فى القرآن الكريم

ليس القرآن الكريم بكتاب علوم طبيعية ، ولكنه يحتوى على آيات كثيرة تدل على الإعجاز العلمى التى تجعل العقول تقف مشدوهة أمام روعته وبهائه .

فهناك آيات قرآنية عديدة بها إشارات كونية لها دلالات علمية أكيدة .

وهذا الإعجاز فى آيات القرآن الكريم الذى نزل منذ أكثر من أربعة عشر قرنا يدل على أن هذا القرآن المعجز منزل من عند الله سبحانه وتعالى على رسوله الكريم محمد بن عبد الله ﷺ ليبلغه للناس كافة.

وهناك كثير من العلماء كتبوا عن التفسير العلمى للقرآن الكريم ، ويعتبر الدكتور زغلول النجار من أهم هؤلاء العلماء ، وله مقالة أسبوعية فى جريدة الأهرام تحت عنوان : «من أسرار القرآن الكريم : ﴿ إِنَّ فِى خَلْقِ ٱلسَّمَٰوَٰتِ وَٱلْأَرْضِ وَٱخْتِلَٰفِ ٱلَّيْلِ وَٱلنَّهَارِ لَءَايَٰتٍ لِّأُو۟لِى ٱلْأَلْبَٰبِ ﴾ [1]. الإشارات الكونية فى القرآن الكريم ومغزى دلالتها العلمية» .

وفى كل أسبوع يقوم بشرح آية من تلك الآيات القرآنية المعجزة المبدعة :

يقول تعالى : ﴿ وَٱلْأَرْضِ ذَاتِ ٱلصَّدْعِ ﴾ [2].

ويقول تعالى : ﴿ أَفَرَءَيْتُمُ ٱلْمَآءَ ٱلَّذِى تَشْرَبُونَ ﴿٦٨﴾ ءَأَنتُمْ أَنزَلْتُمُوهُ مِنَ ٱلْمُزْنِ أَمْ نَحْنُ ٱلْمُنزِلُونَ ﴿٦٩﴾ لَوْ نَشَآءُ جَعَلْنَٰهُ أُجَاجًا فَلَوْلَا تَشْكُرُونَ ﴿٧٠﴾ ﴾ [3].

---

(١) آل عمران : ١٩٠ .
(٢) الطارق : ١٢ .
(٣)الواقعة : ٦٨-٧٠ .

و يقول تعالى : ﴿ وَفِى ٱلْأَرْضِ قِطَعٌ مُّتَجَٰوِرَٰتٌ وَجَنَّٰتٌ مِّنْ أَعْنَٰبٍ وَزَرْعٌ وَنَخِيلٌ صِنْوَانٌ وَغَيْرُ صِنْوَانٍ يُسْقَىٰ بِمَآءٍ وَٰحِدٍ وَنُفَضِّلُ بَعْضَهَا عَلَىٰ بَعْضٍ فِى ٱلْأُكُلِ ۚ إِنَّ فِى ذَٰلِكَ لَءَايَٰتٍ لِّقَوْمٍ يَعْقِلُونَ ﴾ (1).

ويقول تعالى : ﴿ ٱللَّهُ خَٰلِقُ كُلِّ شَىْءٍ ۖ وَهُوَ عَلَىٰ كُلِّ شَىْءٍ وَكِيلٌ ﴾ (2).

ويقول تعالى : ﴿ وَهُوَ ٱلَّذِى خَلَقَ ٱلَّيْلَ وَٱلنَّهَارَ وَٱلشَّمْسَ وَٱلْقَمَرَ ۖ كُلٌّ فِى فَلَكٍ يَسْبَحُونَ﴾ (3).

ويقول تعالى : ﴿ ثُمَّ ٱسْتَوَىٰٓ إِلَى ٱلسَّمَآءِ وَهِىَ دُخَانٌ فَقَالَ لَهَا وَلِلْأَرْضِ ٱئْتِيَا طَوْعًا أَوْ كَرْهًا قَالَتَآ أَتَيْنَا طَآئِعِينَ ﴾ (4).

وغير ذلك من الآيات القرآنية .

يقول تعالى : ﴿ أَيَحْسَبُ ٱلْإِنسَٰنُ أَلَّن نَّجْمَعَ عِظَامَهُۥ ۝٣ بَلَىٰ قَٰدِرِينَ عَلَىٰٓ أَن نُّسَوِّىَ بَنَانَهُۥ ۝٤ ﴾ (5).

ويقول تعالى : ﴿ أَوَلَمْ يَرَ ٱلَّذِينَ كَفَرُوٓا۟ أَنَّ ٱلسَّمَٰوَٰتِ وَٱلْأَرْضَ كَانَتَا رَتْقًا فَفَتَقْنَٰهُمَا ۖ وَجَعَلْنَا مِنَ ٱلْمَآءِ كُلَّ شَىْءٍ حَىٍّ ۖ أَفَلَا يُؤْمِنُونَ﴾ (6).

ويقول تعالى : ﴿ فَمَن يُرِدِ ٱللَّهُ أَن يَهْدِيَهُۥ يَشْرَحْ صَدْرَهُۥ لِلْإِسْلَٰمِ ۖ وَمَن يُرِدْ أَن يُضِلَّهُۥ يَجْعَلْ صَدْرَهُۥ ضَيِّقًا حَرَجًا كَأَنَّمَا يَصَّعَّدُ فِى ٱلسَّمَآءِ ۚ ﴾ (7).

(1) الرعد : ٤ .
(2) الزمر : ٦٢ .
(3) الأنبياء : ٣٣ .
(4) فصلت : ١١ .
(5) القيامة : ٣ ، ٤ .
(6) الأنبياء : ٣٠ .
(7) الأنعام : ١٢٥ .

ويقول تعالى : ﴿ وَجَعَلْنَا ٱلسَّمَآءَ سَقْفًا مَّحْفُوظًا ۖ وَهُمْ عَنْ ءَايَـٰتِهَا مُعْرِضُونَ ﴾[1].

ويقول تعالى : ﴿ وَٱلسَّمَآءِ ذَاتِ ٱلْحُبُكِ ﴾[2].

ويقول تعالى : ﴿ وَٱلسَّمَآءَ بَنَيْنَـٰهَا بِأَيْي۟دٍ وَإِنَّا لَمُوسِعُونَ ﴾[3].

ويقـول تعـالى : ﴿ فَلَآ أُقْسِمُ بِمَوَٰقِعِ ٱلنُّجُومِ ﴿٧٥﴾ وَإِنَّهُۥ لَقَسَمٌ لَّوْ تَعْلَمُونَ عَظِيمٌ ﴿٧٦﴾ ﴾[4].

ويقول تعالى : ﴿ وَمَآ أُوتِيتُم مِّنَ ٱلْعِلْمِ إِلَّا قَلِيلًا ﴾[5].

وغير ذلك من الآيات القرآنية الكريمة .

* * *

(١) الأنبياء : ٣٢ .
(٢) الذاريات : ٧ .
(٣) الذاريات : ٤٧ .
(٤) الواقعة : ٧٥ ، ٧٦ .
(٥) الإسراء : ٨٥ .

خلاصـــة

١- أكدت آيات القرآن الكريم أهمية العلم فى حياة الأمة ورفعتها ، كما أكدت العديد من الآيات أهمية دور العلماء فى هذا المجال، وقد ذكرنا بعضا من هذه الآيات .

والحضارة الإسلامية قائمة على الدين الإسلامى آخر الرسالات السماوية وقد جاء مستوعبا لكل جوانب الحياة، ولكل تقدم إنسانى، ولكل تطور علمى .

ولذلك جاءت الحضارة الإسلامية صلبة العود، راسخة المكانة تتحمل التقلبات والأعاصير التى تهب عليها من كل حدب وصوب، وهناك براهين عديدة تدل على ذلك منها : تحول الغالب إلى دين المغلوب، أى تحول المنتصر إلى الإيمان بالدين الذى يدين به المهزوم، مثلما حدث للمغول الذين دخلوا فى الإسلام بعد غزوهم للبلاد الإسلامية، ومن البراهين أيضا ثبات الثقافة والحضارة الإسلامية فى وجه الغزو الفكرى الاستعمارى العلمانى طوال القرن العشرين وحتى الآن .

٢- كما أن المسلمين كانوا أول من قاموا بوضع المنهج التجريبى العملى ، كما كانوا من رواد التفكير العلمى المنظم، كما يتضح من الكيفية التى قام بها الإمام الشافعى بوضع علم أصول الفقه الإسلامى، ومن الكيفية التى قام بها ابن خلدون فى ابتكار علم جديد هو علم الاجتماع، وكذلك فى الكيفية التى قام بها الخوارزمى فى ابتكار علم الجبر .

٣- وهناك آيات قرآنية كثيرة تشير إلى الإعجاز العلمى فى القرآن الكريم ذكرنا بعضا منها .

* * *

أهــم المراجــع

• القرآن الكريم .

كتب السنة :

١ - صحيح البخارى ، دار الحديث خلف الجامع الأزهر ، القاهرة .

٢ - صحيح مسلم ، طبعة القاهرة ، ١٩٥٤م .

كتب التفسير :

١- تفسير الشعراوى ، خواطر فضيلة الشيخ محمد متولى الشعراوى حول القرآن الكريم ، أخبـار اليوم ، إدارة الكتب والمكتبات.

٢- تفسير القرآن العظيم لابن كثير، للإمام الحافظ عمـاد الـدين أبـو الفـدا إسماعيل بـن كثير القرشى الدمشقى ، المتوفى سنة ٧٧٤هـ ،دار الحديث ، القاهرة .

٣- تفسير الجلالين ، تفسير الإمامين الجليلين العلامة جلال أحمد المحلى وجلال الـدين عبد الرحمن بن أبى بكر السيوطى . مذيل بكتاب : لباب النقــول فى أسباب النزول للسيوطى ، الناشر مكتبة المدنى ودار إحياء التراث العربى ، بيروت .

٤- تفسير القرطبى .

٥- فى ظلال القرآن ، سيد قطب ، دار الشروق ، القاهرة ١٤٠٢هـ/١٩٨٢م .

٦- فتح الرحمن فى تفسير القرآن ، أ. د. عبد المنعم أحمد تعيلب ، أستاذ التفسير بجامعة الملك عبد العزيز بجدة سابقا ، طبع ونشر دار السلام ، القاهرة .

الكتـب :

١- أبو جعفر محمد بن جرير الطبرى ، تاريخ الطبرى ، دار الكتب العلمية بيروت.

٢- ابن تيمية ، السياسة الشرعية فى إصلاح الراعى والرعية ، تحقيق محمد إبراهيم البنا ومحمد أحمد عاشور ، طبعة القاهرة ١٩٧١م.

٣- ابن هشام ، السيرة النبوية لابن هشام ، طبعة القاهرة .

٤- السيد سابق (الشيخ) فقه السنة ، دار الكتاب العربى ، ١٤٠٤هـ-١٩٨٤م.

٥- ت . س . إليوت، ملاحظات حول تعريف الثقافة ، ترجمة د. شكرى محمد عياد، مكتبة الأسرة ، ٢٠٠٣م .

٦- جورج . م . مارسدن ، كيف نفهم الأصولية البروتستانتية الإيفانجلكية؟ ، ترجمة نشأت جعفر ، مكتبة الشروق الدولية ، ١٤٢٥هـ -٢٠٠٥م .

٧- ريموند وليامز ، الثقافة والمجتمع ١٧٨٠ - ١٩٥٠م ، ترجمة وجيه سمعان ، الهيئة المصرية العامة للكتاب ، ١٩٨٦م .

٨- زكريا فايد ، العلمانية : النشأة والأثر فى الشرق والغرب ، الزهراء للإعلام العربى.

٩- صفى الرحمن المباركفورى ، الجامعة السلفية بالهند ، الرحيق المختوم ، البحث الفائز بالجائزة الأولى لمسابقة السيرة النبوية التى نظمتها رابطة العالم الإسلامى ١٣٩٨هـ ، دار إحياء التراث.

١٠- عبد الحليم محمود (الإمام العارف بالله د .) الإسلام والإيمان ، الناشر دار الشعب ، ١٤٠٤هـ -١٩٨٤م.

١١- عبد الوهاب المسيرى / د. العلمانية الجزئية والعلمانية الشاملة ، دار الشروق١٤٢٣هـ-٢٠٠٢م .

١٢- عبد الرحمن بن خلدون ، مقدمة ابن خلدون ، مكتبة الهلال بيروت.

١٣- عبد المنعم الحفنى/د . موسوعة القرآن العظيم ، الناشر مكتبة مدبولى ٢٠٠٤ م.

١٤ - فرنسيس فوكوياما ، نهاية التاريخ وخاتم البشر ، ترجمة حسين أحمد أمين . مركز الأهرام .

١٥- محمد الجوهرى حمد الجوهرى / د. النظام السياسى الإسلامى والفكر الليبرالى دار الفكر العربى ١٩٩٣م .

- الثقافة العربية والحضارة الإسلامية ، دار الأمين ، ١٩٩٨م.

- العولمة والثقافة الإسلامية ، دار الأمين ٢٠٠٢ م ، وأعيد طبعه ٢٠٠٤م.

- الديمقراطية الأمريكية والشرق الأوسط الكبير ، دار الأمين ، ٢٠٠٥م.

١٦- محمد خاتمى (رئيس الجمهورية الإسلامية الإيرانية السابق) ، الدين والفكر فى فخ الاستبداد . تعريب واختصار وتعليق ، د. ثريا محمد على و د. علاء عبد العزيز السباعى ، مكتبة الشروق ، ١٤٢١ هـ- ٢٠٠١م.

١٧- محمد محمد عبد القادر الخطيب / د. (أستاذ التاريخ والحضارة الإسلامية المساعد بجامعة الأزهر) ، دراسات فى تاريخ الحضارة الإسلامية ، مطبعة الحسين ، ١٤١١هـ-١٩٩١م .

١٨- منير محمد الغضبان ، المنهج الحركى للسيرة النبوية ، مكتبة الأردن الزرقاء ، الطبعة السابعة ، ١٤١٢ هـ - ١٩٩٢م .

١٩- محمد عارف / د . . ، صعود البروتستانتية الإيفانجلكية فى أمريكا وتأثيره على العالم الإسلامى ، ترجمة رانية خلاف ، مكتبة الشروق الدولية ، ١٤٢٧ هـ - ٢٠٠٦ م .

٢٠- نادية حسنى صقر / د. . ، العلم ومناهج البحث فى الحضارة الإسلامية ، مكتبة النهضة المصرية ، ١٩٩١ م .

٢١- نصر محمد عارف ، الحضارة . الثقافة . المدنية . دراسة لسيرة المصطلح ودلالة المفهوم ، الدار العالمية للكتاب الإسلامى والمعهد العالمى للفكر الإسلامى ، الطبعة الثانية ١٤١٥هـ-١٩٩٥م ، نشر وتوزيع الدار العالمية للكتاب الإسلامى ، الرياض .

٢٢- ويل وإيريل ديورانت ، مجموعة كتب قصة الحضارة ، ترجمة نخبة مـن المترجمـين، الإدارة الثقافية في جامعة الدول العربية .

٢٣- يوسف القرضاوى / د . (الشيخ د .) ، كيف نتعامل مـع القـرآن العظـيم ؟ ، دار الشـروق ، الطبعة الثالثة ، ٢٠٠٠م .

٢٤ – نخبة من العلماء ، دراسـات في الحضـارة الإسـلامية بمناسبة بدايـة القـرن الخـامس عشرـ الهجري ، ٣ مجلدات ، الهيئة المصرية العامة للكتاب ، ١٩٨٥م .

* * *

T0208200

Printed in the United States
By Bookmasters